좋은 경제학
나쁜 경제학

노벨상 경제학자가 바라본 미국, 그리고 기회와 불평등

좋은 경제학
나쁜 경제학

앵거스 디턴

안현실·정성철 옮김

ECONOMICS
IN AMERICA

한국경제신문

앤(Anne)에게
사랑과 감사를 전하며.

일러두기

*인명과 지명 등 고유명사는 원칙적으로 영어 발음 표기를 따랐으나 영어 이외의 해당국 언어로 표기한 경우도 일부 있다.

*저자가 경제학자 이름을 애칭과 혼용한 경우 원서 표기대로 적었다.
  (예) 앤서니 앳킨슨(Anthony Atkinson) ↔ 토니 앳킨슨(Tony Atkinson)
      조지프 스티글리츠(Joseph Stiglitz) ↔ 조 스티글리츠(Joe Stiglitz)
      대니얼 카너먼(Daniel Khanneman) ↔ 대니 카너먼(Danny Khanneman)
      로버트 퍼트넘(Robert Putnam) ↔ 밥 퍼트넘(Bob Putnam)

*절망사(deaths of despair): 반복되는 절망 속에서 삶에 대한 의미를 상실한 채 죽음에 이르는 것으로 자살과 알코올 남용, 약물 과다 복용으로 인한 사망을 포함한다. 저자가 전작 《절망의 죽음과 자본주의의 미래(Deaths of Despair and the Future of Capitalism)》에서 사용한 개념이다.

차례

서문

나는 스코틀랜드에서 태어나 그곳과 잉글랜드에서 교육받은 후 1983년 미국 뉴저지주 프린스턴으로 이주했다. 다른 많은 이민자와 마찬가지로 미국으로 가면 나 자신과 가족을 위해 더 좋을 것이라고 생각했다. 프린스턴대학교는 일하기에 정말 멋진 곳으로 보였다. 실제로도 그랬다. 가난한 어린 시절과 청년기를 보낸 나로서는 미국에서 받는 급여가 주는 경제적 안정감이 고마울 정도였다. 나는 미국의 학자와 작가가 성취한 업적들, 그리고 미국이 특별히 이민자뿐만 아니라 그들의 자녀에게까지 약속하는 부와 기회에 대해 경외감을 느꼈다. 이런 감탄은 지금도 그렇다.

하지만 미국은 어두운 면도 갖고 있다. 온갖 종류의 불평등 지수 비교에서 미국은 지구상의 거의 모든 다른 나라보다 그 격차가 심하다. 물론 이런 불평등이 전부 나쁘다는 것은 아니다. 예컨대 미국에는 많은 기회가 있다. 문제는 어떤 사람들은 이런 기회를 다른 사람들보다 잘 이용한다는 점이다. 미국은 유럽에 비해 그런 기회를 누릴 수 없거나 혜택을 받지 못하는 사람을 지원하는 데 인색하다. 많은 사람은 이 두

가지 측면, 즉 미국에서 기회 활용의 불평등과 기회를 활용하지 못하는 사람들에 대한 낮은 관심이 상호 연관돼 있다고 말한다. 다시 말해 기회는 사람들이 그 기회를 잡는 것을 방해하는 안전망(safety net)이 없을 때 가장 잘 작동하며, 또 기회가 많으면 안전망 따위는 필요하지 않다는 주장이다. 지금도 그렇지만 역사를 통틀어 안전망의 부재는 미국의 고질적인 인종 갈등과 관련성이 크다. 미국은 인종 문제를 다른 부유한 국가들과 상당히 다른 시각에서 바라본다. 그렇다고 하더라도 운이 좋지 않은 사람들을 위한 지원이 없다는 것과 이를 용인하는 가혹한 정치는 나에게 충격이었다.

그리고 새로운 동료 중 한 명이 공개적으로 '정부는 도둑'이라고 단언했을 때 놀라움을 금치 못했다. 나와 부모, 친구들은 정부를 자애로운 존재, 즉 어려울 때 도와주는 친구로 여기는 나라에서 자랐다. 그런 이유 때문인지 저명한 학자가 정부에 대해 그렇게 냉소적이고 자유지상주의적[정부 간섭 최소화와 개인자유 최대화를 주장하는 리버테리언(libertarian) 성향-옮긴이]일 수 있다는 사실이 좀체 믿기지 않았다. 나는 지금도 동료가 가진 그런 정서에는 동의하지 않는다. 하지만 미국의 주정부와 연방정부가 보통의 일반 사람들을 보호하는 게 아니라 부유한 약탈자가 보통 사람을 가난하게 만드는 데 도움을 주는 쪽으로 종종 역할을 한다는 점을 이제는 알게 되었다. 그렇다고 이 시스템이 완전히 부정하게 조작되었다는 이야기는 아니다. 미국은 비록 국민 대부분은 아니더라도 누구에게는 아주 생산적이고 좋은 삶을 제공한다.

지난 25년 동안 나는 영국 왕립경제학회(Royal Economic Society, RES)에 미국의 좋은 점과 나쁜 점을 다 살펴보는 정기적인 기고를 해왔다.

때로는 경외감을 느끼고, 때로는 충격을 받는다는 그런 글이었다. 이러한 미국의 상반된 모습을 이 책의 출발점으로 삼아 처음 썼던 원고를 바꾸고 새로운 내용도 많이 추가하였다.

이 책은 특정 주제별 글들로 구성돼 있다. 원래 원고는 25년에 걸쳐 써온 것이지만 시간 순으로 정리하지는 않았다. 대신 원고의 주장은 바꾸지 않고 그대로 유지하되 현재의 관심사를 반영하도록 편집했다. 각 글은 2022년 말의 관점에서 쓰인 것이다. 특정한 역사적 사건, 예를 들면 조지 W. 부시(George W. Bush)나 버락 오바마(Barack Obama), 도널드 트럼프(Donald Trump) 대통령 시기에 일어난 것이거나 스타워즈[Star Wars, 로널드 레이건(Ronald Reagan) 정부 때의 미사일 방어 프로그램-옮긴이]와 같이 당시 시대적 상황과 관련성이 있는 정책의 경우 기본적인 질문이 아직도 시의적절하다면 역사적 맥락을 언급하되 내용을 그대로 유지했다. 각 장은 그런 내용과 함께 이 책의 전체를 아우르는 중요한 주제와 어떤 관련성이 있는지를 설명하는 안내로 시작한다.

나는 이 책에서 동일한 이슈들, 그중에서도 다양한 양상으로 나타나는 불평등 이슈에 몇 번이고 눈을 돌린다. 불평등에 계속 관심을 가지고 의료, 연금, 주식시장, 미국 안과 밖의 빈곤에 관해 글을 썼다. 나는 경제학자다. 숫자를 이용해서 데이터가 어떻게 현상을 이해하게 하고 왜 그래야 하는지와 함께 데이터가 정치에 어떻게 영향을 미치고 정치가 데이터에 어떻게 영향을 미치는지, 즉 내가 '숫자의 정치'라고 생각하는 것에 대해 관심을 갖고 연구한다.

경제학자들은 다른 학문을 연구하는 학자들보다 정책에 더 깊이 관여하는 경향이 있다. 경제학자들이 말을 하면 때로는 좋은 방향으로,

때로는 나쁜 방향으로 주목을 받는다. 경제학자들은 또 종종 정책 결정자의 지위에 오르기도 하고, 꼭 그게 아니어도 정책 결정에 자주 영향을 미친다. 현재 재무부 장관인 재닛 옐런(Janet Yellen)은 1999년부터 2001년까지 재무부 장관을 지낸 래리 서머스(Larry Summers)와 마찬가지로 저명한 경제학자이다. 2022년 노벨 경제학상을 공동 수상했으며 한때 프린스턴대학교 동료였던 벤 버냉키(Ben Bernanke)는 금융 위기 전후인 2006년부터 2014년까지 연방준비제도(Fed) 이사회 의장을 지냈다. 재닛 옐런이 벤 버냉키의 뒤를 이어 의장직을 맡았다. 그 외에도 대통령 경제자문위원회(Council of Economic Advisers, CEA) 위원으로, 또 세계은행(World Bank)과 국제통화기금(IMF)에서 고위직으로 활동하는 많은 경제학자들이 있다. 정치인 및 그들의 고문들과 함께 일하는 경제학자들도 있다. 대개는 보조적인 역할이기는 하지만 경제학자들은 국가와 세계에 변화를 가져오는 정책에 영향을 미친다.

죽은 경제학자가 살아 있는 경제학자보다 더 큰 영향력을 행사하는 경우도 있다. 존 메이너드 케인스(John Maynard Keynes)는 "자신이 누구의 지적(知的) 영향력으로부터 상당히 자유롭다고 믿는 실용적인 사람들조차 대개 죽은 경제학자(defunct economist)의 노예이기 일쑤이다. 허공의 목소리를 듣는 미치광이 권력자(madman in authority)들의 광기는 어느 학자가 예전에 써놓은 낙서를 근거로 한 것이다"[1]라고 쓰기도 했다. 죽은 경제학자들 가운데 현재 좌파 쪽으로는 케인스가 확실히 있고, 우파 쪽으로는 밀턴 프리드먼(Milton Friedman)과 프리드리히 폰 하이

---

1   John Maynard Keynes, 1936, *The general theory of employment, interest and money*, Palgrave Macmillan, ch.24, p.383.

에크(Friedrich von Hayek)가 있다. 워싱턴의 경제학과 정치학을 생각할 때면 케인스의 금언을 자주 떠올리게 된다.

　나는 정부에서 정책을 결정하는 직책을 맡아본 적이 없다. 하지만 그런 직책을 맡은 많은 사람을 알고 있으며, 또 그들과 대화를 나누고 있다. 나는 50년 넘게 가르치는 선생이자 연구자로 일하고 있지만, 거의 언제나 정책과 관련된 주제를 연구해왔다. 또한 세계은행, IMF, 그리고 데이터를 수집하고 정책 권고안을 만드는 경제협력개발기구(OECD) 등과도 함께 일해왔다. 미국 국립과학원(National Academy of Sciences, NAS)에서 빈곤, 물가, 사망률 등 국가적으로 중요한 주제에 대해 연구하는 여러 패널의 위원으로도 활동해왔다. 건강과 웰빙(well-being)에 관한 나의 연구는 수년 동안 미국 국립보건원(National Institutes of Health, NIH)으로부터 지원받은 것이다. 또한 경제학 분야에서 최고의 수리 및 통계 저널로 평가받고 있는 〈이코노메트리카(Econometrica)〉 편집장직도 한동안 역임했다.

　경제학, 그리고 경제학자들은 수많은 사람의 생계와 복지에 영향을 미친다는 점에서 중요하다. 경제학과 경제학자가 관심과 비판을 받는 이유도 바로 여기에 있다. 그래서 최근 출간된 몇몇 우수 저술들은 개혁이 필요하다는 주장을 하고 있다. 경제학자들이 믿고 있는 것 중 상당 부분이 오류이며 지난 반세기 동안의 처방이 전문성에 대한 신뢰 손상은 물론이고 민주적 자본주의(democratic capitalism)가 약화하는 데 많은 책임이 있다는 지적이다.[2] 급기야 경제학자들이 세상에 대해 너무 많

2　다음 책을 특히 추천한다. Binyamin Appelbaum, *The Economists' Hour: False prophets, free markets, and the fracture of society*, Little Brown, 2019; Elizabeth

은 권한을 부여받았고, 그 때문에 세상을 망쳤다는 주장도 나오고 있다.

나는 경제학자라는 전문 직종에 대한 비판을 늘 인정하는 것은 아니지만 공감을 느낄 때가 많다. 학문으로서의 경제학은 자랑할 만한 점이 많은 것도 사실이다. 경제학은 실제적인 발견을 해왔다. 지난 30년 동안 추상적인 이론에 몰두하기보다 현실 응용적인 방향으로 나아가면서 세상을 해석하는 데 더 집중해왔다. 하지만 비평가들이 주장하는 것처럼 우리에게는 사각지대가 있다. 이 책은 경제학자가 아닌 사람들이 경제학자라는 전문 직종은 어떻게 움직이는지, 경제학자들이 세상을 쪼개고 다시 조립하려고 노력하는 과정에서 매일매일 무엇을 하는지를 이해하는 데 도움이 될 것이다. 나는 경제학과 경제학자들이 성취해낸 점과 해악을 끼친 점, 두 가지 모두를 이야기할 것이다. 그리고 우리의 실패 사례들과 시장과 세계화에 대한 과도한 집착, 우리가 하고 있는 일의 윤리 문제에 대한 너무나 이상한 사고방식에 대해서도 솔직하게 털어놓으려고 한다.

이 책의 마지막 두 장, 즉 '경제학자가 경제를 망쳤나'와 '경제 실패는 경제학의 실패인가'에서는 바로 그 질문에 답하면서 동시에 어떻게, 어디에서 잘못된 것인지 나의 생각을 설명할 것이다.

이 책은 나 자신과 다른 경제학자들에 관한 자서전 성격이 강하다. 미국 최고의 경제학자 학회인 미국경제학회(American Economic Association, AEA) 회장으로서의 경험담은 물론이고, 노벨상을 수상한다

Popp Berman, *Thinking like an economist: How efficiency replaced equality in US public policy*, Princeton, 2022; Stefanie L. Mudge, *Leftism reinvented: Western parties from socialism to neoliberalism*, Harvard, 2018; Diane Coyle, *Cogs and monsters: What economics is, and what it should be*, Princeton, 2021.

는 게 어떤 것인지에 대한 얘기도 담고 있다. 때로는 인상적이기도 하지만, 심각한 결함이 있고 파괴적이기까지 한 미국의 의료시스템에 대해 내가 직접 경험한 바도 소개했다. 여기에는 두말할 필요도 없이 이런 시스템으로 인한 비용 문제가 지금의 경제적, 정치적 갈등에 얼마나 큰 영향과 책임이 있는지에 대한 지적도 포함한다. 사회보장국(Social Security Administration)에서 직접 겪은 것을 포함해 연금에 대해서, 그리고 그 연금과 불평등이 어떻게 깊은 관련성이 있는지에 대해서도 말하고자 하였다. 또한 주요 사안에 대해 측정, 분석하는 방법과 그 방법이 정치와 분리될 수 없다는 점에 대해서도 논의한다.

내가 이민을 온 1983년 이후 미국은 더 어두운 사회가 되었다. 이민자가 품을 수 있는 희망은, 여러 가지 현실적 이유가 작용한 탓도 있겠지만 미국 경제와 정치의 오염, 즉 우리의 민주주의를 위협하는 그런 오염 때문에 훨씬 더 줄어들고 말았다.

좋은 경제학 나쁜 경제학

프롤로그:
패스트푸드점과 최저임금

ECONOMICS IN AMERICA

나는 1983년 여름 영국에서 미국 뉴저지주 프린스턴으로 영구 이주했지만, 그 전인 1979~1980 학년도에 가족과 함께 프린스턴대학교에서 1년을 보낸 적이 있다. 이 장을 시작하면서 등장하는 나의 일화는 그로부터 수년이 지난 후 회상한 내용이다. 한 이민자가 뉴저지 마피아에 대한 두려움을 안고 가족을 부양하면서 지적 탐구의 삶을 보내기에 미국이 과연 좋은 곳인지에 대한 불안감을 토로하는 이야기다. 미국은 과학과 장학금뿐만 아니라 반(反)지성주의가 반복적으로 발생하는 것으로도 유명하다.

1980년대 후반 프린스턴대학교는 경제학자를 꿈꾸는 이들에게는 흥분되는 곳이었다. 당시 나의 젊은 동료였던 데이비드 카드(David Card)와 앨런 크루거(Alan Krueger)는 뉴저지와 펜실베이니아의 패스트푸드점을 대상으로 나중에 널리 알려지게 된 최저임금 연구를 시작하고 있었다. 나는 몇 년 후인 1996년에 작성한 글을 통해 그들의 연구 결과와 그에 대한 반응들을 소개했다. 나 자신은 그들이 수행한 연구에 감탄

했지만, 외부의 반응에는 크게 실망했다. 나는 여기서 미국의 반지성주의를 경험하기 시작했다. 카드와 크루거의 연구는 카드 교수의 2021년 노벨 경제학상 수상[1]에 대한 스웨덴 왕립과학아카데미의 공식 자료(앨런 크루거는 2019년 사망했다)를 인용하는 방식으로 많이 소개되었다. 이 연구는 오늘날 경제학 연구에서 많이 사용하는 방식의 초기 사례일 뿐만 아니라, 그것이 기득권에 도전하고 강경한 정치를 자극할 때 어떤 일이 일어나는지를 잘 보여준 사례이다. 이 연구 사례에서처럼 어떤 정책 제안이 실행될 경우 부유층에서 빈곤층으로, 자본에서 노동으로, 큰 권력을 가진 사람들에서 그렇지 않은 사람들에게로 소득이 재분배되는 결과가 나올 때는 더욱 그렇다.

나는 2019년에 쓴 글에서 이 주제를 다시 다룬 바 있다. 그 글과 처음 썼던 글을 이 장의 두 번째와 세 번째 글로 편집했다. 마지막 글은 2021년 카드 교수가 노벨상을 수상한 후 완전히 새롭게 쓴 하나의 후기 성격에 해당한다.

이민자에게 비친 미국의 첫 인상

외국인에게 미국은 매우 낯설게 보일 수 있다. 1979년 여름 가족과 함께 뉴저지에 처음 발을 내디뎠을 때 그곳에는 갱단이 득실거린다는 생각이 반쯤 들었다. 이런 생각은 먼 미래의 이야기인 〈소프라노스(The Sopranos, 마피아와 주변 인물 이야기를 다룬 미국 인기 드라마-옮긴이)〉를 보고 나

---

1 Kungl Vetenskaps-Akademien (Royal Swedish Academy of Sciences), 2021, "The Prize in Economic Sciences 2021: Natural experiments help answer important questions," https://www.nobelprize.org/uploads/2021/10/popular-economic-sciencesprize2021-2.pdf.

좋은 경제학 나쁜 경제학

서 나온 게 아니다. 내 아이들에게《틴틴 인 아메리카(Tintin in America, 어린이 교양만화로 세계적 베스트셀러—옮긴이)》를 읽어준 것으로부터, 또는 내가 어렸을 때 무서워했던 〈리더스다이제스트〉에 나오는 여러 버전의 알 카포네 이야기로부터 비롯된 것일 가능성이 크다. 1950년대 책은 거의 없고 텔레비전도 하나뿐인 스코틀랜드 우리 가정의 경우 〈리더스다이제스트〉가 미국을 접하는 거의 유일한 창구였다.

뉴저지에서 가족을 데리고 프린스턴 근처의 어느 버거킹을 찾았다(당시 뉴저지주는 버거킹을 허용한 것을 못마땅해하는 분위기였다). '햄'버거가 '햄'으로 만들어지는 것으로 생각한 영국 출신인 우리는 비록 패티(patty)의 소량만 햄이고 대부분은 다른 재료로 채워진 그런 미국의 햄버거가 건강식품이라고 믿었다. 무거운 쟁반을 테이블로 옮기는데 어디서 총소리 같은 게 들려서 깜짝 놀랐다. 고개를 들어보니 맞은편에 있던 한 남자가 손으로 얼굴을 가리고 있고, 그의 손가락 사이로 점성이 있는 붉은 액체가 흘러나오고 있었다. 내 머리 속에 떠오른 것은 갱단에 대해 가졌던 생각 그대로였다.

갱단과 뉴저지의 치안 문제 말고도 이민자로서 나의 또 다른 우려는 보다 사적인 것이었다. 그것은 내가 종종 궁금해했던 반지성주의, 더 구체적으로 말하면 반지성주의와 위대한 대학의 공존을 어떻게 조화시키려고 하는지에 대한 일종의 수수께끼 같은 것이었다. 몇 년 후, 도널드 트럼프가 대통령이 되었을 때 특히 반지성주의는 상대적으로 조용한 마피아보다 더 큰 이슈로 보였다. 포퓰리스트는 새로운 폭력 집단이고 갱단보다 우리를 더 위협하고 있다. 또 포퓰리스트는 이민자와 지식인을 똑같이 혐오한다. 트럼프는 중상주의, 즉 수입보다 수출을 더 많이 해야 부자가 된다는, 오랫동안 신뢰를 얻지 못한 도그마를 열성적으로(그리고 명백히 진심으로) 추종하는 지지자다. 실제로는 그러지 않았지만 트럼프에게 과학 자문역이 있었다면 COVID-19 치료제로 거머리나 연금술(또는 어쩌면 표백제)을 추천했을지도 모르겠다. 2017년 12월의 세법안은 빈곤층에서 부유층으로 소득을 재분배할 뿐만 아니라 대학 기금에 세금을 부과하는 내용이었다. 이 법안의 초기 버전은 대학원생이 의무적으로 해야 하는 강의의 회계 처리와 관련해 명목적으로 그들이 받는 수업료 감면에 과세할 것을 제안했다. 대학은 일반적으로 인기가 없다. 2019년 공화당원의 59%는 대학이 국가 발전에 '부정적인' 영향을 미친다고 답했다. 민주당의 경우 지지자의 18%만이 여기에 동의했지만, 전체적으로 보면 이 숫자들은 그리 낙관할 만한 수준이 아니다.[2] 2022년 2월 텍사스주 부지사 댄 패트릭(Dan Patrick)은 텍사스 주정부가 운영하는 단과대학 및 종합대학의 테뉴어(tenure, 종신교수제) 제도를 없앨 것을 제안하기도 했다.

많은 미국인은 이민자를 지식인보다 훨씬 덜 호의적으로 바라본다. 트럼프 행정부 시절 그들은 특히 무슬림이 다수이거나 테러에 취약한 국가에서 온 이민자들에 대해 적대적이었다. 그런데 2015년 미국의 노벨상 수상자 4명 중 3명은 무슬림이 다수이거나 테러가 빈번한 국가 출신이었다. 나의 동료 미국인 노벨상 수상자 중 한 명인 아지즈 산자르(Aziz Sancar)는 튀르키예 태생이다. 사람의 눈을 멀게 할 수도 있는 열대 피부

---

2   Pew Research Center, 2019, "The growing partisan divide in views of highered-ucation," https://www.pewresearch.org/social-trends/2019/08/19/the-grow-ing-partisan-divide-in-views-of-higher-education-2/.

병 사상충증의 치료약을 개발한 빌 캠벨(Bill Campbell)은 아일랜드 태생이다. 내가 태어난 영국은 반(反)영국 민족주의 조직인 북아일랜드공화국군(IRA)의 활동으로 인해 오랫동안 테러 취약 국가로 분류되었다. 지금은 옛날의 일처럼 보이지만, 미국 시민권자인 노벨상 수상자들은 백악관의 따뜻한 환대를 받았다. 내가 수상한 때는 박식하고 호기심도 많은 오바마 대통령 시절이었다. 그러나 2017년 이후 노벨상 수상자들의 백악관 초청은 더 이상 없었다. 대통령이 이들을 만나고 싶어하는 것과 별개로 몇몇 수상자들이 대통령을 만나는 데 큰 거부감을 보였다는 점에서 어쩌면 상호 합의의 결과일지도 모르겠다. 어쨌든 다른 무엇보다 트럼프 대통령이 자기 통제를 연구한 노벨 경제학상 수상자 리처드 탈러(Richard Thaler)를 만난들 무엇을 배울 수나 있었을지 의문이 든다.

2017년 2월 상정된 이민법안 중 하나는 공화당 톰 코튼(Tom Cotton)과 데이비드 퍼듀(David Perdue) 의원이 상원에서 제안하고 트럼프 대통령이 지지한 레이즈 법안(RAISE Act)이었다. 이 법안은 이민자 수를 절반으로 줄이고, 잠재적 이민자들을 대상으로 국가에 도움이 될 수 있는 기술을 가진 사람을 선별하는 테스트를 실시한다는 것이 목표였다. 〈뉴욕타임스〉는 30점을 받아야 통과할 수 있는 테스트 항목을 보도했다. 나는 31점을 받아 가까스로 통과할 수 있었다. 결정적인 요인은 영국 케임브리지대학교에서 받은 학위가 아니었다. 그것은 미국으로 이민을 와서 정착하지 않았다면 얻지 못했을 고소득이었다. 한마디로 모순이 아닐 수 없다.

그러나 한 가지 간과한 것이 있었다. 노벨상 수상자에게는 30점의 보너스 점수가 주어지기 때문에 내 점수는 61점으로 올라갔다. 하지만

'모든' 노벨상이 다 되는 것도 아니었다. 노벨 평화상과 문학상은 대상에서 빠졌다. 이들 상은 오늘날의 미국에서는 별 쓸모가 없는 게 분명하다. 나에게는 노벨 경제학상이 중요하게 여겨지는 게 놀라울 따름인데, 그건 아마도 밀턴 프리드먼이 이 상을 받았기 때문이 아닐까.

　　미국의 반지성주의가 태생적인 것은 아니다. 매사추세츠 베이(Massachusetts Bay) 식민지 정착촌을 개척한 청교도들은 배움을 중요하게 생각해 현지에 도착한 지 몇 년 안 되어 하버드대학교를 설립했다. 리처드 호프스태터(Richard Hofstadter, 역사학자-옮긴이)는 미국 반지성주의 역사와 관련해 모지스 코이트 타일러(Moses Coit Tyler, 1800년대 미국 역사가-옮긴이)를 인용하고 있다. "존 윈스럽(John Winthrop, 1630년 청교도들이 매사추세츠 식민지를 건설할 당시의 정치 지도자-옮긴이)이 세일럼(Salem) 항구에 도착한 지 불과 6년 만에 매사추세츠 주민들은 금고에서 돈을 꺼내 대학을 설립할 기금을 조성했다. 첫 수확의 들판에서 나무 그루터기가 아직 햇볕에 그을리지도 않았던 시절이었다. 마을 외곽에서 밤마다 들리는 늑대의 울음소리가 그치기도 전에 그들은 비록 광야이지만 젊은이들이 아리스토텔레스(Aristotle)와 투키디데스(Thucydides), 호라티우스(Horace), 타키투스(Tacitus), 그리고 히브리어 성경을 공부할 수 있도록 준비했다."[3] 갈릴레오(Galileo)가 이탈리아 피사에서 일하는 동안 하버드는 젊은이들을 가르치고 있었다. 하버드 설립 직후 영국 옥스퍼드와 케임브리지는 하버드 학위를 자신들의 학위와 동등한 것으로 인정했다. 물론 트럼프나 그의 포퓰리스트 추종자들은 이런 청교도가 아니다.

3　Richard Hofstadter 1963, *Anti-intellectualism in American life*, Knopf, p.59.

호프스태터의 이야기는 대체로 종교적 상황의 변화에 따라 학문에 헌신하는 시기와 멀어지는 시기가 이어지는 순환을 보여준다. 이후 현대에 이르러 미국은 1960년대 초 이른바 스푸트니크(Sputnik, 옛 소련이 1957년 발사한 최초의 인공위성-옮긴이) 충격 이후 교육에 많은 노력을 기울였다. 그리고 어쩌면 우리 모두는 포퓰리즘이 약해지고 팬데믹이 사라지면 미국인들이 다시 한 번 고등교육의 가치를 이해할 수 있기를 바라고 있을 수도 있다. 교육받은 엘리트, 특히 학계의 경제학자들이 저학력 미국 노동자들의 삶이 나빠지는 데 일부 책임이 있는 것으로 더 이상 여겨지지 않는 그런 시대가 올지도 모른다.

이민자 얘기가 나오면 우리는 종종 미국이 '이민자의 나라'라는 사실을 떠올리지만, 여기 미국에서도 이민자에 대한 태도는 시간이 지남에 따라 변하고 있고 지역별로도 다르다. 미국은 외국 태생이 전체 인구의 15%를 차지하고 있다. 그 비중이 4분의 1이 넘는 캘리포니아의 경우 이민자에 대해 호의적이다. 트럼프 행정부 초기 캘리포니아는 오랫동안 이민에 반대했고 한때 이민자가 거의 없는 앨라배마에서 상원의원을 지낸 제프 세션스(Jeff Sessions) 법무부 장관과 법적 분쟁에 휘말리기도 했다.

다시 처음 이야기로 돌아가보자 뉴저지 버거킹에서는 무슨 일이 일어났던 것일까? 알고 보니 내가 범인이었다. 쟁반에서 토마토케첩이 든 플라스틱 봉지를 떨어뜨리고 한쪽 끝을 밟는 바람에 봉지가 폭발하면서 다른 고객의 얼굴로 케첩이 튀어버린 것이었다. 가끔은 피가 가짜일 수도 있다. 그러므로 우리의 생각과 신념이 경험과 데이터를 만나게 되는 일은 좋은 것이다. 뉴저지에 아직도 마피아가 있다고 해도 그들이 그날 버거킹에서 일어난 사건의 유일한 원인은 아니다. 그리고 그 후 반세기에 걸쳐 내가 알게 된 사실이지만 뉴저지에서는 약탈자나 날강도, 폭력단 갈취 행위와 같은 문제가 과거에도 그렇지만 지금 보더라도 미국의 수도에서만큼 심각하지 않다.

패스트푸드점의 경제학과 정치학

1996년 8월 20일, 클린턴 대통령은 최저임금을 두 단계 인상하는 법안에 서명했다. 1989년 이후 그런 인상안이 통과된 것은 처음이었다. 이법안은 이전의 최저임금 인상과 마찬가지로 의회에서 초당적인 지지를 끌어냈다. 상원에서 얼마나 '인기'가 있었던지 공화당 원내대표인 트렌트 로트(Trent Lott)는 동료 의원들이 인기가 덜한 다른 법안들을 통과시킬 때 보상용으로 써먹기 위해 이 법안 처리를 보류하기도 했다. 하지만 인상안 찬성률이 80%에 달한 유권자와 공화당 의원 대다수의 열의가 모두에게 해당되는 것은 아니었다. 한때 몬태나와 텍사스에서 경제학 교수를 지낸 공화당의 하원 원내대표인 텍사스 출신 딕 아메이(Dick Armey)는 "있는 힘을 다해 싸울 것"이라고 맹세하기도 하였다.[4]

최저임금 인상에 대한 아메이의 반대 입장은 대다수 경제학자가 공유하는 바였다. 여기에는 조 스티글리츠(Joe Stiglitz)의 1993년 교과서 《경제학(Economics)》[5] 등을 비롯해 좌파 경제학 진영도 일부 포함된다.

---

4 Congressional Record Volume 143, Number 37 (Thursday, March 20, 1997), https://www.govinfo.gov/content/pkg/CREC-1997-03-20/html/CREC-1997-03-20-pt1-PgE541.htm.

5 Jackie Calmes, 1996, "Minimum wage hike will have minimum effect," *Wall Street Journal*, April 19. https://www.wsj.com/articles/SB829876049733093500.

클린턴 행정부에서 수석 경제학자로 활동한 스티글리츠를 포함해 많은 경제학자가 최저임금 인상을 지지했음에도 불구하고 이들 중 90%는 최저임금 인상이 실업률을 증가시킬 것이라고 믿었다. 그러나 그렇게 생각하지 않은 이들도 있었다. 그들 중 가장 두드러진 인물은 당시 나의 동료였던 데이비드 카드와 앨런 크루거였다. 이들의 실증 연구는 로버트 라이시(Robert Reich) 노동부 장관(크루거가 그의 수석 경제자문이었다)과 에드워드 케네디 상원의원, 그리고 클린턴 대통령이 인용(연구자를 직접 거명하지는 않았지만)하면서 정책을 둘러싼 지적(知的) 논쟁으로 번졌다.

　카드와 크루거의 연구는 1995년 출간된 이들의 저서《신화와 측정(Myth and Measurement)》에 요약되어 있다. 이들은 최저임금이 변경된 여러 사례를 조사하고, 자신과 다른 사람들의 데이터를 주의 깊게 분석한 끝에 최저임금의 소폭 인상은 저임금 근로자의 고용량에 거의 또는 아무런 영향을 미치지 않는다는 일관된 결론을 끌어낸다. 아마도 가장 유명한 사례는 1992년 4월 최저임금을 인상한 뉴저지주와 인접 지역이지만 최저임금을 인상하지 않은 펜실베이니아주의 패스트푸드점 고용 수준을 비교한 카드와 크루거의 연구일 것이다.[7] 그러나 이는 두 사람이 쓴 책에 실린 수많은 유사한 사례 연구 중 하나에 불과하다. 연구 결과는 곧 치열한 논쟁에 휩싸였고 그 논쟁은 지금도 계속되고 있다. 1996년 당시 논쟁은 미국 경제학계에 많은 통찰을 가져다주었다. 기존

6　David Card and Alan Krueger, 1995, *Myth and measurement*, Princeton University Press.

7　David Card and Alan B. Krueger, 1994, "Minimum wages and employment: A case study of the fast food industry in New Jersey and Pennsylvania," *American Economic Review*, 84(4), 772–93.

신념에 도전하는 연구는 경험적 증거가 받아들여지는 방식뿐만 아니라 연구와 방법론, 그리고 정책 사이의 관계에서도 새로운 통찰을 제공한다.

1996년 이전에는 상상할 수 없었던 방대한 양의 데이터가 널리 이용되면서 경제학 연구에 혁명이 일어나기 시작했다. 연구는 과거보다 실용적으로, 이론에 덜 의존하는 쪽으로 흘러갔다. 데이터가 부족하면 세상이 어떻게 돌아가는지에 대해 이전의 지식에 더 많이 의존해야 한다. 그 지식이 옳지 않거나 적용되지 않을 수 있다는 위험을 받아들이면서 말이다. 데이터가 많으면, 논거가 약해 보이거나 시대에 뒤떨어진 것으로 보이는 가설(假說) 같은 것은 버릴 수 있다. 카드와 크루거는 이러한 방법을 가장 잘 실행한 사람들이다. 이들의 연구 결과는 설득력 있고 직관적이어서 정책 입안자들과 언론의 시선을 끌기에 부족함이 없었다.

이러한 실제 증거로의 회귀를 반가워하면서 전문가들도 그런 견해를 공유하리라고 생각했던 우리 같은 많은 사람들은 카드와 크루거의 연구 결론이 불러온 공적, 사적 혹평에 당혹했다. 카드와 크루거의 옛 프린스턴 동료들이 다른 기관의 경제학자들을 방문했을 때 받은 대접은 거의 아동 성추행범 친구나 변호자들이 예상할 만한 그런 정도의 것이었다. 공적 비난의 수위는 훨씬 더 극단적이었다.

내게 만약 '구역질나는 상(prize for nastiness)'이 있었다면 대표적인 보수 논객인 폴 크레이그 로버츠(Paul Craig Roberts)에게 주었을 것이다. 그는 미국경제학회(American Economic Association, AEA)가 가장 권위 있는 상인 '존 베이츠 클라크(John Bates Clark) 메달'을 카드 교수에게 수여한 것과 관련해 자신의 〈비즈니스위크〉 정기 칼럼에서 '경제학의 초석인 수요의 법칙을 믿지 않는 경제학자'에게 이런 상을 주었다고 비난했다.[8]

로버츠는 미국경제학회가 발행하는 학술지 〈아메리칸 이코노믹 리뷰(American Economic Review)〉의 심사 과정을 문제 삼으며 해당 논문의 발표와 카드의 메달 수상 결정은 모두 좌파들이 떠드는 '정치적 올바름(political correctness)'에 의해 오염되었다고 주장했다. 그러면서 카드에게 상을 수여한 배경에는 '백악관 같은 높은 자리를 차지한 친구들이 이런 말도 안 되는 연구 결과를 지지하고 있기 때문 아니냐'고 의심했다. 로버츠의 미국경제학회 및 카드에 대한 비난은 〈포브스〉에서 토머스 소웰(Thomas Sowell)에 의해서도 반복되었다. 소웰은 '중력 법칙의 폐기'라는 제목의 칼럼에서 카드와 크루거의 연구 결과를 '상온 핵융합'에 비유했다.[9]

미국 고용정책연구소(Employment Policies Institute, EPI)도 카드와 크루거의 패스트푸드점 연구에 대한 공격에 가세했다. EPI는 최저임금 인상이 실제로 고용을 감소시킨다는 것을 보여주었던 경제학자 데이비드 뉴마크(David Neumark)와 윌리엄 워셔(William Wascher)에게 임금 데이터를 제공한 기관이다. 언론 보도와 경제학자들과의 대화를 종합해 판단할 때 〈뉴스위크〉, 〈포브스〉, 〈월스트리트저널〉을 통해 반복적으로 행해진 EPI의 공격은 카드와 크루거가 사용한 데이터 품질에 대한 신

---

8 Paul Craig Roberts, 1995, "A minimum wage study with minimum credibility," *Business Week*, April 24. https://www.bloomberg.com/news/articles/1995-04-23/a-minimum-wage-study-with-minimum-credibility#xj4y7vzkg.

9 Thomas Sowell, 1995, "Repealing the law of gravity," *Forbes*, May 22, 82.

뢰를 떨어뜨리는 데 이례적일 정도로 성공적이었다. 그러나 EPI가 사업자 단체로부터 자금을 지원받았고 지금도 받고 있다는 점, 당시 EPI를 이끌고 있던 소장이 최저임금 반대 로비스트였다는 점, EPI 데이터(다른 연구자들은 이용할 수 없었던)가 카드와 크루거의 데이터와 직접 비교할 수 없는 데다 다른 사업장들로부터 나왔다는 점, 그리고 뉴마크와 워셔가 직접 수집한 새로운 데이터는 카드와 크루거의 연구 결과와 사실상 모순되지 않는다는 점 등은 거의 언급조차 되지 않았다.

이 공격을 주도한 사람 중에는 텍사스A&M대학교의 저명한 실증 노동경제학자로 지금은 고인이 된 피니스 웰치(Finis Welch)도 있었다. 그는 다음과 같은 몇 가지 명언을 남겼다. "클린턴 행정부는 자신들의 주장을 뒷받침하기 위해 엉성한 통계 연구를 사용했다. 그 결과 그들이 인용하는 소위 증거(evidence)라는 것은 심각한 타격을 받았다." 〈네이션스 레스토랑 뉴스(Nation's Restaurant News)〉 "앨런(크루거)은 '사과를 떨어뜨렸을 때 사과가 떠오르면 중력의 법칙이 폐기되었다고 결론을 내리기 전에 실험에 의문을 제기하라'는 격언을 고려해야 했다."〈타임(Time)〉 비슷한 맥락에서 정부 정책의 효과를 평가하는 기관인 의회예산국(CBO)의 당시 국장이던 준 오닐(June O'Neill)은 미국기업연구소(American Enterprise Institute, AEI) 회의에서 이론(theory) 또한 그 자체로 증거라고 참석자들에게 말하기도 하였다. 웰치는 〈ILR 리뷰(Industrial and Labor Relations Review)〉에 카드와 크루거의 책과 관련해 게재한 글에서 정부(아마도 모든?) 데이터에도 똑같이 적용될 수 있는 논리를 앞세워 해당 연구에 사용된 데이터를 신뢰할 수 없다고 주장하였다. 그러면서 경제학자들은 그들 자신만의 데이터를 수집하려고 시도해서는 안 된다는

권고를 결론으로 끌어냈다.[10]

위기에 처한 것은 미국경제학회(AEA)의 '정치적 올바름'보다 증거의 이론적 부정확성이다. '과학'을 추구하기 위해서는 그런 증거를 버려야 한다는 것을 노벨 경제학상 수상자 제임스 뷰캐넌(James Buchanan)이 〈월스트리트저널〉에 기고한 글에서 가장 잘 엿볼 수 있다. "어떤 물리학자도 '물이 아래서 위로 흐른다'고 주장하지 않듯이, 스스로를 존중하는 경제학자라면 최저임금 인상이 고용을 증가시킨다고 주장하지 않을 것이다. 이러한 주장이 더 심각하게 진행되면 경제학에는 최소한의 과학적 내용도 없다는 부정이 된다. 이는 결과적으로 경제학자는 이념적 이해관계의 옹호자로서 글을 쓰는 것 외에는 아무것도 할 수 없다는 얘기가 되고 만다. 다행히도 2세기에 걸쳐 경제학이 가르쳐온 것을 기꺼이 뒤집으려는 경제학자는 일부에 불과하다. 그리고 우리는 아직 특정 정치 또는 이념 진영을 추종하는 창녀가 되지 않았다."[11] 통설의 성벽은 잘 방어되고 있다.

25년 뒤에 재조명된 최저임금

많은 시간이 지난 지금도 최저임금에 대한 논쟁은 그 유의미성이 크다. 그리고 분열과 혼란을 야기할 수 있는 힘을 상실하지 않았다. 미국 고용정책연구소(EPI)는 여전히 활동 중이며 국가가 강제하는 최저임금 인상

---

10 Finis Welch, 1995, "Review symposium," *Industrial and Labor Relations Review*, 48(4), 27.

11 James Buchanan, 1996, "Minimum wage addendum" *Wall Street Journal*, April 25, p. A20.

에 대해 한탄하고 있다. 카드와 크루거의 연구는 경제학자와 정치인 모두를 계속해서 양쪽으로 갈라놓고 있다. 오바마 대통령의 경제자문위원회 위원장을 역임한 제이슨 퍼먼(Jason Furman)은 최근 이들의 연구 결과가 경제학자들 중 절반의 생각을 바꿔 놓았다고 언급한 적이 있다.[12]

앨런 크루거는 2019년 3월 58세의 나이에 자살로 생을 마감했다. 그는 안타까울 정도로 짧은 생애 동안 다양한 분야에서 경제학계에 오랫동안 기억될 창의적인 공헌을 했다. 또한 그는 노동부, 재무부를 거쳐 오바마 대통령의 경제자문위원회 위원장 등 장관급 직위까지 오르며 정책 분야에서 수준 높은 경력을 쌓았다. 최저임금 연구의 공동 저자인 데이비드 카드는 현재 UC버클리에 재직하면서 놀라울 정도로 생산적인 커리어를 쌓아가고 있다. 크루거와 달리 그는 정책에는 덜 관여했다. 엄밀히 말해 정책은 아니지만, 그가 엄청난 대중의 관심을 끈 일이 있었다. 하버드대학교의 입학 정책이 아시아계 미국인을 차별한다는 소송에서 하버드대학교를 대신해 증언한 것이 그렇다. (하버드가 승소하긴 했지만, 2023년 봄 현재 이 소송은 대법원 결정을 기다리고 있다. 대법원이 기존 판결을 뒤집고 대학 입시에서 소수인종 우대 정책을 영구적으로 무력화할 것으로 예상되고 있다.[13])

카드와 크루거의 연구는 다른 연구자들, 특히 그중에서도 같은 시기 프린스턴대학교 대학원생이던 조슈아 앵그리스트(Joshua Angrist)의 연구와 함께 실증경제학을 크게 바꿔 놓았다. 실증경제학은 그 당시 표준이던 이론기반 모델링에서 벗어나 뉴저지에서는 최저임금이 상승했지

---

12 2023년 3월 9일 개인 서신에서 확인.

13 미국 대법원은 2023년 6월 입학 사정 과정에서 흑인 등 소수인종 우대 정책(Affirmative Action)을 채택하고 있는 것은 위헌이라고 판결하였다-옮긴이.

만, 인근 펜실베이니아에서는 아무 변화가 없는 경우 실시하는 일종의 자연실험에 의존하는 방향으로 나아갔다. 카드, 크루거, 앵그리스트는 다양한 자연실험을 찾아내는 데 뛰어났다. 그리고 그로부터 정책 개입이 없는 경우라면 거의 동일한 두 집단을 찾아내 정책의 인과적 효과를 발견하는 일반적인 접근법을 발전시켰다. 최저임금 연구와 자연실험 활용은 당시로서는 무대 마술과도 같았으며 새로운 조사 방법의 가능성을 열었다. 물론 모든 새로운 방법이 그렇듯이 시간이 지남에 따라 이런 조사 방법의 문제점도 더욱 분명해졌다. 하지만 1995년 이후의 역사는 최저임금뿐만 아니라 오늘날 경제학이 작동하는 방식에서 볼 때도 중요하고 교훈적이다.

중국 총리 저우언라이가 1972년에 프랑스 혁명에 대해 말했듯이, 최저임금 실증 연구의 궁극적인 영향을 평가하기에는 아직 너무 이른지도 모르겠다. 그러나 이런 연구가 최저임금 정책에 끼친 영향과 함께 최저임금에 대한 경제학자들의 사고방식에 미친 영향에 대해서는 의심할 여지가 없다. 시간당 7.25달러의 연방 최저임금은 2009년 7월 이후 인상되지 않았지만, 많은 개별 주(州)에서는 최저임금을 인상했다. 일리노이주 8.25달러부터 워싱턴주 12달러에 이르기까지 29개 주는 더욱 많이 인상했다. 시애틀과 샌프란시스코 같은 도시들은 시간당 최저임금이 15달러 수준이다. 도시나 주 단위의 최저임금 변화를 자연실험 결과로 활용한 많은 연구는 지금까지 카드와 크루거가 개척한 것과 유사한 연구방법을 사용했다.[14]

---

14 다음은 가장 설득력 있는 연구 중 하나다. Doruk Cenzig, Arindrajit Dube, Attilla Lindner, and Ben Zipperer, 2019, "The effect of minimum wages on low wage jobs," *The Quarterly Journal of Economics*, 114(3), 1405-54.

내가 읽은 바에 따르면 대부분의 연구가 카드와 크루거의 연구 결과를 그대로 반복해서 보여주고 있다. 또한 (상대적으로 높은) 최저임금에 대한 광범위한 경험이 있는 영국에서 실시된 많은 연구에서도 고용 감소는 발견되지 않았다.

그럼에도 불구하고 교과서적 정설을 옹호하는 사람들은 포기하지 않는다. 미국인 10명 중 약 7명은 연방 최저임금을 인상해야 하지만 의회가 이러한 법안을 통과시키지 못한 이유는 패스트푸드 업계의 막강한 로비력 때문이라고 생각한다. 패스트푸드 업계는 또한 최저임금 인상으로 임금 근로자들을 도우려는 시도가 오히려 그 사람들에게 해를 끼칠 수 있다는 보수적 주장에 힘을 실어주는 연구를 계속 발주하고 있다. 특히 미국 고용정책연구소(EPI)가 이 전쟁을 계속하고 있다. 2023년 봄 EPI 웹사이트의 톱기사 제목은 '15달러 최저임금을 요구하는 투쟁 때문에 사업체들이 문을 닫고 있다'였다. (보다 높은 최저임금을 요구하는 사람들의 현재 목표치는 15달러이다.)

〈뉴욕타임스〉에 윤리 칼럼을 기고하는 내 친구 앤서니 아피아(Anthony Appiah)는 개별적으로 편지나 이메일을 보내오는 사람들의 삶은 물론 공공정책에 대해서도 논평하는 철학자이다. 그가 최근에 왜 경제학자들은 간단해 보이는 최저임금 문제를 '아직도' 해결하지 못하는지 약간 짜증 섞인 목소리로 물었다. 하지만 어쩌면 그의 질문은 영원히 대답할 수 없거나, 적어도 일반적으로는 답을 얻기 어려울 수 있다. 왜 경제학자가 아닌 사람들은 물론 우리 경제학자들까지 정책 변화의 효과가 언제나 동일하거나 같은 방향으로 작동한다고 가정하는가? 아래로 흐른다는 물조차 뒤에서 충분한 압력을 받는 파이프 안에서라면 위로 흐르고 사과도 물통 안에서는 위로 떠오르지만, 누구도 중력의 법칙이 폐기되었다고 주장하지 않는다.

최근의 연구는 다시 이론으로 돌아가 최저임금을 인상해도 고용이 감소하지 않는 상황이 있을 수 있는지에 대해 묻고 있다. 이러한 조건들은 종종 현실에서는 맞지 않을 것 같은 이상한 사례로 여겨지기도 한다. 하지만 그런 조건은 카드와 크루거의 저서 《신화와 측정(Myth and Measurement)》에서 제시된 바 있고 오랫동안 그렇게 이해되어왔다. 햄버거 가게 직원이나 계산원에게 다른 일자리를 찾을 기회가 제한된다면, 고용주는 이러한 상황을 악용할 수 있다. 다시 말해 직원들이 회사의 수익에 기여하는 것보다 적은 임금을 그들에게 지급함으로써 결과적으로 근로자 임금을 줄여 업주 수익을 늘리는 행동을 할 수 있다. 최저임금을 인상하되 그 인상 폭이 너무 크지 않다면 근로자로부터 고용주로 넘어가는 금액은 그전보다 줄어들지만, 즉 고용주는 각 근로자로부터 비록 그 전보다 조금 적기는 하지만 여전히 이익을 얻기 때문에 근로자를 해고하지는 않을 것이다. 이러한 상황은 경제학 용어로 말하자면 고용주가 노동자에 대해 '시장 지배력(market power)'을 가지는 경우다. 다시 말해 기업이 '수요독점자(monopsonist)'로 이는 1933년 영국의 너무나 유명한 경제학자 조앤 로빈슨(Joan Robinson)이 만든 용어다.[15] 이러한 설명은 높은 최저임금 인상에 대한 패스트푸드 업계의 격렬한 반대 이유를 알려준다. 많은 경우 임금 인상은 곧바로 이익을 줄인다는 점에서 자본과 노동 사이에 작용하는 일종의 제로섬 게임으로 여겨진다.

---

15   Joan Robinson, 1933, *The economics of imperfect competition*, Macmillan.

1990년대에는 노동 시장, 특히 패스트푸드 업계에 수요 독점자가 존재한다는 주장이 일반적으로 묵살됐다. 나는 수요 독점자 스토리로 카드와 크루거의 연구 결과를 옹호하려고 시도하다가 "아무도 '그것을' 믿지 않는다"는 말을 들었던 기억이 난다. 하지만 지난 10년 동안 이 아이디어에 대한 관심이 다시 살아나고 있다. 특히 인구 밀도가 낮고 고용주가 상대적으로 적은, 예컨대 몇 군데 없는 패스트푸드점, 닭고기 가공 공장, 주립 교도소와 같은 곳이 대상이다. 미국에서 지리적 이동성은 떨어지고 있다. 부분적으로는 인기 있는 도시에서 나타나는 높은 주택비용 때문이다. 가족 구성원 중 몇 명이 동시에 일하고 있고, 또 생계를 위해 그렇게 할 수밖에 없는 경우 사람들은 가족 단위로 이동하는 것이 어렵다는 사실을 깨닫게 된다. 이러한 세계에서는 패스트푸드점이 시장 지배력을 가지고 있으며 적어도 일부 지역에서는 이를 이용해 임금을 낮게 유지하려고 할 가능성이 없지 않다. 이 같은 행동은 근로자가 다른 일자리를 찾을 수 없게 제한하는 '경쟁업체 취업제한 조항(non-compete clauses)' 같은 관행과 일치한다.[16]

카드와 크루거의 독창적인 연구에 대해 종종 가해지는 비난은 이론을 소홀히 했다는 것이다. 이러한 비판은 자연실험이나 실제 실험을 사용하는 많은 경험적 연구에 대해 합리적으로 제기될 수 있지만, 이들의 저서 《신화와 측정》에 대해서는 적용될 수 없다. 오늘날 미국 경제에서 시장 지배력의 역할을 재평가하는 과정의 일환으로 그 결과뿐만 아니라 이론이 진지하게 받아들여지고 있고 정당성도 입증되고 있

---

16 David Card, 2022, "Who set your wage?," *American Economic Review*, 112(4), 1075—90.

다. 공급독점(monopoly)은 생산자가 자유시장 수준 이상으로 가격을 인위적으로 올릴 수 있는 시장 지배력의 한 예이며, 수요독점(monopsony)은 고용주가 인위적으로 임금을 낮출 수 있는 시장 지배력의 또 다른 예다. 이는 단순히 물이 위로 흐르는 그런 것이 아니라 완전히 다른 세계다. 여기서 경제의 일부는 아무도 지배력을 갖지 않는 경쟁 시장으로 잘 설명되지 않으며, 자본과 노동이 잉여를 놓고 싸우는 계급투쟁에 더 가깝다. 노동자가 이주하기 어려우면 그들은 강력한 고용주의 약탈에 노출되기 쉽다. 이러한 경제는 노동자들이 노조의 쇠퇴를 슬퍼할 충분한 이유가 된다. 카드와 크루거의 연구에 대해 이해 관계상 깊이 얽혀있는 당사자들, 특히 패스트푸드점 업계와 미국 고용정책연구소(EPI)가 보인 격렬한 정치적 반응은 '말도 안 되고 억압적인 독점을 지키기 위한 상인과 제조업자들의 요구'가 초래한 해악에 대해 언급한 바 있는 애덤 스미스(Adam Smith)가 보면 전혀 놀랄 일도 아니다.[17]

2021년 12월, 노벨 경제학상은 '노동경제학에 대한 경험적 공헌'을 인정받은 데이비드 카드(David Card)에게 절반이, 나머지 절반은 '인과관계 분석에 방법론적으로 기여한 공로'로 조슈아 앵그리스트(Joshua Angrist)와 귀도 임벤스(Guido Imbens)에게 돌아갔다.[18] 발표에서는 최저임금에 대한 연구가 카드가 공헌한 부분으로 적시되었다. 노벨재단 웹사이트는 뉴저지와 펜실베이니아주에서 이루어진 관련 연구에 대한 상

---

17 Adam Smith, 2021, *An inquiry into the nature and cause of the wealth of nations*, Delhi Open Books, p.652.

18 The Nobel Prize, "The Sveriges Riksbank Prize in Economic Sciences in Memory of Alfred Nobel 2021," https://www.nobelprize.org/prizes/economic-sciences/2021/summary/.

세하고도 훌륭한 설명을 담고 있다.[19] 앨런 크루거(Alan Krueger)는 노벨상이 생존자에게만 수여되는 관계로 수상자에 포함될 수 없었다.

최저임금 연구는 1996년 당시의 천덕꾸러기 신세에서 머나먼 길을 걸어왔다. 비록 현재도 경제학자 중 절반만이 신뢰하지만, 그중에는 노벨상위원회 위원들이 포함되어 있을 것으로 추정되고 있다. 캐나다에서 소젖을 짜며 자란 매우 진지한 사람인 카드는 팬데믹 때문에 슬프게도 스웨덴 스톡홀름에서의 웅장한 시상식 대신 캘리포니아 어바인(Irvine)에서 메달을 받았는데도 웃는 모습을 보여줬다. 내 생각에 앨런 크루거라면 훨씬 더 표현력이 풍부했을지 모르겠다.

이 책의 9장에서 다시 노벨상 이야기로 돌아갈 것이다. 하지만 내가 이 이야기에서 가장 좋아하는 것은, 그리고 이 이야기가 여러 해에 걸쳐 발전한 방식은 처음에는 (분명 흥미로운) 비난으로 시작했으나 공공의 이익을 위한 진지한 과학으로 발전했다는 점이다. 어떤 발견이 우리가 당연히 생각하는 것과 모순된다고 해서 무시하는 게 아니라, 그런 모순이 다른 곳에서도 일어나는지 확인하고 왜 그런 일이 꼭 보편적으로 일어나지는 않지만 어떤 상황에서는 일어날 수 있는지를 다시 생각해보는 연구로 돌아갈 필요가 있다. 이것이 바로 수요독점자 연구로 이어졌다. 여전히 더 많은 실험과 논쟁이 필요한 설명이지만 말이다. 또한 이 연구는 최저임금 인상이 고용에 영향을 미치지 않을 것으로 예상되는 상황을 규명하는 것이기 때문에, 아피아(Anthony Appiah)의 질문

---

19 Kungl Vetenskaps-Akademien, 2021, "The Prize in Economic Sciences 2021: Natural experiments help answer important questions," https://www.nobelprize.org/prizes/economic-sciences/2021/popular-information/.

에 대한 하나의 해답을 제시한다. 사과는 언제 떠오를 수 있고, 물은 언제 위쪽으로 흐를 수 있을까? 사람들이 새로운 곳으로 이직하는 게 어렵고, 법원이 수요독점자를 거의 기소하지 않는(불법임에도 불구하고) 오늘날, 일부 고용주들이 임금을 인위적으로 낮게 유지할 수 있다는 아이디어는 저학력 미국인 노동자의 생활수준이 장기적으로 하락하는 하나의 원인이라는 점을 잘 설명할 수 있다.

카드와 크루거의 원래 논문은 자연실험 연구의 상징적 연구 중 하나가 되었다. 그런 상징성과 설명하기 쉽다는 사실(예를 들어 노벨상 웹사이트 설명의 멋진 뉴저지와 펜실베이니아 지도를 보라)에도 불구하고, 이 논문의 결론이 확정적이라고 하기는 어렵다. 두 주에 있는 식당 중 일부는 서로 수 마일이나 떨어져 있고, 최저임금의 변화 외에도 많은 일이 진행되고 있다. 최저임금을 인상한 곳은 펜실베이니아가 아니라 뉴저지였다. 그래서 일반적인 통념은 펜실베이니아에 비해 뉴저지에서 고용이 감소해야 한다는 것이다. 하지만 이러한 통념은 고용이 소폭 증가한 '뉴저지'에서 일어났거나 일어나지 않은 일에 의해서가 아니라 '펜실베이니아'에서 고용이 크게 감소했다는 사실에 의해 부정당했다. 이 주장은 두 주가 충분히 유사하기 때문에, 펜실베이니아에서 고용 감소를 초래한 요인이 뉴저지에서도 최저임금이 인상되지 않았다면 유사한 감소를 불러왔을 것이라고 얘기한다. 물론 이는 직접적인 증거가 없는 반대 사실에 대한 강력한 가정일 뿐이다.

이 연구를 매우 중요하게 만드는 것은 원래 연구 그 자체만이 아니라, 같은 방법론을 이용한 많은 후속 연구들이 나온 데다 일부 업계 고용주들의 시장지배력에 대한 신뢰할 만한 설명이 있기 때문이다. 이러한 같은 방법론을 이용한 후속 연구 자체만으로는 그다음 연구가 어떻게 다른 결과를 낼지 알 수 없기 때문에 충분하지 않다. 모든 백조는 흰색이라고 생각했던 시절을 기억해보면 알 수 있는 일이다. 그러나 현재 무엇이 일어나고 있는지에 대한 이해를 담은 후속 연구는 최저임금이 언제 고용을 감소시키고 감소시키지 않을지 예측할 수 있는 과학적 기반을 제공한다. 예를 들어, 다른 일자리가 거의 없거나 생계를 위해 일해야 하는 다른 가족 구성원이 있어서 노동자들의 이주가 어려운 지역에서는 고용주가 시장지배력을 갖게 될 것이다.

정치적인 측면에서 대부분의 비난은 고용주 측, 즉 그들이 속한 이익단체나 고용주에게 빚을 지고 있는 정치인 및 경제학자 쪽에서 나왔다. 그들의 분노는 자신들의 이익이 위협받고 있기 때문이 아니라 경제학자들과 경제이론이 고용주들의 편에 있어야 하며 또 오랫동안 그래왔기 때문이다. 최저임금 연구의 경우 단순히 잘못되거나 나쁜 과학('상온 핵융합')이라서가 아니라 자신들에 대한 배신이었다는 이유였다. 물론 자본의 편에 서는 경제학자뿐만 아니라 노동의 편에 서는 경제학자들은 항상 존재해왔다. 그러나 적어도 최근 경제학에 대한 비판의 일부는 경제학 통념과 교과서적 내용의 많은 부분이 자본에 유리하고 노동에 불리하며 형평성보다 효율성을 훨씬 더 중요하게 여기고 자본과 노동 간 권력 차이를 무시하며, 그리고 경제학에 대한 사회의 광범위한 수용이 노동자 계층의 부가 줄어드는 데 어느 정도 책임이 있다는 것이다.

2장

미국의 건강보험, 그리고 의료시스템

ECONOMICS IN AMERICA

의료서비스가 왜 중요한 이슈인가?

전 세계 어디에서든 부유한 나라에서 온 이민자가 보면 미국의 의료 시스템은 하나의 충격이다. 나는 태어날 때부터 누구나 의료보험을 갖는 영국에서 왔다. 그 때문에 그렇게 많은 미국인이 보험에 가입한 적이 없다는(지금도 여전히 없다는) 사실에 질겁할 수밖에 없었다. 아이들을 병원에 데려갔을 때 소아과 의사(pediatrician)와 족부 전문의[podiatrist, 족부 질환을 전문으로 다루는 의료인으로 치과의사처럼 일반 의사(MD)와는 진료 영역이 구분되며 교육과정도 별도 운영된다-옮긴이]의 차이를 몰랐다. 왜 내과 전문의를 가족 주치의로 선택해야 하는지 그 이유도 몰랐다(미국 의료보험은 주치의 의뢰 없이 환자가 임의로 진료를 받을 수 없는 경우도 많다—옮긴이). 그리고 이해하기 어려울 정도로 복잡하게 뒤얽힌 청구서도 마찬가지였다.

환자뿐만 아니라 경제학자에게도 이 시스템은 당혹스럽다. 의료비는 미국 국민소득의 5달러 중 거의 1달러를 차지한다. 의료 서비스는 모든 사람이 누릴 수 있는 권리라고 규정한 그 어떤 부유한 나라도, 자국민의 건강 상태가 미국인보다 더 좋은 그 어떤 부유한 나라도 이만큼 많은 비용을 지출하지 않는다. 사실, 건강은 의료 서비스에 전적으로 달린 것은 아니다. 약물 사용, 흡연, 음주 그리고 비만은 건강에 해를 끼칠 수 있지만 의사와는 큰 관련이 없다. 그럼에도 불구하고 미국 의료 서비스는 합리적으로 마땅히 책임질 수 있는 부분에서, 특히 노인이 아닌 사람들의 건강에 대해 제 역할을 하지 못하고 있다.

미국이 세계에서 두 번째로 비싼 의료시스템을 갖춘 스위스와 같은 비율의 국민소득을 의료에 지출한다면 연간 '1조' 달러를 절약할 수 있다. 나는 총금액이 아니라 '절감액'만 말하고 있다. 1조 달러라면 미국 군사비 지출의 예비용 목적을 충분히 감당할 수 있을 것이다. 또는 미국의 모든 국민에게 연간 3000달러의 수표와 함께 5년 더 긴 기대수명을 보장하는 스위스의 의료시스템을 제공할 수도 있다.

이런 막대한 비용 때문에 경제학 및 경제학자와 관련한 책에서 의료 서비스는 별도의 챕터로 다루어지고 있다. 이 장의 단편들은 경제학자의 아이디어가 공공 문제 해결에 어떻게 기여하는지, 정치인이나 의료산업 로비스트에 비해 경제학자가 가진 힘이 얼마나 약한지, 시장이 어떻게 작동하고 작동하지 않는지, 그리고 정책이 어떻게 형성돼 때로는 우연히, 때로는 의도적으로 상위 1%에 속하는 사람과 하위 1%에 가까운 노동자에게 영향을 미치면서 누가 무엇을 얻는지, 이런 이야기를 통해 이 책의 큰 주제들을 설명한다.

우리는 역사상 가장 위대한 경제학자 중 한 명이자 노벨 경제학상을 수상한 거의 최초의 경제학자 중 한 명인 케네스 애로(Kenneth Arrow)를 만날 것이다. 그는 다른 경제학자들과 함께 애덤 스미스(Adam Smith)

가 오래전에 주장했던 것처럼 시장이 공익을 높이는 쪽으로 작동하기 위한 필요조건을 제시한 경제학자다. 그는 또한 사회가 구성원 개개인의 필요와 욕구를 고려한 '집단적 선택'을 하는 것이 얼마나 어려운지를 보여주었다. 이 장에서 애로는 의료 서비스에 대해 경제학자들의 사고에 영향을 미친 핵심 아이디어의 창시자로 등장한다.

많은 돈이 관련되어 있기 때문에, 그리고 정부가 의료에 '관여하지 않을 수 없기' 때문에 의료는 로비스트들에게 일종의 끌어당기는 자석이자 돈이 정치로 빨려 들어가는 주요 산업 중 하나다. 워싱턴에는 의회 의원 한 명당 6명의 의료 로비스트가 있다고 할 정도다. 미국의 의료 시스템이 현재와 같은 틀로는 유지될 수 없기 때문에 개혁은 지속적으로 논의되고 있다. 정치인들은 유권자를 대변해야 하지만 선거운동을 위해서는 돈이 끝없이 필요하다. 그 결과, 공익은 종종 의료 서비스 제공자의 이익 앞에서 밀리고 만다. 그러면 의료 서비스 제공자들은 '자신들에게' 유리한 시스템을 유지하기 위해 훨씬 더 많은 자금을 확보할 수 있다.

이 장에서는 개인적으로, 그리고 공적으로 경험한 구체적인 에피소드를 통해 이런 주제들을 설명할 것이다. 바로 뒤에 나오는 '고관절 수술을 잘 받기 위한 노력'이라는 글은 내가 2006년에 고관절 치환술을 받은 후 처음 쓴 것이다. 미국 병원과의 첫 만남에 관한 이야기다. 당시 조지 W. 부시 행정부는 나와 다른 환자들이 더 나은 치료를 받을 수 있도록 노력했다. '낚시질 잘하기'는 오바마 대통령이 의료 시스템 개혁을 시도하던 초창기, 미국의 만연한 선거 불평등으로 인해 의료 개혁이 어떻게 복잡해졌는지, 그래서 그가 송어 낚시와 함께 연방 상원의원 선거 지원을 위해 몬태나주로 가게 되었다는 내용의 이야기다. 오바마는 비록 포식자들(몬태나의 회색곰과 퓨마가 아닌 워싱턴의 포식자)을 매수해야 했지만, 송어 대신 개혁을 잡았다. 더 많은 사람이 보험에 가입했고 보험 업계는 더 부유해졌다. 의료서비스 제공자와 로비스트들은 승리했다. '역선택(Adverse Selection), 행정명령, 브로콜리'는 오바마케어(Obamacare)가 건강한 사람들이 보험 가입을 거부하며 시스템에 무임승차하는 것을 막기 위한 규칙을 어떻게 정했는지를 자세히 기술한다. 이 규칙은 경제학자들이 제기하고 강조한 이슈에 대응하기 위한 것이었다. 어쩌면 우리가 틀렸을지도 모른다. '미치광이 권력자(Madman in Authority)'는 트럼프 대통령이 취임한 이후 벌어진 일들을 다룬다. 백악관은 상하 양원을 장악한 공화당 의원들과 협력해 두 가지 최우선 과제를 해결했다. 언제부터인가 공화당 행정부가 들어서면 표준적인 운영 매뉴얼처럼 적용해온 감세와 오바마케어 폐지가 그것이다.

마지막으로 '범죄, 처벌, 그리고 담배(Crime, Punishment, and Tobacco)'에서는 건강의 많은 부분이 의료 서비스에 의해 '결정되지 않는다'는 사실과 함께, 사람들의 행동(이 경우 흡연)을 변화시키려는 경제학과 정치학에 주목한다. 종종 그렇듯이, 그리고 어쩔 수 없다고 하더라도 국민의 건강을 개선하려는 가치 있는 노력은 마치 보이지 않는 손처럼 가난한 사람들로부터 부유한 사람들로 돈을 옮기는 엉뚱한 결과를 초래했다.

고관절 수술을 잘 받기 위한 노력

나는 건강에 관한 책을 읽고 글도 쓰지만, 미국에서 25년 동안 미국 의료시스템을 직접 경험하지 않고도 용케 살아올 수 있었다. 그래서 2006년 6월 일상적인 수술이지만 중간 위험으로 분류되는 고관절 치환술이 필요하다는 진단을 받았을 때, 나는 재정적인 이유와 의학적 이유 모두에서 솔직히 불안했다. 수술 후 90일 이내 사망률은 약 1%이고, 그중 5분의 1 정도는 장거리 비행 승객들에게 '이코노미 클래스 증후군'으로 잘 알려진, 예측할 수 없는 수술 후 심부정맥 혈전증이 발생할 수도 있었다. 하지만 그 전후로 여러 차례 정책 토론의 중심 주제가 되었던 이 분야에 관한 실증적 연구를 수행할 얼마간의 기회도 있었다.

시장의 힘을 믿는 관료들로 구성된 조지 W. 부시 행정부는 '소비자 주도형' 의료체계 개념을 도입하였다. 그들은 사람들이 좋은 가치를 추구하도록 장려하는 제도를 시행하였다. 사람들이 스스로 돈을 쓰면 시장이라는 마법이 작동해 의료 서비스를 더 좋고 저렴하게 만들 수 있다는 주장이다. 나는 돈을 절약하는 것이 주된 고려사항은 아니었지만, 위험을 키우는 게 아니라면 좋은 소비자가 되려고 노력할 정도로 운이 좋았다. 고관절 및 무릎 치환술은 미국에서 큰 사업에 해당한다. 2010년에는 1980년에 비해 10배나 많은 250만 명의 미국인이 인공 고관절 수술을 받았다. 인공 무릎의 보급률은 훨씬 더 빠르게 증가했다.[1] 미국인의 고령화로 인해 마모된 관절이 더 많아지기도 했지만 22세 이하 젊은 층도 큰 수혜자다. 운동 욕심 때문이다. 헬스장 회원 증가와 교회 출석률 감소는 전신 운동기구보다 교회에서 예배 보기가 무릎에는 더 편하다는 점을 보여주는 것일 수 있다. 고관절 치환술 비용은 지

---

1   Hilal Maradit Kremers, Dirk R. Larson, Cynthia S. Crowson, Walter K. Kremers, Raynard E. Washington, Claudia A. Steiner, William A. Jiranek, and Daniel J. Berry, 2015, "Prevalence of total hip and knee replacement in the United States," *Journal of Bone and Joint Surgery*, 97(17), 1386-97. https://www.ncbi.nlm.nih.gov/pmc/articles/PMC4551172/.

역마다 크게 다르지만 2022년 평균 약 4만 달러로 추정된다. 매년 약 50만 건의 치환술이면 총지출이 대략 '200억 달러'에 달한다.[2]

좋은 선택을 하기 위해서는 좋은 정보가 필요했지만, 품질이나 가격에 대한 정보를 얻기란 놀랍도록 어려웠다.

〈US뉴스앤드월드리포트〉는 대학 및 학과의 순위와 마찬가지로 다양한 기준에 따라 병원 순위를 매기지만, 정형외과 의사에 대해서는 그러한 보고서가 없다. 개별 외과 의사가 자신을 광고하고 가십거리('한때 교황을 수술한 사람이지만 지금은 한물갔다'라거나, '예전에는 이 업계에서 가장 빠른 손을 가졌지만 지금은 간호사가 그의 커피를 들고 있어야 한다')도 많지만, 의료계는 공식 가이드 발행을 저지하는 데 성공했다. 경제학이나 미국 역사학 분야에서 최고의 경제학자 혹은 역사학자를 꼽을 수 있다면 정형외과 의사에게 다른 정형외과 의사를 평가하도록 할 수도 있을지 모른다. 그러나 이쪽 바닥에서는 해당하지 않는다. 새벽 2시 30분 병원이 잠잠해졌을 때쯤 이 병원에서 제대로 하는 외과의사가 누구인지에 대해 나에게 말해줄 수 있는 선임 야간 간호사를 결국 찾기는 했지만, 그때 나는 이미 회복 중이었다. 그래서 나의 치료 관련 의사 결정에는 별 도움이 안됐다(적어도 다른 치환수술이 필요하거나 새로운 치환수술이 실패할 때까지). 나는 간호사가 어떤 요소(수술 속도, 수술량, 개인위생, 수술실 음악의 적합성, 간호사에게 친절함 등)를 중요하게 생각하는지, 그리고 간호사의 조언이 '나에게' 도움이 될지 궁금하기는 했다. 하지만 간호사들에게 좋은 인상을 주는 것이 외

---

2   Kristen Fischer, 2022, "How much does a hip replacement cost?" *GoodRx Health*, Aug. 29 https://www.goodrx.com/conditions/musculoskeletal-conditions/how-much-does-a-hip-replacement-cost.

과의사의 주된 업무가 아니지 않는가?

　내가 사전에 상담한 여러 명의 외과의사 중에서 누가 마음에 들거나 편안하게 느껴졌는지 말할 수 있지만, 의식이 없는 상태에서의 제한된 대면이 평가 근거가 되기에는 턱없이 불충분하고, 다른 의사들이나 1차 진료의사 혹은 친구나 지인들도 마찬가지로 더 많은 정보를 알려 줄 수가 없었다. 사실, 수술 전에 내가 가진 유일하게 유용한(그리고 내 경험상 그 유효성이 강력하게 확인된) 정보는 수술을 자주 하는 병원과 외과 의사를 찾아가야 한다는 잘 알려진 규칙이다. 나는 1만 건의 고관절 치환술을 집도하고 〈US뉴스앤드월드리포트〉에서 높은 순위를 차지한 병원에서 근무하는 외과 의사를 예약했다. 내가 고관절 치환술을 받던 날 아침 다른 수십 건의 고관절 치환술이 진행되고 있었다(고관절 교체 수술 1만 건을 달성하려면 외과의사의 연차가 얼마나 되어야 하는지에 좀 더 관심을 가졌어야 했지만, 당시에는 그런 생각이 들지 않았다).

　수술 가격에 대한 정보는 확실히 더 쉽게 알 수 있을 것으로 생각했다. 현실은 전혀 그렇지 않았다. 외과 의사들은 7000달러에서 8000달러 사이의 비용을 제시하고 있다. 적어도 보험 회사와는 협상할 수 없더라도 처음부터 어느 정도 협의 가능한 가격인 게 분명하지만 말이다. 마취과 전문의, 물리 치료사, 통증 관리전문가 그리고 가장 큰 항목으로 밝혀진, 다른 한 사람과 공유하는 2인 입원실에서의 '숙식' 등 여러 가지 관련 서비스의 가격 정보는 이보다 훨씬 더 복잡했다. 특히 마지막 항목은 놀랍게도 하루에 1만 달러 이상의 비용이 들었다. 물론 내 방은 넓고 욕조가 있는 데다 뉴욕의 강 하나가 보이는 멋진 전망을 갖추었고, 또 그 덕분에 끊임없이 움직이는 선박이 제공하는 고급 엔터테인먼트도 보장되었다. 아마도 자동 제어식 모르핀 펌프 덕분에 더 좋게 보였을지도 모르겠다. 전화와 텔레비전은 별도 추가 요금을 내야 했다.

　이 가격 중 어느 것도 보이는 그대로가 아니다. 각 보험 회사는 거래하는 병원 및 의사와 자체적으로 가격을 협상한다. 이러한 가격은 철저히 비밀에 부쳐진다. 물론 보험회사는 고객이 지불할 금액과 지불하지 않을 금액을 알려준다. 그러나 그 계약은 병원의 가격표와 마찬가지로 보이는 것보다 훨씬 더 복잡하다. 서비스 제공자(병원)가 '네트워크 안(in network, 보험사와 사전에 계약되어 있는-옮긴이)'에 있는 경우, 보험회사는 의료비용의 상당 부분을 부담한다. 하지만 '네트워크 밖(out of network)' 서비스 제공자인 경우에는 보험사가 부담하는 몫은 줄어든다. 그래도 대개는 80% 이상은 된다. 따라서 내 개인적으로 책임질 몫은 상당히 제한적이다. 그러나 다시 말하지만 이게 액면 그대로가 아니다. 내 보험 회사는 전체 가격이 아닌 '비밀' 가격의 90%를 지불하기 때문이다. 예를 들어보자. 마취과 의사[내 경우에는 수술 이틀 전에 나의 보험을 받지 못했다는 편지를 보냈고, 수술 당일에는 의식을 잃기 직전 수술 중 실험적 시술에 대한 '(정보를 제공받았다는) 사전 동의서'에 서명하라고 요구한 사람으로 적대시하면 안 되는 사람처럼 보였다]가 6000달러를 청구했고, 보험회사는 적정 수가가 4500달러라고 믿는다면, 보험 부담이 후자의 90%이므로 환자인 내가 부담해야 할 금액은 600달러(6000달러의 10%)가 아니라 그 3배가 넘는 1950달러(미부담액 1500달러에 보험사 보험적용 대상이라는 4500달러의 10%를 더한 금액)가 된다. 이러한 금액을 미리 알 방법이 있는지 나는 사전에 찾아낼 수 없었다. 입원 전, 입원 중, 입원 후 어느 단계에서도 내가 '구매'한 수많은 시술과 서비스 중 어떤 것을 원하고 원하지 않는지를 물어보는 사람도 없었다. 나는 '동의서'에 서명하는 대신 마취과 의사를 주먹으로 때리고 싶었다. 분노에 찬 서명은 지금도 기억조차 하고 싶지 않다.

가격에 기반한 제대로 된 선택이나 더 심하게는 충분한 설명에 기반한 동의는 너무나도 무리한 요구가 될 정도이다. 지금은 고인이 된 프린스턴대학교의 동료 우베 라인하르트(Uwe Reinhardt)는 이러한 선택 상황을 백화점에서 눈을 가리고 쇼핑하는 것에 비유했다. 그리고 몇 달 후 어떤 품목은 정가로, 어떤 품목은 정가의 일부만 청구한 계산서가 날아왔지만 자신이 무엇을 샀는지, 가격이 얼마인지 사전 지식이 전혀 없는 그런 상황과 다를 바 없다는 것이다. 이조차도 보험에 가입할 만큼 부유한 사람들을 위한 것이다. 보험에 가입하지 않은 미국 인구의 거의 10%는 훨씬 더 높은 수가 또는 '미국 병원이 청구하는 수가 목록표'의 수가를 그대로 지불한다. 라인하르트는 메디케어(Medicare, 주로 65세 이상 노인과 특정한 장애인 등을 위한 연방정부 건강보험-옮긴이)에서 6000달러만 내면 받을 수 있는 시술을 받고, 3만 달러의 빚을 갚느라 수년을 보낸 사람의 사례를 알려준다. 병원 채무회수 절차에는 채권 추심기관의 끈질긴 압박이 포함되어 있다. 수술 후 수개월 동안 거의 모든 환자(보험에 가입한 환자라도 예외 없이)가 위압적일 정도로 날아드는 수많은 청구서에 시달려야 한다. 이 청구서들은 종종 잘못된 경우가 많지만, 이를 바로잡으려고 전화 로봇을 상대하는 데는 많은 시간이 걸린다.[3]

부시 행정부가 의료비 지출의 급격한 증가를 억제하기 위해 선호한 수단은 '건강저축계좌'였다. 소비자(및 그들의 고용주)가 디덕터블(deductible,

---

3   Uwe Reinhardt, 2006, "The pricing of U.S. hospital services: Chaos behind a veil of secrecy," *Health Affairs*, 25(1), 57-69.

보험사 대신 가입자가 매년 먼저 내기로 약정하는 본인 부담금-옮긴이)이 높은 건강보험에 가입하는 조건으로 이 계좌에 납입하는 금액에 대해 매년 면세 혜택을 받을 수 있게 했다. 이 계좌에서 의료비를 지불하고 남은 잔액은 이월할 수 있어, 궁극적으로 그렇게 크게 아프지 않고 지내온 사람들은 은퇴 자금으로 활용하는 효과가 있다. 사람들은 자신의 돈을 지출하기 때문에 가격을 제대로 잘 따져보고 최고의 가치를 제공하는 서비스 제공자를 선택할 인센티브를 갖게 된다. 이 제도를 지지하는 사람들이 가지는 기대는 건강저축계좌의 존재 자체가 서비스 제공자에게 비교 쇼핑이 가능할 정도의 정보를 제공하도록 압력을 줄 것이라는 점이다.

두말할 필요도 없지만, 2006년 나에게는 이러한 정보가 제공되지 않았다. 병원들은 2021년에 가서야 (마지못해) 가격을 공개할 수밖에 없었다. 이 제도에 반대하는 사람들은 의료비 지출의 상당 부분은 건강저축계좌로는 감당할 수 없을 정도로 그 규모가 큰 소수의 사람들이 차지한다고 지적한다. 따라서 사람들이 더 효과적으로 비교 쇼핑을 한다고 해도 전체 저축액은 작을 가능성이 크다는 것이다. 또 이 계좌는 건강한 사람들에게는 보상을 주고 아픈 사람들에게는 벌을 주는 결과를 초래할 수 있다. 저명한 경제학자이자 조지 W. 부시 전 대통령의 초대 경제자문위원회 위원장을 지낸 글렌 허바드(Glenn Hubbard)는 건강저축계좌가 "아마도 한 세대 동안 의료계에 일어난 가장 좋은 일"이며 "사람들이 건강을 잘 지키면 재정적으로 이익을 얻을 방법이 될 것"이라고 주장했다.[4] 반대

---

4   Glenn Hubbard, 2006, "Health care, heal thyself," *National Review*, January 30. https://www.nationalreview.com/2006/01/health-care-heal-thyself-r-glenn-hubbard/.

로 말하면 자신의 건강이 좋지 않으면 재정적으로 불이익을 받는다는 점은 이것이 그렇게 매력적이지 않은 방식이라는 얘기가 된다. 지지자 중누구도 이 제도가 빈부 계층 사이의 건강 격차를 줄이겠다는 정부의 또다른 목표에 어떻게 부합하는지 설명하지 못했다. 실제로 건강저축계좌는 독특하게 건강한 사람은 부유하게, 아픈 사람은 가난하게 되도록 설계한 것처럼 보일 수 있다. 물론 다르게 보면 그렇지 않다고 할 수 있을지모르지만 말이다. 이 제도에 열광하는 사람들조차 건강을 유지하면 은퇴할 때 정부가 일시불로 큰돈을 주는 제도라고 한다면 다들 한마디씩 했을지 모른다.

20년이 지난 지금, 건강보험의 끊임없는 가격 상승으로 인해 고용주와 근로자는 높은 본인 부담금(디덕터블)에다 상당한 추가 비용 분담이있는 저렴한 의료보험 플랜을 제공하거나 선택하는 쪽으로 나아갔다. 대부분의 사람에게 건강저축계좌는 더 이상 예전처럼 큰 효력을 발휘하지 못한다.[5] 사람들은 이미 비용을 절감하는 쪽으로 움직이도록 인센티브가 잘 작동하고 있다. 반면에 비용 분담이 조금만 증가해도 사람들이 생명을 구할 수 있는 값싼 약도 사용하지 못하게 되는 측면도 있다.[6]

다시 내 엉덩이 얘기로 돌아와보자. 지금 상태가 어떨까? 괜찮다. 16년이 지난 지금도 그렇다. 그 정도의 가치라면 수술받은 다른 사람들과 마찬가지로 나도 나를 맡아준 외과의사와 병원을 기분 좋게 추천할

---

5   Sherry A. Glied, Dahlia K . Remler, Mikaela Springsteen, 2022, "Health savings accounts no longer promote consumer cost-consciousness," *Health Affairs*, 41(6), 814-20.

6   Amitabh Chandra, Even Flack, and Ziad Obermeyer, 2021, "The health costs of cost sharing," NBER Working Paper No. 28439, February.

것이다. 문제는 내 지갑 사정이다. 약 7000달러 정도 가벼워졌다. 그중 일부는 내가 선택한 서비스 제공자인 병원의 품질 프리미엄을 반영한 것일지도 모른다. 내 보험이 도대체 얼마를 지불한 것인지 알고 싶었지만, 그것은 내가 들은 적이 없는 비밀의 하나였다.

대기는 없었다. 내가 편한 대로 수술을 계획할 수 있었다. 여기서 비교해보자. OECD에 따르면 2000년 영국에서 고관절 치환술을 받기 위해 기다린 평균 대기일수는 250일이었지만 2015년에는 100일 정도로 줄었다. 16개 부유한 국가의 중간값 대기일수보다 약간 짧다.[7] 나의 고용주가 변형된 버전의 건강저축계좌(미사용 자금의 이월이 없음)를 제공했기 때문에 7000달러 중 일부는 세전 수입에서 나갔다. 내가 언제 수술을 받을지 미리 잘 알고 있었지만 말이다. 만약 내가 가난하거나 실직 상태이거나 또는 보험에 가입하지 않았다면 재정적으로 파산했거나, 어쩌면 아직도 관절염과 점점 더 심해지는 고관절 통증으로 불편한 몸을 이끌고 다니고 있을 것이다.

거의 10년 후 집에서 가까운 병원에서 다른 고관절을 교체했을 때 나는 메디케어 수혜 자격이 될 만큼 나이가 많아 수술은 경제적 고통이 없이 이뤄졌다. 수술 대기가 없더라도 유럽에서는 이런 경우가 흔하다.

낚시질하기

앤 케이스(Anne Case, 디턴 교수의 부인이자 프린스턴대학교 명예교수인 보건경제학

---

7 Organisation for Economic Co-operation and Development, 2017, *Health at a glance: Access times for elective surgery*, https://www.oecd-ilibrary.org/docserver/health_glance-2017-28-en.pdf?expires=1678387104&id=id&accname=guest&checksum=5218223DFFA3EC6024A90722BE015131.

자-옮긴이)와 나는 미국에서 다른 곳보다 외진 데다 가장 아름다운 주 중 하나인 몬태나 남서부에서 8월을 보냈다. 우리는 야생 송어가 풍부하기로 유명한 매디슨 강의 범람원이 내려다보이는 절벽에 위치한 작은 집을 빌렸다. 그곳에서 가장 시끄러운 소리는 매년 우리와 같은 시기에 찾아오는 캐나다 두루미 두 마리의 트럼펫 소리였다. 2009년 8월 전투기 한 대가 휴양지 집 데크와 거의 같은 눈높이에서 쇳소리를 내며 계곡을 따라 강하하고 이어 헬리콥터 세 대가 그보다 훨씬 더 느리게 날아가는 바람에 우리도 두루미도 크게 놀랐다. 매디슨(Madison), 그레이블리(Gravelly), 그리고 토바코 루트 레인지(Tobacco Root Ranges) 지역에서 무장 산악인과 민병대를 정리한 이후 매디슨 강은 오바마 대통령의 플라이낚시 레슨을 위한 좋은 안전지대로 여겨졌다. 우리 부부는 열성적 낚시 애호가로서 대통령이 왜 플라이낚시를 하는지를 알 수 있었다. 우리도 마음대로 사용할 수 있는 헬리콥터가 한 대라도 있었다면 맑은 물 작은 호수 속에서 한 번도 인공 미끼를 본 적이 없는 거대한 컷스로트 송어(cutthroat trout)를 산 높은 곳에서 낚고 있었을 것이다. 오바마는 실제로 낚시를 하러 갔지만, 아마도 송어보다 미국의 불평등한 대의정치 시스템의 산물인 의료보험 개혁에 더 신경을 빼앗기고 있었을지 모른다.

'불평등'이라는 용어는 종종 소득이나 부의 불평등을 말한다. 미국은 이 두 가지 모두에서 높은 순위를 차지하고 있다. 하지만 미국은 '정치적' 불평등도 심각하다. 50개 주마다 상원의원이 2명씩 있지만, 인구는 그야말로 천차만별이다. 인구가 가장 적은 와이오밍주는 58만 명이고, 몬태나주는 넓은 면적(알래스카, 캘리포니아, 텍사스에 이어 네 번째)에도 불구하고 인구는 100만 명을 조금 넘어 9번째로 적다. 인구 기준으로 가장 큰 4개 주는 캘리포니아(4000만 명), 텍사스(3000만 명), 플로리다(2200만 명), 뉴욕(1900만 명)이다. 상원의원에게 가격을 매기는 것은 무례한 일일 수 있지만(현직 상원의원 중에는 이런 무례를 제대로 당해도 싼 사람도 있겠지만), 일단 각 의원이 자신이 대표하는 주에 1억 달러의 가치가 있다고 가정해보자. 그러면 와이오밍주에 거주하는 각 주민은 매년 345달러의 '상원의원 소득'을 받는 반면 몬태나는 200달러, 뉴욕은 10.50달러, 캘리포니아는 단 5달러 밖에 안 된다. 캘리포니아의 4000만 주민은 상원의원 소득에서 극빈층, 와이오밍의 58만 주민은 극부유층에 해당한다. 소득 불평등을 측정하는 다양한 표준이 있다. 이를 '상원' 소득에 적용해보면 상원의원 소득의 불평등과 실제 소득의 불평등이 거의 동일한 것으로 나타난다.

'1인 1표'는 이미 끝난 것이나 다름없다. 물론 하원의 경우 인구와 더 밀접한 관련이 있으므로 전반적으로 선거 정치에서 덜 불평등하다고 볼 수 있다. 선거 불평등은 오바마 대통령이 미국 인구 1%의 3분의 1도 못 되는 몬태나주를 방문한 것과 관련이 있다. 몬태나주에서는 상원 의석의 2%를 차지해 6배나 과대 대표되고 있다. 알래스카와 와이오밍이 상원 의석 대표성에서 훨씬 더 높지만, 그리고 두 곳 모두 플라이낚시가 매우 유명하지만 대통령에게는 그렇게 마음을 끄는 곳이 아니었을 것이다[공화당 소속인 새라 페일린(Sarah Palin)과 딕 체니(Dick Cheney)를 생각해보라]. 더 중요한 것은 2009년 몬태나 상원의원이 상원 재정위원회 위원장이자 의료 개혁의 향배를 가를 가능성이 큰 '결정자' 그룹 '6인방'의 일원인 민주당 맥스 보커스(Max Baucus)였다는 점이다. 상원 재정위원회 위원은 모두 온건파로 분류되는 공화당 3명과 민주당 3명의 의원들이었다. 이들의 출신 주 인구로 보면 미국 인구의 2.8%, 더욱이 아프리카계 미국인

　　　　　　　　　　　좋은 경제학 나쁜 경제학

과 히스패닉계로 한정하면 그 비중은 더 떨어진다.

의료 개혁이 추진되고 결국 오바마케어가 탄생하게 된 과정을 돌아보면 클린턴 부부의 초기 시도 실패가 오히려 큰 도움이 됐다. 힐러리 클린턴의 태스크포스에는 경제학계를 포함해 학자와 의료 전문가들이 참여했다. 이들은 법안을 만드는 데 별다른 역할을 하지 않은 데다 의회 역시 법안 통과에 관심이 적었다. 그런데 이번에는 달랐다. 백악관은 느슨한 가이드라인만 제시하고 정치인들이 스스로 뭔가 법안을 만들어내고 해결하도록 했다. 핵심은 상원 재정위원회였다. 재정 개혁이 가장 어려운 문제이고 상원이 역사적으로 개혁이 이루어지거나 무산되는 장소이기 때문이다. 모든 과정이 무언가를 성취해 내는 데 기여한 것은 사실이지만, 동시에 개혁이 없는 사막에서 오랜 기간 학계와 정책 분석가들이 수행해온 의료개혁과 관련한 광범위한 역할은 최소화되었다. 물론 행정부를 위해 일하고 있던 워싱턴의 많은 경제학자가 막후 협상에 관여했지만 말이다.

오바마케어에서 상원의 이런 지배적인 역할이 의미하는 바는 병원, 의사, 보험회사, 제약회사, 의료회사 및 기기 제조업체 로비스트들에게 협상의 문을 활짝 연 것이었다. 막강한 자금력을 갖춘 포식자들이 참여한 상황에서 효과적인 의료시스템 비용 통제가 이루어질 가능성은 희박했다. 단일 보험자 제도(single-payer system, 한국의 국민건강보험공단처럼 하나의 기관이 의료보험을 총괄하는 시스템-옮긴이)나 공공 옵션이 있는 제도 어느 쪽이든 현재 보험회사의 행정비용 대부분을 없애기만 해도 비용을 통제할 가능성이 어느 정도 생길 수 있는데도 불구하고 논의조차 허용되지 않았다. CRP(Center for Responsive Politics, 선거자금과 로비 관련 데이터를 분석하는 비영리 기관-옮긴이)에 따르면, 보커스 의원은 1989년 이후 공공 옵션에 반대하는 보건 단체로부터 누적치로 310만 달러의 후원금을 받았다.[8] 물론 그가 후원금을 받은 유일한 상원의원은 아니다. 2008년 대선 후보였던 오바마(Obama)와 매케인(McCain) 모두 훨씬 더 많은 후원금을 받았다. 여론 조사에서 몬태나의 민주당원들은 공공 의료에 대해 대체로 찬성하는 것으로 나타났다.

오바마케어의 승리는 이전에 의료보험에 가입하지 않았던 수백만 명에 이르는 사람들에게 보험 혜택을 제공했다. 그러나 이 제도의 비극은 모든 의료 제공자와 보험사를 끌어들여야 했기 때문에 미국 경제를 마비시킬 정도의 엄청난 비용을 통제할 수 있는 아무 장치도 갖추지 못했다는 데 있다.

또한 미국에서 가장 저명한 보건경제학자 빅터 푹스(Victor Fuchs)가 개발한 방식도 논의되지 않았다. 이 구상은 사람들에게 치료에 사용할 수 있는 바우처를 제공하는 것이다. 고용주가 제공하는 보험으로 인한 문제들을 해소하고 비용 통제를 위한 인센티브를 제공할 수 있는 특별한 장치였다. 고용주가 제공하는 의료 서비스에 대한 세금 감면 혜택을 폐지하자는 제안이 그동안 계속 논의되어왔지만, 정치인들이 설계한 개혁안으로는 이를 실행할 가능성이 거의 없었다. 의료비용이 그들 선거구 유권자들의 중위 임금 상승에 큰 제약이 되고 있다는 증거에도 불구하고, 고용주들이 제공하는 의료 서비스를 공짜 재화로 믿고 있기 때

8　Aaron Kiersh, 2009, "Baucus-led 'coalition' receives health sector dollars," June 26. *Open Secrets*, https://www.opensecrets.org/news/2009/06/baucusled-coalition-receives-h/.

문이다. 푹스의 이 같은 계획이, 의학과 철학 박사학위를 가지고 있는 종양학자이자 생명 윤리학자이며 또 개혁에 영향을 미칠 수 있는 특별한 위치에 있었던 제크 이매뉴얼(Zeke Emanuel)과 공동으로 개발되었다는 것은 아이러니하다. 당시 그는 백악관 예산국(OMB) 국장 피터 오재그(Peter Orzag)의 보건정책 특별 보좌관이었다. 또 협상의 핵심 인물인 당시 오바마 대통령의 비서실장 람 이매뉴얼(Rahm Emanuel)의 동생이기도 하다. 피터 오재그와 람 이매뉴얼 두 사람은 협상의 중심 인물군에 속해 있었다. (《뉴욕타임스》에 따르면 람 이매뉴얼도 플라이낚시 목적으로 몬태나주를 잠시 방문했다. 아마도 전투기나 헬리콥터 없이.)

대통령의 낚시 여행은 어땠을까? 날씨가 좋지 않아 그는 매디슨강을 포기하고 대신 더 작지만 안전한 개울인 웨스트 갤러틴으로 가야 했다. 그날 오후 가이드를 맡은, 리빙스톤(Livingston)에 있는 플라이낚시숍 스윗워터의 댄 버밀리언(Dan Vermillion)은 오바마가 여러 마리의 물고기를 낚을 뻔한 재능 있는 초보자였지만 한 마리도 낚지는 못했다고 말했다. 버밀리언은 "그가 모든 물고기를 풀어주었다고 말할 수도 있지만, 솔직히 오바마는 물고기를 확실하게 낚아채지 못했다"라고 했다.[9] 하지만 건강보험 개혁에서는 보조금을 동원해 약 2000만 명의 미국인에게 저렴한 의료보험을 제공하는 매우 큰 물고기를 낚아 올렸다. 그럼에도 여전히 팬데믹 기간을 포함해 2020년 한 해 동안 미국인의 거의 9%는 어떠한 보험도 갖고 있지 않았다. 비용 관리 측면에서 보면 그 물고기(오바마케어)는 엄청나게 부풀어 오른 상태로 남아 사람들에게 영양분을 공급하기

---

9 Ryan T. Bell, 2009, "Obama wets a line in Montana," *Outside Magazine*, Aug. 17. https://outsidemagazine.typepad.com/blog/page/407/.

보다 오히려 사람들을 잡아먹을 가능성이 더 큰 괴물이 되고 말았다.

역사적으로 보면 오바마의 업적은 분명 사실이다. 그러나 팬데믹 이전조차 5달러 중 1달러를 잡아먹어 미국인에게 필요한 다른 많은 것을 빼앗아 가던 이 괴물 같은 물고기(오바마케어)를 길들이는 데에는 여전히 많은 어려움이 있다. 제대로 된 개혁이라면 다수의 영향력은 약한 반면 소수가 너무 많이 누리는, 그리고 돈에 중독된 의회에서 기업들이 적은 돈으로 엄청난 영향력을 사서 행사하는 미국의 깊은 정치적, 재정적 불평등과 싸워야 할 것이다.

역선택, 행정명령, 브로콜리

끝없이 이어지는 영국 드라마 〈다운튼 애비(Downton Abbey)〉가 미국 공중파 TV에서 방영돼 현재 그 TV네트워크의 역대 최고 히트작이 되고 있다. 뉴욕 지역의 시청자들에게는 드라마 방영 전에 뉴욕 프레스비테리언 병원(NY Presbyterian Hospital)의 60초짜리 광고가 방송됐다. 이 병원의 한 광고에는 2011년 그의 표현대로 '척추를 감싸고 있던 거대한 종양'으로 쓰러진 당시 스타 복서 대니얼 제이콥스가 출연했다. 광고 내용은 "뉴욕 병원에서 나를 담당한 의사들이 완벽하게 해냈다. 그들은 나를 재건하고 내 경력을 되살려주었다. 그 결과 2014년 8월 9일, 나는 WBA 미들급 세계 챔피언이 되었다"는 것이다.

뉴욕의 공중파 텔레비전 시청자층은 경제적으로 여유가 있지만(다음 광고는 바이킹 리버 크루즈였다), 그중에 프로 복서는 거의 없을 것이고 척추에 암이 있는 사람도 많지 않을 것이다. 바이킹 리버 크루즈로 부다페스트와 방콕 중에서 여행지를 선택하듯 자유롭게 의료서비스를 고를 수 있는 사람도 거의 없다. 메트로폴리탄 오페라 〈돈 조반니〉 공연 프로그램 표지에 실린 광고도 비슷하다. 이 광고에는 한때 의사들로부터 다리 절단이 최선의 치료라는 말을 들었던 젊은 여성이 등장하는데 이제 그 병원 덕에 치아 교정만 필요하다는 사연이 소개되어 있다. 2022년 뉴욕양키스 야구 중계는 뉴욕 프레스비테리언 병원의 경쟁사인 몬테피오레 병원(Montefiore Hospital)으로부터 광고 후원을 받았다. 남서부의 메사 언덕을 배경으로 한 광고에는 쉰일곱 살에 출산한 바버라 히긴스가 등장한다. 대부분의 야구팬은 남성인데도 말이다.

그러나 여기서 알아야 할 것은 이런 병원 광고가 제대로 소비자를 겨냥하고 있다는 점이다. 다시 말해 시청자들에게 뉴욕 프레스비테리언 또는 몬테피오레 병원에서 치료받을 수 있는 보험 플랜을 제공하도록 그들의 고용주 및 보험회사를 압박하라고 암묵적으로 선동하고 있다. 보험회사들은 병원 가격표를 비밀리에 협상할 때 TV 광고에 나오는 것과 같은 기적을 경험하고 싶어 하는 고용주와 직원들의 압력에 휩싸인다. 이런 광고는 경쟁사보다 할인 폭을 작게 유지하려는 목적에서 진행되는 것이다. 나중에 몬테피오레 병원이 이를 모방한 것에서 알 수 있듯이 뉴욕 프레스비테리언은 이 분야에서 매우 성공적이었다. 드라마 〈다운튼 애비〉의 이야기는 경작지 임대료 하락으로 토지를 소유한 영국 귀족들의 수입이 위협받던 시절이 그 배경이다. 미국 텔레비전의 광고 역시 의료수가 인상에 도움을 줄 시청자를 모집하기 위해 쓰였고 의료 업계의 운명을 바꾸는 데 도움을 주었다. 여기서 의료수가는 성공한 병원 기업가들, 특히 최고경영자(CEO)로 변신한 의사들에게 큰 부를 안겨주고 있다. 그들은 몸을 고치는 것으로부터 소비자 지갑을 여는 것으로, 건강을 추구하는 것으로부터 부를 추구하는 것으로 일을 바꾼 사람들이다.

시장만능주의자(market fundamentalist)들은 높은 의료수가의 원인을 도덕적 해이, 과잉 사용, 과잉 제공, 그리고 보험 탓에 혹은 너무 많은 보험이 초래하는 가격규율 부족으로 인해 의료 시장이 약화되었기 때문이라고 말한다. 이들은 소비자가 의료 비용의 전액 또는 적어도 더 많은 부분을 직접 부담한다면(가장 좋아하는 표현은 '그들이 더 많은 이해관계를 가지고 있다면'), 시장의 힘이 〈다운튼 애비〉 드라마를 즐기는 평면 텔레비전의 가격을 낮춘 것처럼 MRI 장비, 양성자 빔 스캐너, 고관절 교체 비용의 가격도 내려줄 것이라고 믿는다. 그러면 모든 사람이 스마트폰과 평면 TV를 소유하는 것처럼 누구나 저렴하고 질 높은 의료 서비스를 이용할 수 있게 될 것이고, 보험은 감당하기 어려운 고가의 치료비만 보장하고 지원할 것이라고 말한다. 이러한 주장은 어느 정도 일리가 있지만, 고비용 의료 문제는 분명히 보험회사와 의료 제공자, 의료기기 제조업체, 제약 산업(그리고 시장만능주의자들)의 확고한 반대에 의해 악화하고 있다. 이들은 다른 나라에서 행해지는, 예컨대 영국 국립보건임상연구소(National Institute of Health and Care Excellence, NICE)와 같은 기관이 수행하는 의약품, 시술, 절차, 의료기기에 대한 비용 편익 평가(cost-benefit evaluation)에 반대한다.

1963년 케네스 애로(Kenneth Arrow)의 유명한 논문이 발표된 이후[10] 줄곧 경제학자들은 건강보험 시장에 대해 다음과 같이 인식해왔다. 건강한 사람들은 예상 지출에 비해 보험료가 높기 때문에 가입을 꺼리고, 의

---

10 Kenneth J. Arrow, 1963, "Uncertainty and the welfare economics of medical care," *American Economic Review*, 53(5), 941-73.

료지출이 매우 많은 아픈 사람들만 가입자로 남아 결국 보험 비용이 엄청난 수준으로 상승할 수 있다는, 이른바 역선택(adverse selection) 문제에 시달린다는 것이다. 이것이 바로 보험료는 오르고 보장 범위는 줄어드는, 악명 높은 '죽음의 소용돌이(death spiral)'이다. 우리는 아프든 건강하든 모두가 보험을 가져야 하며, 그렇지 않으면 보험은 자멸할 수밖에 없다. 문제는 모든 국민에게 이 취지와 개념을 제대로 설명하는 게 지금까지 어려웠다는 점이다. 우파 정치인들은 보조금을 받는 사람들이 의료서비스를 남용할 것이라는 도덕적 해이는 알고 있지만, 역선택의 문제는 보지 못한다(아마도 의도적으로). 시장 가격이 높으면 높은 의료비 지출이 예상되는 사람들, 즉 기존 질환이 있는 사람들만 보험을 이용할 것이라는 점 말이다. 이런 사람들에게 완벽한 것은 시장이요, 불완전한 것은 인간이다. 2008년 대선 예비선거에서 힐러리 클린턴은 국민들에게 보험 가입을 요구하는 '행정명령(mandate)'을 선호했다. 당시 버락 오바마가 불필요하고 (아마도) 유권자에게 어필할 수 없을 것이라고 비난하던 제안이다. 그러나 의회예산국(Congressional Budget Office, CBO)은 보험 의무화가 시행되지 않으면 역선택으로 인해 보험료가 인상될 것으로 예측했다.

오바마는 예비선거와 본선거에서 승리한 후 공화당으로부터는 한 표도 얻지 못했지만, 건강보험개혁법안(Affordable Care Act, 오바마케어의 공식 법안명-옮긴이)을 통과시켰다. 그러나 역선택에 대한 해결책은 그렇게 쉽게 받아들여지지 않았다. 오바마케어 전체에 대한 첫 번째 치명적인 도전은 의무가입 조항(mandate)에 집중되었고, 연방정부가 누구에게든 무엇을 사라고 요구하는 것은 위헌이라는 주장이었다. 안토닌 스칼리아(Antonin Scalia) 대법관은 정부가 사람들에게 브로콜리를 사도록 강요할 수 있는지를 물었다. (아마도 그는 사람들이 브로콜리를 충분히 먹으면 의료보험 이 필요 없다고 생각했을까?)

2012년 6월 대법원은 존 로버츠(John Roberts) 대법원장의 깜짝 투 표로 오바마케어의 의무가입 조항은 사실상 헌법을 위배하는 강제 조 항이 아니라고 판결했다. (쟁점은 의무가입에 응하지 않은 이들에게 벌금을 부과하 는 것이 합헌이냐 여부였으나, 대법원은 벌금을 세금 부과로 간주하고 이는 의회 권한이며 오바마케어는 의회에서 제정한 법률이라고 밝혔다-옮긴이) 벌금을 정당한 세금으 로 보지 않았다면 9명의 대법관 중 5명이 거꾸로 위헌 결정에 찬성했 을 것이다. 그전까지 오바마 행정부는 세금과 같다는 주장에 대해 법에 대한 평가와 의회 통과 가능성에 영향을 미칠 수 있다는 이유로 일관 되게 부인하는 입장이었다. 보수주의자들은 로버츠 대법원장이 기회가 왔을 때 오바마케어를 죽이지 않았다고 맹비난했다. 임기 말 무렵 그는 미리 계획한 몰타섬으로의 강의 여행을 얘기하며 "난공불락의 섬 요새 처럼 좋은 아이디어로 보였다"고 농담했다.[11]

법적 자문을 제공했지만, 핵심 설계자는 아니었던 저명한 MIT 경제 학자 조너선 그루버(Jonathan Gruber)는 이 법이 의도적으로 모호했고 이런 투명성 결여가 오히려 '미국 유권자의 어리석음' 덕에 법 통과에 결정적 인 정치적 이점이 됐다고 말했다. 그의 말은 많은 경제학자들이 자주 생 각해 온 포인트를 표현하고 있을 뿐이다. 안타깝게도 그 발언은 비디오에

---

11 National Public Radio, 2012, "Chief Justice Roberts jokes that he's headed to an impregnable fortress," June 29, https://www.npr.org/sections/thetwo-way/2012/06/29/155987648/chief-justice-roberts-jokes-hes-headed-toan-impregnable-fortress.

잡하고 말았다.[12] 그 여름 몬태나의 한 낚시 가이드는 우리에게 경제학자이지만 그루버의 친구는 아니었으면 좋겠다는 희망을 피력하기도 했다.

시장만능주의자들은 사람들이 원하는 보험에 가입하든지, 보험에 가입하지 않든지 자유롭게 선택할 수 있어야 한다고 믿는다. 대부분 건강하지만 병에 걸렸을 때 병원에서 얼마를 청구할지 모른다는 오로지 그 이유 때문에 매력적으로 보이기도 하는 사기성 보험까지 포함해서 말이다. 그러나 이런 정책들은 오바마케어에서 금지되었기 때문에 일부 사람들은 적어도 큰 불운이 없을 때는 만족스러운 보험을 포기해야 했다. 이러한 선택의 자유에 대한 간섭은 우파로부터 많은 비판을 받았다. 게다가 아무도 기존 보험을 포기할 필요가 없다는 오바마의 거짓 주장으로 인해 더욱 악화되었다. 아직도 시장만능주의자들은 시장이 실패할 수 있다는 사실을 인정하려 들지 않는다. 그러나 그들은 보험회사가 기저 질환을 차별하지 못하도록 하는 (소비자와 업계 모두에게 인기 있는) 필요조건을 포기할 용기도 없다. 경제학자들은 보험이 어떻게 작동하는지 설명할 수 없다는 사실에 괴로워한다. 그들은 보험의 결함을 광범위하고 직관적으로 이해할 수 있는 방식으로 설명하는 것이 어렵다는 사실을 안다. 시장주의 정치인들은 한편으로는 정부가 의료 규제에서 손을 떼면 가격이 낮아지고 접근성이 높아지며 사람들에게 선택의 자유를 줄 것이라는 믿음과, 다른 한편으로는 기저 질환 때문에 보험 가입이 거부되는 사람이 없어야 한다는 업계와 소비자의 요구 사이에 갇혀 있다.

---

12 Gruber의 발언 영상은 다수의 뉴스 채널에서 재생되었다. CNN의 방송은 다음을 참조하라. https://www.youtube.com/watch?v=AEjr9WchNkg.

이 글을 쓰는 시점(2023년)에도 여전히 의료보험 의무가입 조항은 존재하지만 가입하지 않았을 때의 벌금은 2018년부터 제로(0)로 줄었다. 일부 주에서만 벌금 부과 조항이 살아 있을 뿐이다. 적어도 팬데믹이 발생하기 전까지는 죽음의 소용돌이(death spiral)나 보험료의 큰 인상 조짐은 보이지 않았다. 사람들이 행동을 조정하는 데는 시간이 걸린다. 벌금이 없더라도 보험 가입 의무를 신중하게 생각한다는 것이다. 역선택(adverse selection)은 충분히 실재하고 있고 다른 보험 설계들을 망쳐왔다. 그 때문에 역선택이 존재하지 않는 척하는 것은 현명하지 못하다. 그리고 그 사이에 아무도 브로콜리 구매를 강요당하지 않고 있다.

미치광이 권력자

하원과 상원에서 공화당이 다수당이 되는 축복을 받은 트럼프 행정부는 2017년 첫 번째 주요 입법 과제로 의료보험 개혁을 택했다. 공화당 의원들은 오바마케어가 그들의 단합된 반대에도 불구하고 통과된 이후 줄곧 폐지를 원해왔다. 2016년에는 오바마케어 폐지 캠페인을 벌였다. 논쟁이 진행되던 중 의료서비스에 대해, 그리고 사회가 그 의료서비스를 시장을 통해 제공하려고 할 때 무슨 일이 일어날지에 대해 현명하고 통찰력 있는 글을 썼던 케네스 애로(Kenneth Arrow)가 95세의 나이로 사망했다는 소식이 전해졌다.

존 메이너드 케인스(John Maynard Keynes)가 말한 '미치광이 권력자(madman in authority)'는 트럼프 행정부의 워싱턴을 설명하는 데 있어서 이보다 더 좋은 표현이 없을 정도다. 의료 서비스에는 종종 큰 불확실성이 수반되기 때문에 환자들은 자신보다 훨씬 더 많은 것을 알고 있는 의사에게 의존한다. 환자들은 자신에게 맞는 치료법을 찾기 위해 반복적인 구매에 의존하기는 어렵다. 환자들은 사심 없는 객관적인 조언이 필요한 것이지, 어떤 결정을 내리느냐에 따라 수입이 달라지는 의료진의 조언이 필요한 것이 아니다. 전 세계의 경험에서 알 수 있듯이, 또 애로 교수가 예상했듯이 이상적인 의료서비스 전달 체계는 존재하지 않는다. 이 시장에 대한 애로 교수의 얘기가 틀렸다는 것을 정책적으로 증명하려고 한 곳은 오직 미국뿐이다. 트럼프와 공화당 의회가 그런 시도를 다시 하기로 한 것이 이를 말해준다.

트럼프 행정부 초기에 경제학자들은 대부분 권한이 있는 고위직에서 배제되었다. 대통령 경제자문위원회(CEA)는 내각의 지위에서 그 아래로 강등되었고, 위원장 임명도 오랫동안 지연되었다. 공화당의 하원 원내총무 폴 라이언이 이끄는 의료개혁 주도자들을 움직이게 한 동력은 당시까지 1600만 명이 추가로 보험에 가입한 오바마케어를 폐지하려는 그들의 흔들리지 않는 정치적 공약이었다. 그들은 이와 함께 의료서비스가 더 많은 시장과 더 적은 정부 개입으로 개선된다는 신념을 진실로 공유했다. 라이언은 아인 랜드(Ayn Rand, 미국에서 가장 영향력 있는 자유주의 작가-옮긴이)에게 지적인 빚을 졌다며, 자신이 경제학에 관심을 갖도록 한 것도 그녀의 소설 《아틀라스(Atlas Shrugged)》라고 말했다. 이러한 정치인들을 노예로 본, 이제는 '사라진 삼류 작가(defunct scribbler)'는 케네스 애로가 아니라 바로 아인 랜드다. 랜드(Rand)는 경제학의 본류가 아니며 그녀의 책이 많은 경제학 독서 목록에 포함되어 있는지도 의문이다. 그러나 그녀의 전기 작가 중 한 명이 주장하듯이 "자유와 자본주의에 대한 랜드의 접근 방식은 동시대의 자유시장에 대한 열광과 광범위한 불평등에 대한 무관심을 부채질하는 데 기여"했다.[13] 랜드는 탐욕을 미화했고 패자(loser)와 이타심을 경멸했다. 애로의 아이디어가 사회적으로 바람직한 의료시스템을 구축할 때 첫째로 참조해야 할 것이라면, 전혀 고려하지 말아야 할 것이 랜드의 생각이다.

트럼프 또한 놀랍지도 않은 무지를 보여주었다. "의료서비스가 이렇게 복잡할 줄은 정말 몰랐다"는 그의 반응은 모든 사람에게 더 낮은 비용으로 더 높은 품질의 보험 혜택을 제공하겠다고 약속하는 사람에게 딱 어울리는 수준의 말이다. 미국 국민들은 오랫동안 의료시스템을 크게 싫어하고 불신해왔다. 이는 오바마케어를 비난하는 사람들 입장에서는 비옥한 땅이 됐다. 백인들 사이에서는 오랫동안 아프리카계 미국인을 위한 의료비를 지불하지 않으려는 경향이 있었다. 이런 점을 부도덕한 정치인들이 악용했다. 물론 사람들은 언제 의료서비스가 필요할지, 어떤 종류의 의료서비스가 필요할지 모르기 때문에 그들이 실제로 원하거나 비용을 지불하려고 하는 것이 무엇인지 불분명하다. 당시 여론조사에 따르면 미국인의 46%가 오바마케어에 반대한 반면, 공식 명칭인 지불가능한 건강보험개혁법(Affordable Care Act)에 반대하는 사람은 26%에 불과했다.[14]

성공적인 자유시장을 옹호하는 주장들이 있다. 보조금과 정부 프

---

13 아인 랜드를 다룬 전기는 다음을 참조하라. Lisa Duggan, 2019, *Mean girl: Ayn Rand and the culture of greed*, University of California Press. 그리고 인용문은 다음에서 발췌했다. Cass Sunstein, 2020, "The siren of selfishness," *New York Review of Books*, April 9.

14 Jane C. Timm, 2013, "POLL: More oppose 'Obamacare' than 'Affordable Care Act'" Sep. 27. NBC News, https://www.nbcnews.com/id/wbna53122899.

로그램이 없다면 TV나 휴대폰과 같이 기술적으로 복잡한 다른 상품처럼 시장이 제공하는 치열하고 효과적인 비용 경쟁의 이점을 누릴 수 있을 것이라는 점이 핵심이다. 정부가 없다면 정부 혜택이나 정부 프로그램으로 먹고살거나 이를 이용하기 위해 로비하는 비싼 거대 산업을 없애는 데도 도움이 될 것이다. 그러나 보편적인 보험은 여전히 비용 통제에서 힘든 싸움을 하고 있는 실정이다(다른 사람의 돈을 쓴다는 것은 곧 환자와 의료서비스 제공자 모두에게 제동장치를 없애는 것과 같다). 반면 가입의무가 없는 보험은 시간이 지남에 따라 저비용의 건강한 사람은 보험을 떠나고, 고비용의 아픈 사람은 남아 자멸하는 경향이 있다. 일부에서는 심지어 엄청나게 비싼 치료를 제외하고는 보험을 금지하자는 제안도 하지만, 이는 시장의 마법을 믿는 사람들에게조차 거의 호소력을 얻기 어려울 것이다. 시장의 힘만으로 사회적으로 수용 가능한 방식의 의료서비스를 제공할 수 없다는 애로(Arrow)의 진실은 곳곳에 잠복해 있다.

공화당은 사람들이 원하는 의료서비스 플랜을 선택할 수 있어야 하고 정부가 간섭하지 못하도록 해야 한다고 주장하며 선택권을 약속했다. 라이언 공화당 하원 원내총무는 사람들이 '양질의 지불가능한 의료서비스에 접근할 수 있도록' 하겠다고 말했는데, 이는 이 같은 서비스를 구입할 수 있다는 의미다. 이런 의미라면 나도 개인 제트기나 제프 베이조스(Jeff Bezos), 일론 머스크(Elon Musk), 리처드 브랜슨(Richard Branson)처럼 우주선에 접근할 수 있다. 당시 하원 정부개혁감독위원회(Oversight Committee) 위원장인 제이슨 샤페츠(Jason Chaffetz)는 "미국인에게는 선택권이 있다. 그렇기 때문에 미국인들은 자신이 좋아하는 새 아이폰을 사는 대신 자신의 건강관리에 투자할 수 있다. 그 결정은 스스로 내려야 한다"고 했다.[15] 이런 관점에서 보면 의료서비스는 다른 것들처럼 일반 상품(commodity)일 뿐(그러나 의료서비스는 연간 비용으로 치면 아이폰의 약 20배에 달한다)으로, 사람들이 의료서비스를 구매하지 않기로 한다면 자유롭게 그렇게 할 수 있어야 한다. 이러한 선택에는 아무런 문제가 없으며 사람들이 잘못 선택하거나 제대로 선택할 수 있는 정보가 없을 가능성에도 별로 개의치 않는다. 또한 곤궁에 처한 사람들을 도와야 할 집단적 책임이 있을 수 있다는 인식도 없다.

트럼프 행정부는 오바마케어가 금지했던, 겉보기에는 매력적이지만 실상은 그렇지 않은 보험 정책들을 허용하고 싶어 했다. 아마도 정보에 정통한 소비자라면 이러한 보험을 알아차리고 몰아낼 것이다. '규제 완화'라는 이름으로 판매되는 이러한 제도를 허용하는 것은 속임수에 능한 보험회사나 보험자문 업자에게는 하나의 선물이다. 물론 여기에 모두가 동의하는 것은 아니다. 사실 조지 스티글러(George Stigler), 로널드 코즈(Ronald Coase), 밀턴 프리드먼(Milton Friedman)의 시카고 경제학파(Chicago economics) 대부분은 애로(Arrow)를 괴롭힌 문제가 그렇게 심하지 않거나 그 문제 해결책이 오히려 질병보다 더 나쁘다고 생각했을 수 있다. 시카고 경제학파의 문헌에서와 마찬가지로 소위 트럼프의 개혁주도자들은 소득 분배라든지, 누가 지불능력이 있고 누가 그렇지 않은지에 대해서는 거의 말하지 않았다.

애로 교수에게 1963년 논문을 쓰도록 촉구하는 역할을 했으며, 아

---

15 Katie Reilly, 2017, "Republican lawmaker: Buy health insurance instead of a new iPhone," March 7. *Time*, https://time.com/4693313/jason-chaffetz-health-care-coverage-iphones/.

흔여덟의 나이에도 여전히 우리와 함께 행복하게(그리고 생산적으로) 살고 있는 미국의 또 다른 위대한 보건경제학자 빅터 푹스(Victor Fuchs, 2023년 9월 99세에 사망-옮긴이)가 있다. 그는 국가마다 다른 의료시스템을 가져야 할 마땅한 이유가 있다고 오랫동안 주장해왔다. 미국인은 유럽인보다 덜 평등주의적이며 정부에 대한 신뢰가 훨씬 낮다. 그 결과, 미국의 의료시스템은 보다 시장기반적이어야 할 수도 있다. 그러나 푹스는 연간 약 1조 달러에 달하는 '초과(추가)' 요금으로 인해 우리가 원하는 바에 비해 너무 많은 비용을 지불하고 있다고 확신한다. 미국의 기대수명은 모든 부유한 국가 중 가장 낮은 수준에 속한다. 펜데믹 이전에도 기대수명(life expectancy)은 '떨어지고' 있었고, 그것도 미국과 비교할 만한 부유한 국가 중에서 유일할 정도였다. 노동자 계층의 사람들은 유행병처럼 번지는 자살, 약물 중독, 알코올 중독 등으로 사망하고 있고, 심장병으로 인한 사망률 또한 증가하고 있다. 정부와 민간이 혼합된 의료 공급 시스템은 정치인들의 비호 아래 소수를 부유하게 하는 데는 놀랍도록 잘 설계되었지만, 건강을 개선하거나 유지하는 데는 끔찍한 그런 제도가 되었다. 그리고 많은 미국인이 고용주가 '제공'하는 의료 보험에 가입되어 있고, 그 보험이 무료라고 믿기 때문에 의료비용이 어떻게 임금을 억제하거나 노동자 계층의 일자리를 파괴하는지를 알지 못한다.

논문 말미에 애로 교수는 "의료에 대한 자유방임 해결책은 용납할 수 없다는 것이 일반적인 사회적 합의이다. 그것도 명백하게"라고 쓰고 있다.[16] 이 문장은 전혀 잘못되지 않았지만, 그의 논문에서 시간의 시험

---

16 Kenneth J. Arrow, 1963, op cit(앞서 인용한 문헌), p. 967.

(test of time)을 이겨내지 '못하는', 즉 시간이 흐르면서 존중받지 못하는 몇 안 되는 문장 중 하나가 될지 모른다.

범죄, 처벌, 그리고 담배

이 글을 쓰고 있는 2022년 말, 블록버스터 마약성 진통제 옥시콘틴 문제와 관련하여 수십만 명의 중독 및 사망에 직간접으로 책임이 있는 제약사 퍼듀파마(Purdue Pharma)의 소유주 새클러(Sackler) 가문이 지불해야 할 벌금을 놓고 법적 분쟁이 진행되고 있다. 2022년 2월 현재, 새클러 가문은 60억 달러를 지불하겠다고 제안했다. 이는 가문 수익의 절반에도 미치지 못하는 금액이다. 하지만 우리는 이전에도 이와 비슷한 일을 겪은 적이 있다. 오피오이드(opioid, 마약성 진통제) 소송 합의는 1998년 11월 담배 제조업체들이 주정부와 합의한 것과 유사하다. 담배 제조업체들은 46개 주(州)에 총 2000억 달러 이상을 수년에 걸쳐 나눠 지급하기로 합의했다. 나머지 4개 주는 별도의 조기 합의금을 받았다.

　　내가 판단할 수 있는 한, 담배 합의에 대해서는 광범위한 지지가 있었다. 경제학자가 아닌 친구들은 제조업체들이 엄중한 처벌을 받을 만한 행동을 했다고 여기며, 오히려 그들이 쉽게 빠져나갔다고 생각한다. 이런 견해는 대개 합의금이 담배회사 경영진의 주머니에서 나오거나 심지어 주주들이 대부분 부담하는 것이 아니라, 향후 담배를 피우는 사람들이 더 높은 가격을 지불하는 방식으로 마련된다는 점을 지적해도 크게 달라지지 않는다. 일반적 관점에서 보면 흡연자들도 얻는 것이 있으며, 실제로 흡연자들에게는 합의금으로 인한 담배 한 갑당 45센트 가격 인상이 그들에게 가져다주는 금연 유인(인센티브)이 생긴다.

담배 소비자는 담배 제조업체와 함께 악마화되어왔다. (오늘날 더 위험한 물질이라는 마리화나의 합법화를 향한 움직임과 묘한 대조를 이룬다.[17]) 일부 주(州)들도 흡연자들을 벌주는 것을 좋아하는 듯이 보였다. 예를 들어 2000년 3월 뉴욕주는 담배에 대한 세금을 55센트 추가 인상해 담배 한 갑의 가격을 거의 4달러로 올렸다. (2022년까지는 세금이 4.35달러로 올라 한 갑 가격이 12.85달러로 인상됐다. 2000년부터 2022년까지 담배 가격은 전반적으로 약 60% 상승했다.) 몇몇 경제학자들은 담배 소송 합의가 실제로는 정부, 담배회사, 금연 운동가, (특히) 변호사들의 거래였다며 해를 입은 사람들, 즉 담배 소비자의 '지출'을 희생시키며 맺은 것이라고 지적했다. 만약 그렇다면 주정부가 거둬들인 수입을 어떻게 사용하느냐에 따라서는 합의금이 가난하고 교육수준이 낮은 납세자 집단인 흡연자로부터 변호사와 일반 납세자에게로 매우 '퇴행적인' 소득 이전이 일어나는 것이나 다름없다. 그러나 이 합의의 가장 주목할 만한 특징 중 하나는 세금에 반대(이는 세금이 아니라 벌금이다)하는 사람들과 빈곤층에 대한 과세에 반대(이 경우 가난한 사람들 자신에게 좋은 것이다)하는 사람들 모두의 지지를 받았다는 점이다.

주지사협의회는 개별 주(州)에서 이 수입을 어떻게 사용할 계획인지에 대한 세부 정보를 제공했다. 거의 모든 주에서 실질적인 건강 관련 요소(합의문에서 명시된 목표 중 하나)를 포함했으며, 때로는 담배 소비량 감소를 목표로 했지만 어린이를 위한 건강보험 보장이나 노인을 위한

---

17 다음을 참조하라. National Institutes of Health. "Learn about marijuana risks: Know the risks of marijuana" 2023년 2월 27일 업데이트, https://www.samhsa.gov/marijuana, 2023년 3월 9일 확인.

처방약 혜택 제공과 같이 구체적이지 않은 경우도 종종 나타났다. 인디애나, 메릴랜드, 노스캐롤라이나, 사우스캐롤라이나, 버지니아, 웨스트버지니아 등 담배를 재배하는 주들은 담배 농가를 보상하는 데 많은 돈을 지출하는 계획을 세웠다. 다른 주들은 보다 상상력이 있었다. 예컨대 조지아는 농촌경제 개발에, 미시간과 네바다는 대학 장학금 프로그램에 자금 지원을 계획했다. 노스다코타는 물 부족 해결에 자금의 45%를 지원하고, 사우스다코타는 공영 텔레비전의 디지털 전환을 위해 자금을 투입하는 방안을 계획했다. 많은 주에서는 교육(교사 급여)을 위한 대규모 지원이 있는 반면, 다른 주에서는 '예산 안정화 기금'이나 목적이 지정되지 않은 별도 적립금에서, 또는 심지어 코네티컷의 경우 재산세 감면으로 추정되는 '도시 세금 감면'에서 자금 사용처가 찾아지기도 했다. 담배 가격을 인상하여 담배 사용을 억제하는 것은 좋은 생각일 수 있지만, 어떤 주정부도 세금 수입의 일부를 흡연자의 실질소득 감소를 상쇄하거나 흡연 대체재를 제공하는 데 사용할 수 있다는 점을 고려했다는 증거는 없다.

하버드대학교의 데이비드 커틀러(David Cutler)와 조셉 뉴하우스(Joe Newhouse), MIT의 조너선 그루버(Jonathan Gruber)를 비롯한 다수의 보건경제학자들(그들도 견해가 똑같다) 역시 일반의 인식이 옳다면서, 주정부 합의를 통해 흡연자에게 돌아가는 혜택이 비용보다 훨씬 크기 때문에 흡연자들에게조차 좋은 아이디어라고 주장했다.[18] 이들의 계산은 복잡

---

18 David M. Cutler, Jonathan Gruber, Raymond S. Hartman, Mary Beth Landrum, Joseph P. Newhouse, and Meredith B. Rosenthal, 2002, "The economic impacts of the tobacco settlement," *Journal of Policy Analysis and Management*, 21(1), 1-19.

하지만, 요점은 연간 15만 달러에 해당하는 생명을 구할 수 있다는 점에서 가격 인상이 흡연자의 의지에 반하더라도 그들에게 이득이 된다는 것이다. 이들 경제학자는 사람들이 자신에게 가장 좋은 게 무엇인지 알고 있다는 생각을 거부하고 이를 방어하며, 흡연자들이 스스로 합리적인 선택을 하고 있다는 생각을 일축한다. 사람들이 자신에게 가장 좋은 게 무엇인지 항상 아는 것은 아니라는 주장이 사실이라고 해도, 개인의 자율성을 하버드 및 MIT 경제학자들에게 넘겨줄 수는 없다.

어떤 사람들은 이 경우를 보면서 전통적으로 경제학계가 인정하는 것보다 일반인(심리학자는 말할 것도 없고)의 견해가 더 많은 장점을 갖고 있다는 점을 경제학자들이 뒤늦게 알게 된 좋은 사례라고 주장할지 모르겠다. 그러나 경제학자가 아닌 사람들이 생명을 돈의 가치로 평가해 환산하는 방식에 찬성할 가능성은 거의 없다. 이 계산에서는 사람들이 서로 다른 위험성을 가진 활동에는 합리적 선택을 하지만, 담배에 대한 선택에는 '적용되지 않는다'는 것을 전제로 하고 있다. 또한 여기에는 세금으로 지불되는 금액에서 흡연을 하지 않음으로써 피할 수 있는 사망 가치를 차감해 경제적 효율성 개선을 계산하는 금전적 산술 방식을 아무런 거리낌 없이 사용하는 측면도 있다.

이 모든 논쟁에서 담배회사의 로비만이 흡연자 권리를 방어하는 데 관심이 있는 것처럼 보이는데 이는 적절하게 감안해서 봐야 한다. 경제학자들이 가진 한때의 표준적인 믿음에 대해서는 많은 반론이 나올 것이 틀림없다. 가령 사람들은 자신에게 무엇이 좋은지 알고 있고 돈과 사망률이 복지의 '유일한' 결정 요인이 아니며 어쩌면 흡연은 많은 사람에게 혜택을 가져다줄 수도 있다. 다른 즐거움을 누릴 기회가 거의 없는 사람들에게 담배 한 모금은 힘든 하루를 잠시나마 즐겁게 보내는 순간이 될 수 있다. 그리고 사람들이 흡연의 위험성을 모르고 있다는 증거도 거의 없다. 우리는 계속 흡연할 수 있도록 허용해 재산세를 낮추는 데 기여하도록 하면서, 동시에 흡연자들에게 "안 된다. 담배를 끊으라"고 말하고 있다. 당신이 미국에 살고 있고 가난하고 교육 수준이 낮고 흡연을 즐긴다면, 더 잘 교육받고 더 부유한 사람들에게 그 특권에 대한 대가를 지불해야 하고 또 감사해야 하는 상황이다. 흡연자들이 실제로 잘못된 선택을 하고 있다고 하더라도, 가부장주의적으로 비판하는 것은 자유를 침해하는 심각한 문제이다.

나는 중독성이나 치료의 어려움을 부정하지 않는다. 일부 흡연자들은 금연에 도움이 되는 가격 인상을 실제로 환영할 수도 있다. 그러나 가격 인상은 금연할 수 없거나 금연하지 않는 사람들에게 아무런 도움이 되지 않는다. 세수는 재산세 감면이 아니라 치료 서비스에 투자되어야 한다. 향후 오피오이드(opioid) 소송이 결국에는 더 좋은 합의로 종결될 것으로 믿어야 할 것 같다.

3장

미국 안의 빈곤, 해외의 빈곤

ECONOMICS IN AMERICA

해외 원조는 2차 세계대전 이후 시작됐다. 유럽 국가의 전후 재건을 돕기 위한 목적으로 출발한 해외 원조는 오늘날에는 전 세계의 보건 개선과 빈곤 퇴치에 초점을 맞추는 쪽으로 발전해왔다. 해외 원조는 미국에서 종종 공산주의와의 싸움에서 유용한 전략으로 여겨졌다. 그러나 그 목적이 변하면서, 그리고 소련이 붕괴한 후 해외 원조는 공적 토론에서는 물론 경제학자들 사이에서 논란이 되는 경우가 많아졌다. 가장 최근에는 기후 변화가 주목받으면서 원조와 기후 정책을 어떻게 통합할 것인가가 핵심 이슈로 부상하고 있다.

1948년 마셜플랜(Marshall Plan)은 그 시초가 됐다. 이 플랜에 따라 미국은 서독, 영국, 프랑스를 포함한 유럽의 전후 재건을 돕기 위해 4년간 미국 국민소득의 약 5%를 지원했다. 1년 후 트루먼 대통령은 '개발도상국의 빈곤을 줄이고 생산을 늘려 미국의 새로운 시장을 창출'하고 '자본주의 국가가 번영하도록 도와 공산주의 위협을 완화'한다는 목표 아래 지속적인 원조 프로그램을 제안했다.[1] 케네디 대통령은 미국 국제개발처(USAID)를 설립해 트루먼 프로그램들을 통합했다. 케네디 대통령은 '가장 부유한 미국 국민이 거의 대부분이 가난한 세계에 짊어진 경제적 의무'라며 미국과 세계 빈곤국 간의 불평등 문제 해소를 강조했다.[2] 오늘날 미국 국제개발처는 빈곤 해소, 민주주의, 보건, 그리고 개발에 중점을 둔 국제 인도주의 기구 및 개발 기구로 자리 잡았다. 현재 예산은 전체 정부 지출의 1% 미만이며 국민소득 대비 약 0.25% 정도이다.

한편 세계은행은 여러 국가가 함께 소유하고 운영하는 다자간 기구다. 1944년에 설립된 이 기관은 원래 재건을 위한 대출을 제공했지만 시간이 지남에 따라 빈곤 퇴치를 어젠다로 채택했다. 워싱턴DC의 본부 아트리움에는 '우리의 꿈은 빈곤 없는 세상(Our dream is a world free of poverty)'이라는 문구가 새겨진 대형 조각이 있다. 전통적으로 미국 정부는 세계은행 총재를 임명하며 전체의 4분의 1에 조금 못 미치는 지분을 보유한 최대 주주다. 세계은행이 미국의 승인 없이 주요 결정을 내리기 어렵지만 미국의 정부기관은 아니다. 낮은 물가를 조정하면 (당연히 그래야 하지만) 전체 경제 규모가 미국보다 더 큰 중국은 미국의 4분의 1 수준의 지분만 가지고 있다.

세계은행의 임무에 대한 인식은 워싱턴의 시각으로부터 많은 영향을 받는다. 초창기 세계은행은 많은 부유한 국가와 가난한 국가들이 수립했던 정부 주도 개발계획에 대한 열정을 공유했다. 레이건 시대에 이르러 세계은행은 기회만 주어진다면 시장이 기적을 일으킬 수 있다

---

1   USAID, "USAID history," https://www.usaid.gov/who-we-are/usaid-history, 2022년 7월 13일 확인.

2   Ibid(같은 문헌).

는 견해 쪽으로 방향을 옮겼다. 더 최근에는 국제 개발 커뮤니티의 최신 화두, 특히 비정부 원조 단체의 견해에 영향을 받아왔고 지금도 그렇다. 인프라를 구축하고, 아동을 학교로 보내고, 물가를 잡고, 빈곤 퇴치에 집중하고, 거버넌스를 개선하고, 여성 평등권을 보장하고, 건강을 우선순위화하는 것 등이다. 일을 하다 보면 결국엔, 그리고 뒤늦게 정치가 관건임을 알게 됨에도 불구하고 세계은행은 정관에 따라 정치에 개입하는 것이 금지되어 있다. 개발은 국민과 정부 간의 계약 없이는 이루어질 수 없다. 전자는 세금을 납부하고 후자는 서비스를 제공한다. 외부 당사자는 이러한 계약을 만들거나 유지하는 데 거의 도움을 주지 못하지만 그런 계약을 훼손하거나 계약이 영원히 성립되는 것을 막는 일은 너무나 쉽다.

현재 미국 안팎에는 개발 또는 인도주의적 지원을 제공하는 정부 및 비정부 기관이 많이 있다. 특히 빌앤드멜린다게이츠재단(Bill and Melinda Gates Foundation) 등 자선 단체의 역할이 커졌다. 게이츠재단은 '모든 생명은 동등한 가치를 지닌다는 믿음을 바탕으로 움직인다'고 선언하고 '개발도상국에서 사람들의 건강을 개선하고 그들이 기아와 극심한 빈곤에서 벗어날 수 있도록 기회를 제공하는 데 중점을 두고 있다'고 말한다.[3] 반면 미국 안에서는 교육에 초점을 맞추고 있다.

여론 조사에서 미국인의 상당수는 해외 원조에 대한 지출을 줄여야 한다는 의견을 보이고 있다. 실제로는 지출 규모가 지나치게 과장되고 있는데도 말이다. 사람들은 이 주제에 대해 잘 알지 못하고 있다. 그

---

3 Bill and Melinda Gates Foundation, "Foundation fact sheet," https://www.gates-foundation.org/about/foundation-fact-sheet, 2022년 7월 13일 확인.

런 점에서 감축 요구는 아마도 외국인의 이익보다 미국의 이익을 우선시하는 그 이상도 이하도 아닐지 모른다.

경제학자들은 국제 개발과 세계 빈곤 문제에 대해 많이 관여해왔다. 개발경제학 분야는 전후 원조 흐름과 함께 성장했으며 신생 독립국의 탈식민지 경제 전략에 대한 자문 수요가 늘어나면서 더 확산되었다. 오늘날 많은 시니어 경제학자들은 이러한 국가들에서 자문역으로 활동했다. 세계은행에는 저명한 학자들이 맡아온 수석경제학자(chief economist) 직위가 있다. 나중에 재무부 장관을 지낸 래리 서머스(Larry Summers)는 물론이고 노벨 경제학상 수상자인 조 스티글리츠(Joe Stiglitz)와 폴 로머(Paul Romer) 등이 임명되었던 자리이다. 미국 재무부에는 세계은행 및 IMF와 관련한 행정부 업무를 총괄하는 국제담당 차관보가 있다. 이 자리 역시 저명한 경제학자들이 맡아왔다.

이 장의 첫 번째 글에서는 미국 국내의 필요성 관점에서 아프리카, 아시아 또는 다른 지역의 빈곤 문제를 어떻게 봐야 하는지를 논의한다. 한때는 내가 답을 알고 있다고 생각했지만, 지금 보니 이 주제는 답을 알고 있는 게 아니었다. 실용적이고 철학적인 문제들을 둘러싼 이견이 있고, 또 그것이 우리가 무엇을 할 수 있을지의 토대가 되기 때문에 이 장을 시작하기에는 좋은 주제다. 두 번째 글은 조지 W. 부시 행정부 초반으로 돌아가서 행정부와 학계에서 경쟁적으로 나온 원조에 대한 다양한 견해를 다룬다. 세 번째 토픽은 종종 잊히는 사실—다른 나라 사람들을 그 나라 밖에서 돕는다는 게 쉽지 않다는 것—에 관한 이야기다. '그냥 돈을 지원하면 된다'고 하면 그럴듯하게 들리지만, 이 문제는 그렇게 간단한 게 아니다. 마지막으로, 미국 내의 빈곤과 해외 빈곤의 문제를 다시 살펴본다. 미국 내의 누구라도 아프리카와 아시아의 빈곤층만큼 가난한 것은 아닌지에 대한 트럼프 행정부 시절의 논쟁에 대해 얘기한다. 여기에서도 다시 측정(measurement)의 문제가 핵심이 된다. 미국의 공식적인 빈곤 측정시스템은 결함이 있고, 정치는 이를 고치는 데 방해가 될 뿐이기 때문에 사기꾼과 엉터리 정치인들이 자신들의 숫자를 정당화할 여지가 항상 열려 있다.

로빈 후드를 다시 생각하다

세계 곳곳에 빈곤과 궁핍이 만연한 상황에서 자국 내의 빈곤과 궁핍은 어떻게 생각해야 할까? 또는 그 반대의 질문도 가능할 것이다. 한 가지 가이드라인이 있다면 약간의 지원이 '누구'에게 가장 큰 도움이 될지를 생각하는 것이다. 여기서 '누구'는 거주 지역이나 국가와 관계없이 전 세계 모든 사람을 포함한다. 동시에 이미 '더' 잘사는 사람들의 요구는 그들보다 '덜' 시급하다는 점을 인식하는 것이다. 이는 전 세계가 포함되기 때문에 '코즈모폴리턴' 관점(cosmopolitan view)이라고 할 수 있다. 또한 '덜' 가진 사람들에게 '더' 높은 우선순위를 부여하기 때문에 '우선순위주의' 관점(prioritarian view)이기도 하다.[4] 코즈모폴리턴적이지 않고도 우선순위주의적일 수 있다. 예컨대 우리 동료 시민 중 더 어려운 사람들에게 우선순위를 부여하고 다른 나라에 사는 사람들에게는 관심을 덜 주거나 아예 관심을 기울이지 않는 경우다. 또는 국가 간 경계를 도덕적으로 무의미한 것으로 여겨 무시하는 코즈모폴리턴이 될 수 있지

---

4   Derek Parfit, 1997, "Equality and priority," *Ratio*, 10, 202—21.

만, 다른 윤리 체계를 선호하여 우선순위주의를 거부할 수도 있다.

많은 윤리학자들은 불평등이 적을수록 좋다고 믿는 평등주의자다. 코즈모폴리턴 평등주의자들은 극심한 빈곤을 줄이는 것이 도덕적으로 중요하다고 강조한다. 위대한 철학자 존 롤스(John Rawls)는 정의는 정치적, 경제적 조치가 최하위 계층에 미치는 영향을 기준으로 판단해야 한다고 주장했다. 이는 강력한 우선순위주의의 한 버전이다. 롤스 자신은 다른 철학자들과 달리 세계적으로 동일한 기준을 적용해야 한다는 생각을 거부했으며, 글로벌 정의라고 한다면 실제로 최악의 글로벌 빈곤을 제거해야 한다고 주장했다.[5]

코즈모폴리턴 우선순위주의(Cosmopolitan prioritarianism) 관점은 우리 자신의 사고나 자선 기부에 대한 지침으로서 많은 사람에게 잘 작동해왔다. 이는 또 세계은행이나 미국 국제개발처와 같은 국제원조기관의 사고를 지배하고 있다. 그럼에도 불구하고 나는 윤리적, 실용적인 이유로 이 원칙을 심각하게 재고할 필요가 있다고 믿게 되었다.

세계은행의 집계에 따르면, 지난 40년 동안 글로벌 극빈층 인구는 절반 이하로 떨어졌다. 20억 명 이상에서 팬데믹 직전 6억 5000만 명으로 줄었다.[6] 하지만 이 극빈층이 미국에는 존재하지 않는다는 '사실'

5　John Rawls, 1971, *A theory of justice*, Harvard University Press. 이 주장을 왜 국제적으로 확장하지 않는지에 대해서는 다음을 참조하라. John Rawls, 1993, *The law of peoples*, Harvard University Press. 확장 주장은 다음을 참조할 것. Thomas W. Pogge, 2002, *World poverty and human rights, cosmopolitan responsibilities and reforms*, Polity.

6　세계은행 자료는 'Our World in Data' 웹사이트에 차트와 지도로 정리되어 있다. Joe Hasell, Max Roser, Esteban Ortiz-Ospana, and Pablo Arriagada, 2022, "Poverty," *Our World in Data*, https://ourworldindata.org/poverty.

이 도전받고 있다. 이 장의 마지막 글에서 이 주제로 다시 돌아올 것이다. 세계 인구 증가에도 불구하고, 또 2008년 금융위기 이후 세계 경제의 장기적인 성장 둔화에도 불구하고 극빈층은 감소하였다. 그러나 중국, 인도, 또는 방글라데시에서 수많은 가난한 사람들에게 도움을 주었다는 세계화는, 동시에 미국과 유럽을 비롯한 부유한 국가의 일부 사람들에게는 피해를 가져왔다. 세계 빈곤을 걱정하고 코즈모폴리턴적이면서 우선순위주의적 관점을 취하는 사람들에게는, 손해를 보는 사람들이 이득을 보는 사람들보다 이미 훨씬 더 부유하고 건강하기 때문에 이러한 대가는 받아들일 수 있는 수준으로 인식됐다.

코즈모폴리턴 관점 덕분에 나를 포함한 많은 사람이 자선 기부를 국내에서 해외로 돌렸다. 가난한 나라에 보내는 달러는 받는 사람의 필요성이 훨씬 더 크기 때문에, 또한 가난한 나라의 낮은 물가 수준이라는 마법이 목적지에 도착했을 때 돈의 가치를 두 배 또는 세 배로 높여주기 때문에 더 많은 좋은 일을 할 수 있다. 여행자라면 누구나 알겠지만 1달러를 루피(페소)로 환산하면 인도(멕시코)에서는 미국에서 1달러로 살 수 있는 것보다 많은 음식과 숙박시설 구매가 가능하다. 반면에 미국 내에서 기부하는 것은 더 비싸고, 이미 상대적으로 잘 사는 사람들에게 전달되기 때문에 그 효과가 더 작다.

바로 우리가 이러한 판단을 내릴 때 흔들리는 우리 자신의 모습은 속에서 사과를 갉아 먹는 벌레와 다를 바 없다. 나와 같은 사람들은 세계화된 세상의 가장 큰 수혜자에 속한다. 부모가 꿈꿀 수 있었던 것보다 더 크고 풍요로운 시장에서 우리의 서비스를 판매하고 있다. 무엇보다 나는 영국을 완전히 떠나 뉴저지로 이주하는 자유를 누렸다. 그런 점에서 나는 공정한 관전자일 수 없다. 나 같은 사람들은 세계화로부터 많은 혜택을 누렸다는 점에서, 적어도 다른 사람들이 세계화를 다르게 볼 수 있다는, 다시 말해 세계화의 혜택을 그다지 보지 못한 사람들에게 세계화는 덜 화려하게 보일 수 있다는 점에 관심을 가져야 한다. 그리고 내가 한때 현재의 생활수준으로 보면 가난했고 또 돈 걱정으로 많은 에너지를 소비할 만큼 가난했던 때에도 세계에서 가장 가난한 사람들을 괴롭히는 그런 빈곤에 비할 바는 아니었다.

다른 골치 아픈 사실도 있다. 저학력 미국인의 물질적 환경은 지난 50여 년 동안 거의 개선되지 않았다. 4년제 대학 학위가 없는 남성의 실질임금 중간값은 1970년 이후 계속 하락하는 추세다. 하지만 그렇더라도 하노이, 다카, 선전, 티후아나에 있는 공장들, 한때 오하이오나 인디애나에 있었던 그 공장들에서 일하는 아시아인 노동자들보다는 여전히 훨씬 더 나은 처지에 있는 것 아닐까? 이런 질문을 던진다면 적어도 물질적 상황으로만 보면 대부분 의심할 여지 없이 그렇다. 그러나 미국 노동 시장의 밑바닥은 많은 사람에게 잔인한 환경이다. 흑인, 백인, 히스패닉 등 수백만 명의 미국인은 1인당 하루 소득이 몇 달러에 불과한 가구에서 살고 있고, 그 생활 수준이 세계은행이 인도나 에티오피아의 빈곤층이라고 구분 짓는 사람들과 비슷하거나 더 나쁜 사람들이다.[7] 인도나 에티오피아 같은 따뜻한 곳보다 미국에서 저소득층이 주거지를 찾는 투쟁이 훨씬 더 힘겹다. 물질적 생활수준 외에도 미국 내 제조업

---

7 Kathryn J. Edin and H. Luke Shaefer, 2015, *$2.00 a day: Living on almost nothing in America*, Houghton, Mifflin, Harcourt. Farah Stockman, 2021, *American made: What happens to people when work disappears*, Random House.

의 고용 붕괴는 많은 사람의 사회생활과 가정생활을 파괴하여 빈곤의 범위를 물질적 빈곤을 넘어 더욱 확대하고 있다.

미국이 자랑스럽게 여기는 기회의 평등(equality of opportunity)은 그게 사실이었다고 해도 예전보다는 덜 실제적이다. 세계화로 인해 공장을 잃은 마을과 도시는 세금을 잃은 데 이어 다음 세대를 위한 탈출구라고 할 학교조차 유지하기 어렵다. 번성하는 곳의 주택 가격이 크게 상승해 사람들이 더 성공적인 곳으로 이주하는 게 예전보다 훨씬 어려워졌다. 엘리트 학교는 비용을 충당하기 위해 상류 엘리트들의 환심을 얻으려 하고 있다. 또한 소수 계층을 대상으로 수 세기 동안의 박탈감을 바로잡겠다며 유혹하고 있다. 이 모든 것이 가치 있는 일이겠지만, 이 새로운 질서에서 자기 자녀들이 설 자리를 찾지 못하는 백인 노동자 계층의 분노가 없다면 그게 오히려 이상할 것이다.

더욱 심각한 문제는 대학 학위가 없는 미국인들 사이에서 자살, 알코올 남용, 그리고 특히 합법(처방) 및 불법 약물의 과다 복용으로 인한 절망사(deaths of despair, 반복되는 절망 속에서 삶의 의미를 상실한 채 죽음에 이르는 것을 말한다-옮긴이)가 증가하고 있다는 것이다.[8] 미국 내 전반적인 사망률은 증가 추세에 있으며, 팬데믹 이전에도 4년제 대학 학위가 없는 성인의 기대 수명은 10년 동안 감소해왔다. 우리는 물질적 생활수준의 측정, 즉 모든 소득원이 데이터에 포함되고 있는지, 최빈층의 지출은 얼마나 되는지, 인플레이션은 과장되고 생활수준 상승은 과소평가되는 것 아닌지, 학교가 정말 모든 곳에서 그렇게 나쁜지 등에 대해 정당하게 논

---

8   Anne Case and Angus Deaton, 2020, *Deaths of despair and the future of capitalism*, Princeton University Press.

쟁할 수 있다. 그러나 미국인의 사망은 해명하기 어렵다. 전 세계적으로 자살률이 감소하고 있는 상황에서 자살이 증가하는 추세는 특히 그렇다.

또한 우리가 전 세계 시민을 대하는 것과 같은 방식으로 동료 시민을 대하는 것에 대한 심각한 윤리적 반대도 있다. 미국인이 되기로 선택했든 아니든, 시민권은 다른 나라의 다른 사람들과 공유하지 않는 일련의 권리와 책임을 동반한다. 우리는 세금을 납부해야 하고 혜택을 누릴 자격을 갖는다. 일종의 상호 보험이라고 생각할 수 있다. 우리가 외부로부터 공격을 받으면 서로를 방어해야 할 상호 책임이 있는데, 적어도 최근 몇 년 동안은 세계화의 혜택을 가장 적게 받은 미국인들로서는 불균형적으로 부담해온 책임이다. 대부분의 군 장교가 대학을 졸업했지만, 남녀 신병 입대자 중 대학을 졸업한 사람은 거의 없다.[9] 사회보장(Social Security)이나 메디케어(Medicare)와 같은 국가 보험 제도는 우리 동료 시민(적어도 그 일부)의 건강 문제와 경제적 빈곤을 용인하지 않겠다는 하나의 약속으로 생각할 수 있다.

이는 우리가 모두에게 의무를 진다는 점을 인정하는 진정한 코즈모폴리턴의 관점과 모순되지 않지만, 국내에서의 의무는 해외에서의 의무와 다르다.[10] 우리가 물질적 생활수준만 따져 전 세계 모든 사람을

---

9 Kim Parker, Anthony Cilluffo, and Renée Stepler, 2017, "6 facts about the U.S. military and its changing demographics," Pew Research Center, Apr. 13. https://www.pewresearch.org/fact-tank/2017/04/13/6-facts-about-the-u-s-military-and-its -changing-demographics/.

10 Kwame Anthony Appiah, 2019, "The importance of elsewhere: In defense of cosmopolitanism," *Foreign Affairs*, 98(2), 20-6.

상위부터 하위까지 서열화한 다음 후자를 우선시한다면 균형을 바로잡을 수 없다. 그렇게 하면 삶과 복지의 다른 구성 요소뿐만 아니라 한 국가의 시민이지만 다른 국가의 시민이 아닌 사람으로서 가져야 할 책임 및 권리를 놓치게 된다.

물론 많은 미국인은 코즈모폴리턴이 아니었다. 물질적으로 가난한 사람들에 대한 지원을 우선시하는 코즈모폴리턴은 엘리트, 특히 학계 엘리트나 세계은행, UN과 같은 국제기구에서 일하는 사람들 사이에서 과대 대표되고 있는지도 모른다. 그렇다면 우리는 같이 살고 있고, 그들의 세금과 노동과 봉사 의지를 통해 우리 사회를 지탱하는 더 많은 사람들과 더욱 잘 연결될 필요가 있다.

이론적으로는 당신이 반성하지 않는 골수 코즈모폴리턴적 우선순위주의자라 할지라도 현실적인 문제를 피할 수는 없다. 개인의 윤리 체계가 무엇이든지에 상관없이 코즈모폴리턴 우선순위주의 시스템을 강제할 수 있는 세계 정부는 없다. UN이나 세계은행과 같은 기관이 그렇게 하기에는 너무나 힘이 없다. 당신이 미국 내에서 동료 시민을 도우려고 한다면 충분히 가까이에서 어떤 결과가 도출될지를 보고서 판단할 수 있고, 도움을 받는 당사자들이 원하지 않는다면 민주적으로 그렇게 피드백을 할 가능성도 언제나 열려 있다. 하지만 아프리카 차드(Chad)나 시에라리온(Sierra Leone)의 원조 지출은 그렇지 않다. 원거리 기부자로서는 원조 결과를 확인할 수 없고, 따라서 현금 지출이 종종 성공의 유일한 척도가 되고 만다. 수혜자에게 끔찍한 일이 일어나고 있어도 기부자가 그러한 실패를 확인할 가능성은 없다. 효과적인 피드백이 없는 상황에서 '우리'는 '그들'에게 필요한 것이 무엇인지 얘기하기 힘들다.

세계화가 인도, 방글라데시, 중국 및 기타 국가의 수백만 명에게 혜택을 주었다는 점은 분명하다. 코즈모폴리턴 우선순위주의자 관점에서는 그 혜택 중 일부가 미국 노동자들의 희생을 전제로 한 것이라고 하더라도 그런 성과를 기뻐할 수 있다. 그러나 그 수혜자들은 미국 선거에서 투표하지 않는 반면, 미국 노동자들은 투표한다. 미국 선거는 코즈모폴리턴 우선순위주의자 관점을 지지하기 위해 만들어진 것이 아니다. 그리고 포퓰리즘 행정부가 등장해 당선된다면 전 세계 빈곤층의 삶을 개선하는 데 거의 또는 전혀 관심이 없을 것이다. 그때는 성공적인 코즈모폴리턴 우선순위주의자 관점이 자멸할 위험이 있다. 나를 포함해 우리가 전 세계 빈곤층에 빚을 졌다고 믿는 사람들이라면, MAGA(Make America Great Again, 트럼프 전 대통령의 '미국을 다시 위대하게'라는 선거 슬로건-옮긴이) 모자를 쓴 사람들이 쇠스랑을 들고 우리를 공격하기 전에 동료 시민의 이익을 찾아주는 일을 더 잘할 필요가 있다.

원조 개발에서의 경제학자와 정책 입안자들

폴 오닐(Paul O'Neill)은 조지 W. 부시 1기 행정부 시절인 2001년과 2002년에 재무부 장관을 지냈다(한때 뉴욕양키스 야구팀의 뛰어난 우익수로 많은 사랑을 받고 있는 TV 해설가와는 동명이지만 다른 사람이다). 폴 오닐의 경력은 공공 부문과 민간 부문 모두에 걸쳐 있으며, 재무부로 가기 전에는 알코아(Alcoa)의 CEO를 역임했다. 캘리포니아주립대학교-프레즈노(California State University-Fresno)에서 학사학위를 받은 그는 1970년대 중반에 컴퓨터 분석가에서 백악관 예산관리국 부국장까지 승승장구했다. 그는 시장(마켓)을 통해, 그리고 주식회사 미국의 능력을 통해 거의 모든 문제를 해결할 수 있다는 강한 믿음을 가진 경제 보수주의자였다. 오닐은 이러한 믿음을 빈곤층, 특히 가난한 사람들의 건강에 대한 관심과 연결했다. 그는 지역 사회의 건강은 물론이고 알코아 근로자들의 직업 건강을 개선하는 데 성공을 거둬 널리 존경받았다(다만 부시 행정부의 강경파로부터는 아니었다). 록밴드 U2의 리드 싱어이자 구호 활동가인 보노(Bono)와 함께 아프리카 투어를 떠난 것이 재무부 장관으로서는 분명 이례적이긴 했지만, 그의 성격에서 벗어난 일은 아니었다. 또한 오닐은 흠잡을 데 없는 매너와 지나칠 정도로 예의를 갖춘, 그리고 진짜 지적 호기심이 넘치는 사람이었다. 독서광으로서 자신의 견해를 공유하고 논쟁하고 토론하는 것을 좋아했다.

오닐은 확고한 보수 노선을 취하기로 결심하고 재무부에 들어왔다. 금융 위기에 처한 국가에 대한 구제금융은 더 이상 없었다. 시장이 알아서 할 수 있도록 했다. GDP 대비 개발 원조에 대한 국제적 목표에는 절대 반대였다. 대신 프로젝트는 엄격하게 성과로 평가받도록 했고, 대출은 보조금으로 대체하도록 했다(대출이 계속 이월되는 경우가 많아 대부분 이름뿐인 대출이었기 때문이다). 그러나 재무부가 원조 확대에 반대하는 입장을 견지하는 동안 백악관은 이와 다른 노선을 취해 원조 자금을 실질적으로 늘린다고 발표했다. 더 큰 타격을 입은 것은 오닐의 구제금융 정책이었다. 브라질이 어려움에 처하자 오닐은 미국이 결국엔 스위스 은행 계좌에 들어갈 게 뻔한 돈을 빌려주지 않을 것이라고 했다. 이러한 견해 표명은 위기를 더욱 악화시켰을 뿐만 아니라, 그러지 않았더라도 어쩔 수 없었겠지만 미국이 지원하지 않을 수 없게 만들었다. 스위스 은행 얘기는 단순한 농담이 아니다. 2020년 세계은행의 연구에 따르면 세계은행 원조 지출은 수혜국 엘리트들이 역외 계좌에 쌓아둔 돈과 관련이 있고 평균 10% 정도가 빼돌려지고 있다.[11] 세계은행은 처음에는 연구결과 발표를 거부했다. 그래서 당시 수석 이코노미스트였던 피넬로피 골드버그(Pinelopi Goldberg)는 사임하고 예일대학교로 돌아가 버렸다.

오닐이 재무부에 있을 때 경제학자들이 세계화와 개발에 관한 두 권의 중요한 책을 출간했다. 윌리엄 이스털리(William Easterly)의 경이로운 책 《성장에 관한 힘든 탐구: 열대 지방에서 경제학자들의 모험과 실패(The Elusive Quest for Growth: Economists' Adventures and Misadventures in the Tropics)》는 전 세계 빈곤의 생생하고 가슴 아픈 장면을 교차시키며 개발 실패에 관한 정말 가독성이 뛰어난(그리고 종종 매우 재미있는) 이야기를 다루고 있다.[12] 이 책은 무엇을 해야 하는지에 대한 처방보다 무엇이 효과가 없었는지에 대한 분석('결국 인센티브 문제다')을 강하게 담고 있다. 내가 아래에서 주장하듯이 '아무것도 하지 않는 것'이 실제로 정답이라는 점을 보여주는 강력한 사례도 있다. 이스털리는 또한 경제학자들이 '도구(instruments)'라고 부르는 것을 사용하여 인과관계 퍼즐을 푸는 방법을 일반 독자들에게 설명하려고 노력한다. 실제로 그의 설명은 매우 명쾌하고 재미있다. 주의력 깊은 독자라면 경제학자들이 많이 사용하는 이러한 방법이 '당신은 이해하기에 충분히 똑똑하지도 잘 훈련되지도 않았으니 그냥 나를 믿어라, 나는 과학자다'라는 식의 말에 대한 연막

---

11 Jørgen Juel Andersen, Niels Johannesen, and Bob Rijkers, 2022, "Elite capture of foreign aid: Evidence from offshore bank accounts," *Journal of Political Economy*, 130(2), 388-425.

12 William J. Easterly, 2001, *The elusive quest for growth: Economists' adventures and misadventures in the tropics*, MIT Press.

으로 효과적이라는 것을 (정확하게) 알아차릴 수 있을 것이다. 이스털리는 수년간 세계은행에서 거시경제 그룹 리더로 일했지만, 나중에 뉴욕대학교로 자리를 옮겼다. 아마도 이 책 때문으로 보인다. 어쩌면 놀라울 것도 없이 개발원조 실패에 대한 이스털리의 기록은 폴 오닐에게는 좋은 근거 자료가 되었다. 그는 원조에 반대하는 자신의 입장을 정당화하는 데 이 책을 반복해서 활용했다. "빌 이스털리의 책을 읽어보셨나?"라고 물으면서 말이다.

2002년에 출간된 또 다른 책은 IMF에 반대하는 조 스티글리츠(Joe Stiglitz)의 통렬한 비판서로, 훌륭한 프로이트적인 제목을 붙인《세계화와 그 불만(Globalization and Its Discontents)》이다.[13] 스티글리츠의 책은 그 안에 담긴 많은 주장, 그중에서도 자유로운 자본 이동의 위험성과 세계화로 월가(Wall Street)가 얻는 혜택에 관한 이야기의 경우 지금 시점에서 봐도 선견지명이 있지만 그 당시 경제학계에서 널리 인정받은 것은 아니었다. 특히 클린턴 행정부에서 대통령 경제자문위원회 위원장을 지냈고 이후 세계은행의 수석 이코노미스트로 일했음에도 불구하고, 스티글리츠는 자신과 함께 일했던 사람들을 표적으로 삼았다. 당시 재무부에 근무하던 로렌스 서머스(Lawrence Summers)와 특히 오랫동안 IMF에서 고위 관리로 일했던 스탠리 피셔(Stanley Fischer)가 그 대상이 됐다. 스티글리츠의 책은 재무부가 아니라 강경 좌파를 포함한 반세계화 운동 진영에서 일종의 바이블이 되었다. 세계화가 세계 빈곤과 불평등을 심화시켰다는 믿음을 지지하는 근거로 이 책을 인용하고 있다. 하지만

---

13   Joseph E. Stiglitz, 2002, *Globalization and its discontents*, Norton.

이러한 진영의 지지와 확실한 수치적 증거 부족은 오히려 이 책을 주류 경제학계로부터 사랑받지 못하게 했다. 스티글리츠의 책은 그가 분석 과정에서 악당으로 표현한 IMF 내부로부터 큰 반발을 불러왔다. IMF 는 하버드 출신으로 IMF에 갓 들어온 신참이자 세계 최고의 국제경제 학자 중 한 사람인 켄 로고프(Ken Rogoff)가 작성한 공개 비난 서한을 발 표했다.[14]

이 문제에 대해 전혀 통일된 입장이 없었던 세계은행은 자체 웹사 이트에 (책에서 제기한 문제에 대한 비공개 논의를 위해 마련한) 토론세션 동영상 전체를 게시하는 것으로 대응함으로써 보다 균형 잡힌 입장을 취하였 다.[15] 스티글리츠의 책은 공격하기 쉬웠다. 나중에야 알았다는 식의 독 선적 태도부터 거슬렸다. 특히 스탠리 피셔의 정직성에 대한 공격은 실 수였다(설령 피셔가 가장 사랑받고 존경받는 전문가 중 한 사람이 아니라고 하더라도 마 찬가지였을 것이다). 게다가 팩트 확인도 제대로 되지 않았다.

이 모든 것은 결과적으로 불행한 일이었다. 이 책의 명백한 결함 때문에 스티글리츠가 타의 추종을 불허할 정도의 권위를 갖고 토의할 수 있었던 너무나 중요한 문제들과 관련해 비판론자들이 그런 논의를 아예 피해 갈 수 있었다. 여기에는 IMF와 세계은행의 지배구조, IMF가 회원국의 이익을 위해 행동하는지 월가의 이익을 위해 행동하는지, 무 제한적인 자본 이동이 바람직한지, 그리고 당시 IMF를 지배했던 자유

---

14 Kenneth Rogoff, 2002, "An open letter to Joseph Stiglitz, by Kenneth Rogoff, Economic Counsellor and Director of the Research Department, IMF," July, http://faculty.nps.edu/relooney/IMF_Defense_1.

15 "Joseph Stiglitz and Kenneth Rogoff discuss *Globalization and its discontents*," YouTube, June 28, 2002, https://www.youtube.com/watch?v=fv2N4nAqj_l.

시장주의자들의 역할 적정성 문제 등이 포함된다. 다른 이들의 비판과 마찬가지로 스티글리츠가 제기한 비판은 그 후 20년이 지나면서 그 의미가 줄어든 게 아니라 오히려 더 커졌다. 적어도 오늘날 매우 달라진 IMF 모습에 대한 공로의 일부를 인정받을 수 있을 것이다.

폴 오닐의 견해(와 개방적 토론 성향)는 2002년 말 그의 퇴임으로 이어졌다. 그러나 원조 효과에 대한 논쟁은 계속되었다. 이는 다시 이스털리와 컬럼비아대 제프리 삭스(Jeffrey Sachs) 및 UN 밀레니엄 프로젝트 간의 싸움으로 가열되었다. 보노가 서문을 쓴 삭스의 2005년 저서 《빈곤의 종말(The End of Poverty)》에는 그의 비전과 이를 실행하기 위한 계획이 담겨 있다.[16] 이스털리는 〈워싱턴포스트〉에 이 책의 리뷰를 기고했다.[17] 이스털리는 삭스가 가진 문제의식의 도덕적 함의에 동의하고 또 영감을 주는 그의 표현에 공감하면서도 삭스의 부적절한 이상주의(utopianism), 1950년대와 60년대를 연상시키는 개발 계획, '너무나 지루한 기술적 용어', 그리고 외부에 의한 대규모 '빅푸시(big-push)' 프로그램이 다른 나라의 빈곤을 해결할 수 있다는 믿음에 대해 비판했다. 그러자 삭스로부터 독설에다 경멸적이며 인신공격적인 반격이 나왔고, 이스털리는 다시 "적어도 그는 내 대머리를 언급하지는 않았다(At least he didn't mention my bald spot)"로 시작하는 재반박을 내놨다.[18]

16　Jeffrey D. Sachs, 2005, *The end of poverty: Economic possibilities for our time*, Penguin.

17　William J. Easterly, 2005, "A modest proposal," *Washington Post*, March 13, https://www.washingtonpost.com/archive/entertainment/books/2005/03/13/a-modest-proposal/cf219afc-22f9-4f1f-97b4-ffba7f7a058a/.

18　다음을 참조하라. the Letters section of the *Washington Post* of March 27, 2005. https://www.washingtonpost.com/archive/entertainment/books/2005/03/27/

삭스의 책은 일종의 특이한 문서다. 반은 자서전으로 삭스가 과거 위기에 처한 국가를 돕기 위한 성공적인, 그리고 성공적이지 못한 ('그 국가들이 귀를 기울였더라면 하는') 시도를 다루고 있다는 점에서 그렇다. 다른 반은 세계 빈곤 퇴치를 위한 장대하고 상세한 계획을 담고 있다. 이 책은 독자들을 경제학자들이 저개발국의 지속 경제성장을 위해서는 '빅푸시'가 필요하다고 생각하던, 개발에 대한 경제학계의 연구가 처음 시작된 50년 전으로 이끌고 간다. 그렇다고 해도 이야기를 직접 들어보면, 그의 말대로 무언가를 해야 한다는 강박관념에 사로잡히지 않기란 쉽지 않다. 삭스는 이 책의 마지막 챕터에서 많은 사람이 그의 비전이 실현될 수 있을지 의심하지만, 그것은 사람들이 마하트마 간디나 넬슨 만델라, 마틴 루터 킹에게도 했던 말이기도 하다고 적었다.

이것은 완전히 하나의 거대한 서커스 같다. 이스털리가 삭스에 대해 보노와 앤젤리나 졸리(Angelina Jolie)와 같은 저명한(비록 최근의 유명세이지만) 경제학자들과 어울린다는 이유로 조롱하듯, 삭스는 비판론자들보다 더 자신을 계속 희화해 갔다. MTV에서는 '앤젤리나 졸리와 삭스 박사의 아프리카 일기'라는 영상을 방영했다. 현재 유튜브에서 볼 수 있는 이 영상과 관련하여 블로거들은 삭스가 이스털리뿐만 아니라 당시 졸리의 동반자이자 나중에 남편이 된 브래드 피트에 대해서도 조심하는 게 좋겠다는 억측을 내놓았다. 2002년 9월 11일 워싱턴내셔널대성당에서는 세계 빈곤에 대한 성찰의 날 행사가 열렸고, 그날 오전과 오후 예배 사이에 '가난한 사람을 위한 경제적 가능성을 알려주는 예언

letters/a30b218f-6763-4c98-a3f1-e8bad06b3ac0/.

자'로 불린 삭스의 무료 공개 강연이 있었다.

　해외 원조가 거의 쓸모가 없거나 심지어 해롭다는 생각은 오랫동안 극우파의 전유물이었다. 그들은 종종 세계든 국내든 빈곤 따위에 거의 무관심한 것처럼 보였다. 이스털리는 원조가 효과가 없다는 것을 믿으면서도 동시에 빈곤을 돌보는 게 가능하다는 논쟁을 이어가기 위한 새로운 공간을 열어왔다. 확실히 판단하기는 어렵지만, 내 감으로 적어도 미국에서는 이 아이디어가 실질적인 진전을 이루었다. 니나 뭉크(Nina Munk)는 훌륭한 저서《이상주의자: 제프리 삭스와 빈곤 퇴치를 위한 탐구(The Idealists: Jeffrey Sachs and the Quest to End Poverty)》에서 오랫동안 글을 쓸 주제를 찾다가 감탄하며 시작했지만 아프리카에서 삭스의 흔적을 따라가다 외부 원조로 인해 벌어진 재앙들과 마주쳤다고 털어놓았다. 빅푸시 지원개발 아이디어의 성공 사례로 여겨졌던, 삭스가 가장 자랑스러워하는 밀레니엄 빌리지 프로젝트(MVP)조차 파괴된 흔적과 함께 의도치 않은 후유증들을 남겼다고 뭉크는 지적하였다.[19]

　밀레니엄 빌리지 프로젝트는 이른바 빅푸시 아이디어를 실행하기 위한 삭스의 시도였다. 한 번에 하나의 개입만으로는 극심한 빈곤에 시달리는 아프리카 마을을 자립적 성장으로 곧바로 돌려놓을 가능성은 작지만 한 번에 여러 개의 동시 개입, 예컨대 보건, 인프라, 교육, 농업에 대한 일련의 동시 지원은 그렇지 않다는 주장이다. 터무니없는 주장은 아니다. 더 좋은 망고를 재배하기 위해 비료를 사용하게 되었다고 하더라도 시장으로 운반할 도로가 없고, 나무를 돌볼 건강한 노동자가 없

19　Nina Munk, 2013, *The idealist: Jeffrey Sachs and the quest to end poverty*, Doubleday.

고, 상업적 분쟁을 해결할 법원이 없다면 아무 소용이 없다. 아프리카의 15개 마을에서 진행된 MVP의 목표는 많은 분야에서 동시에 도움을 주면 스스로 빈곤의 늪에서 빠져나오는 게 가능하다는 점을 보여주고자 한 것이었다. 뭉크의 부정적 인상은 데이터에 대한 보다 신중한 평가에 의해서도 공감을 얻었다. 테스트 마을의 영아 사망률과 관련한 이 프로젝트 측의 주장은 영국 의학저널 〈랜싯(The Lancet)〉에 게재되었다가 나중에 거센 비판의 폭풍 속에서 철회되어야 했다. 저널 입장에서는 크게 당혹스러울 수밖에 없었다.[20] 아마도 1998년 자폐증과 백신에 관한 논문 출판만큼은 아니었을지 몰라도 충분히 악재였다.

가난한 나라, 그리고 원조 문제

스코틀랜드에서 나는 경찰을 친구로 생각하고 도움이 필요할 때는 도움을 요청하도록 그렇게 배우고 자랐다. 그러니 열아홉 살이 되어 처음 미국을 방문했을 때 내가 겪은 일의 놀라움은 엄청난 것이었다. 타임스스퀘어에서 교통을 통제하던 뉴욕시 경찰에게 다가가 가장 가까운 우체국으로 가는 길을 물어봤다가 일련의 황당한 모욕을 당해야 했다. 1965년 여름이었다. 나는 운 좋게도 영국의 유명한 양복점에서 여름 일자리를 얻게 되었다. 커나드(Cunard) 여객선 '퀸매리'와 '퀸엘리자베스'호가 매주 사우스햄튼과 뉴욕 사이를 운항할 때 여기에 승선해 제품을 판매할 수 있는 특권을 가진 곳이었다. 내 업무 중 하나는 매주 영

---

20   논란에 관한 리뷰는 다음을 참조하라. Michael Clemens and Gabriel Demombynes, 2013, "The new transparency in development economics," *World Economics*, 14(4), 77—99.

수증을 런던으로 보내는 일이었다. 대개는 록펠러센터에 있는 우체국에서 영수증을 보냈지만, 7월 4일 그날따라 하필 우체국 문이 닫힌 상태였다. 경찰의 모욕에 당황하고 혼란스러웠지만 나는 대안을 찾아야 했다. 가까스로 편의점에서 우표를 찾았고(당시 영국에서는 이용할 수 없는 서비스였다) 승리의 기쁨 속에 우체통으로 착각한 쓰레기통에 문서를 넣고 말았다. 그 후 어느 여행을 통해서야 우체통과 쓰레기통의 차이를 알고 나의 실수를 깨달았다.

유럽인은 미국인보다 정부에 대해 더 긍정적으로 생각하는 경향이 있다. 미국인들에게 연방, 주, 지방 정치인의 낮은 인기와 실패는 흔한 일이다. 하지만 그런 미국 정부조차도 많은 가난한 나라들과 비교하면 잘 돌아가는 편이다. 해외 원조의 가장 중요한 결과 중 하나이지만 가장 덜 알려진 내용은 종종 문제를 더 악화시킬 수 있다는 점이다.

미국의 연방, 주, 지방 정부는 세금을 징수하고 그 대가로 없으면 쉽게 생활할 수 없는 그런 서비스를 제공한다. 대부분의 부유한 국가의 국민과 마찬가지로 미국인들은 법률과 규제시스템, 공립학교, 의료서비스, 노인을 위한 사회 보장, 도로, 국방과 외교, 그리고 연구, 특히 의학 연구에 대한 높은 수준의 정부 투자를 당연하게 여긴다. 물론 이러한 서비스가 모두 좋은 것은 아니다. 모든 사람에게 동등하게 제공되는 것도 아니다. 그러나 대부분의 사람들이 세금을 납부하고 있으며, 세금이 사용되는 방식이 일부 사람들에게 불만스러운 경우 활발한 공개 토론이 이어지고 정기적인 선거를 통해 정부의 우선순위를 바꿀 수 있다. 과거에도 종종 그랬던 것처럼 시스템이 제대로 작동할 때 일이 진척된다. 비판할 것이 많았던 팬데믹 기간에도 전례 없이 빠른 백신 개발과 같은 큰 성과가 있었다. 주정부는 재난 수준으로 무질서하고 파편화된 미국의 의료시스템을 우회하여 그 시스템의 도움 없이도 시청, 사회복지관, 대량 백신접종센터에서 백신을 배포했다.

이 모든 것은 너무나 당연해서 적어도 효과적인 정부를 가진 부유한 나라에 사는 사람들에게는 더 언급할 필요가 없다. 하지만 전 세계 인구의 대부분은 그렇지 않다. 아프리카와 아시아의 많은 국가에서는 세금을 인상하거나 서비스를 제공할 능력 자체가 없다. 정부와 국민 간의 계약이—부유한 국가에서도 불완전하지만—가난한 국가에서는 아예 없는 경우가 많다. 뉴욕 경찰은 무례하기 짝이 없었으나 내가 부지불식 간에 방해한 중요한 업무를 수행하고 있었을 것이다. 다만 세계의 많은 지역에서 경찰은 그들이 보호해야 하는 사람들을 먹이로 삼는다. 보호해야 할 사람들의 돈을 노리고 괴롭히거나 경찰의 후원자인 강자를 위해 그들을 핍박한다.

인도와 같은 중간 소득 국가에서도 공립학교와 공공 진료소는 대량의 (처벌받지 않는) 결근 때문에 어려움을 겪고 있다. 개인 의사들은 사람들이 원하는 일반 주사, 정맥주사, 항생제 등을 그냥 처방하고 국가는 이를 규제하지 않으며 무자격 의사들도 많다. 국가는 자체적으로 좋은 의료서비스를 제공할 역량도, 민간 서비스를 적절히 규제할 능력도 없다. 개발도상국 전역에서 어린이들이 가난한 나라에서 태어났다는 이유로 사망한다. 잘 모르는 이국적이고 치료할 수 없는 질병 때문이 아니라 우리가 거의 한 세기 동안 치료 방법을 알고 있는 흔한 유아 질병 때문이다. 일상적인 모자(母子) 보건서비스를 제공하거나 깨끗한 물을 안정적으로 공급할 수 있는 정부가 없다면 이 아이들은 계속 죽어갈 수밖에 없다. 마찬

　좋은 경제학 나쁜 경제학

가지로 정부 역량이 부족하면 규제와 집행이 제대로 이루어지지 않아 기업이 운영되기 어렵다. 민사 법원이 제대로 작동하지 않으면 혁신적인 기업가가 자기 아이디어를 보호받을 방법이 없다. 가족 기업은 그들만의 충성심과 신뢰를 바탕으로 운영되지만 가족 구성원이 아닌 직원을 고용해야 할 필요가 있는 지점까지 확장하려고 할 때는 어려움에 직면한다.

국가 역량―부유한 국가의 사람들이 당연하게 여기는 서비스와 국민 보호 등과 같은―의 부재는 전 세계 빈곤과 박탈의 주요 원인이다. 능동적이고 참여 의식이 있는 시민들과 함께 일하는 효율적인 국가조직, 공공재와 국가서비스, 그리고 이를 제공하기 위한 세금 수입이 없다면 세계 빈곤을 퇴치하는 데 필요한 성장의 기회는 없을 것이다.

안타깝게도 세계의 부유한 나라들은 종종 상황을 더 나쁘게 만든다. 부유한 나라에서 가난한 나라로 이전되는 해외 원조는 특히 보건 측면에서 많은 공헌을 하고 있다. 원조가 없었더라면 사망했을 많은 사람이 오늘날 살아 있다. 그러나 해외 원조는 종종 현지 국가의 역량 개발을 저해한다. 이러한 현상은 원조를 정부가 직접 받고 그 규모가 정부 지출에 비해 큰 국가들(종종 전체의 절반 이상이며 아프리카에 그런 국가들이 많다)에서 두드러진다. 외부 자금이 없으면 정부는 현지에서 자금을 조달해야 한다. 이를 위해서는 납세자 및 의회와 같은 납세자 대표와의 계약이 필요하고, 이를 통해 국민은 돈을 제공하고 정부는 국방, 교육, 보건과 같은 서비스를 공급한다. 외부 기부자가 현금을 제공하는 경우, 정부는 이러한 계약이 필요하지 않으며 국민에 대한 책임도 없다. 만약 수혜국 정부가 누군가에게 책임을 져야 한다면 그것은 외부 기부자에 대한 책임이겠지만, 이마저도 실제로는 성공적이지 않다. 왜냐하면 기부자들은 (원조가 도움이 되는지 확인할 방법이 없지만 가난한 사람들을 돕고 싶은) 자국민의 압력 아래서 가난한 나라 정부가 필요로 하는 만큼의 돈, 때로는 그보다 더 많은 돈을 지출하기 일쑤이기 때문이다.

정부를 우회하여 빈곤층에 원조를 직접 제공하는 것은 어떨까? 특히 정부 간 원조가 빈곤층에 거의 전달되지 않는 국가에서는 즉각적인 효과가 더 클 수 있다. 그리고 부유한 세계의 성인 한 명당 하루 1달러도 채 되지 않는 놀랍도록 적은 금액으로 극빈국의 모든 사람을 세계은행이 정한 글로벌 극빈선까지 끌어올릴 수 있다.

그러나 이것은 영구적인 해결책이 아니다. 가난한 사람들은 더 나은 삶을 이끌어줄 정부가 '필요'하다. 정부가 개입하지 않는다면 단기적으로 상황이 개선될 수도 있겠지만, 근본적인 문제를 해결하지는 못한다. 가난한 국가가 언제까지나 해외로부터 보건 서비스를 제공받을 수는 없다. 원조는 가난한 사람들이 가장 필요로 하는 것, 즉 현재와 미래를 위해 그들과 함께 일할 수 있는 효과적인 정부 출현 가능성을 약화시킨다.

우리가 '할 수 있는' 것은 가난한 나라의 빈곤 극복을 더 어렵게 만드는 일을 중단하도록 요구하는 것이다. 원조를 줄이는 것도, 원조금이 해당 정부 재정의 압도적인 원천이 되는 국가에서는 하나의 방법이다. 무기 거래를 제한하고, 종종 가난한 농민을 차별하는 부유한 나라와의 무역 및 보조금 정책을 개선하고, 원조와 연계되지 않은 기술 컨설팅을 제공하고, 부자들에게는 발병하지 않는 질병 치료를 위한 더 나은 치료제를 개발하는 것도 방법이다. 이미 약한 정부를 더 약하게 만들어서는 가난한 사람들을 도울 수 없다.

미국의 빈곤은 어떻게 가짜 뉴스가 되었나

자제할 줄 모르는 거짓과 불통의 트럼프 대통령 집권기 동안 많은 사람이 국가통계시스템의 무결성(無缺性)에 대해 걱정했다. 기초에서 균열이 생긴 곳 중 하나가 바로 행정부의 빈곤 보고였다. 행정부 안팎에서 잘못된 해석과 엉터리 진술이 난무하면서 곳곳에서 피해가 생겼지만, 그나마 인구조사국(Census Bureau)이 발표한 공식 빈곤 수치는 손상되지 않은 것으로 보인다.

우파 논객들은 로널드 레이건(Ronald Reagan)이 1986년에 한 발언, 즉 1964년 린든 존슨(Lyndon Johnson)이 벌인 빈곤과의 전쟁에서 빈곤이 승리했다는 주장을 종종 인용한다. 복지 제공을 비판하고 정부 조치의 효과를 깎아내리기 위해 사용되는 이 주장은 빈곤이 급격히 감소하던 1960년부터 1970년대 초까지만 해도 명백히 거짓이었다. 그렇지만 이후에는 미국 내 빈곤을 측정하는 방식의 결함 때문에 사실로 여겨져왔다. 물론 빈곤은 소득이 공식 빈곤선 이하인 사람들의 수로 계산되고, 이 빈곤선(poverty line)은 인플레이션을 고려하여 정기적으로 업데이트된다는 점은 충분히 합리적이다. 그러나 무엇이 소득으로 계산되는지가 문제다. 오로지 세전 소득만 계산되고 정부 프로그램에서 지급되는 수당은 무시되고 있다. 정부 프로그램에서 지급되는 수당이 빈곤을 구제하기 위해 도입된 경우조차 그렇다. (이 조치가 설계된 1960년대에는 빈곤층이 세금을 내지도, 혜택을 받지도 않았다. 그리고 빈곤 측정 방법을 변경하려면 정치적 합의가 필요했지만 그런 합의는 존재하지 않았다. 적어도 지금까지 어떤 정부도 빈곤 측정에 대한 관심을 다른 정치적 자본보다 더 중요하게 여기지 않았다.) 푸드 스탬프는 집계되지 않았고, 팬데믹 동안 사람들의 생계를 지원하기 위해 발송된 수표도 집계되지 않았다.

빈곤 방지를 위한 현금소득 이전 정책이 아무리 성공적으로 빈곤을 줄였다고 해도 그 효과는 공식적인 집계에 나타나지 않는다. 통계적 결함은 항상 나쁜 정치로 변질될 가능성이 있다. 이러한 결함은 입맛에 맞는 평론가들을 불러들여 레이건처럼 편견을 가지고 그것을 수정하도록 자극하기 때문이다. 빈곤을 측정하는 현재 방식은 빈곤층에 돈을 보내는 것으로는 빈곤과의 전쟁에서 결코 승리할 수 없다는 것을 의미한다. 정치권이 고치기 힘들게 만들어놓은 이 통계적 어리석음은 끊임없는 잡음과 오해의 원인이 된다.[21]

트럼프 경제자문위원회는 레이건과는 정반대 입장을 취했다. 이들에 따르면 전쟁은 패배가 아니라 승리였다. 보고서에서 미국의 안전망 덕분에 "빈곤과의 전쟁은 대체로 끝났고 성공했다"고 주장함으로써 그간의 표준적인 보수의 입장을 뒤집었다.[22] 서로 다른 주장이지만 결론은 같다. 즉 레이건은 정부가 가난한 사람들을 도우려고 하면 상황이 더 악화할 뿐이라고 말한다. 트럼프는 빈곤층은 존재하지 않으므로 걱정할 필요가 없다고 말한다. 트럼프 행정부의 속임수는 빈곤선을 그 밑에 있는 사람이 거의 없을 정도로 낮추는 것이었다. 소비자물가지수(Consumer Price Index, CPI)에 결함이 있으며 '실제'보다 연간 약 1%씩 빨

---

21 인구조사국은 공식 통계는 아니지만 훨씬 더 선호되는 보조적 빈곤 측정법을 개발했으며, 이 방법은 빈곤 감소를 더 잘 보여준다. https://www.census.gov/content/dam/Census/library/visualizations/2021/demo/p60-275/figure4.pdf.

22 Council of Economic Advisers, 2018, "Expanding work requirements in non-cash welfare programs," https://trumpwhitehouse.archives.gov/wp-content/up-loads/2018/07/Expanding-Work-Requirements-in-Non-Cash-Welfare-Programs.pdf, p. 29.

리 상승하는 것으로 집계되는 만큼, 원래의 빈곤선을 기준으로 천천히 상승하는 CPI를 사용하여 업데이트하면 '수정된' 현재의 빈곤선은 공식 빈곤선보다 훨씬 낮아져 그 이하에 있는 사람은 거의 없다는 게 이 주장의 요지였다.

모든 사람이 미국에서 빈곤이 해소되었다고 생각하는 것은 아니다. 미국 정부의 초청으로, 정확히는 오바마 행정부 시절 시작됐지만 트럼프 행정부에서 성사된 초청으로 UN은 필립 앨스톤(Philip Alston) 극빈·인권 특별보고관을 미국에 파견해 실태 조사에 나섰다. 그는 2018년 6월 UN 인권이사회에 조사 결과를 보고했다.[23] 이 보고서는 끔찍한 내용을 담고 있다. 로스앤젤레스 거리의 텐트 캠프에서 잠자는 사람들부터 지방 당국이 필요한 서비스 공급을 거부해 집 마당이 처리되지 않은 하수로 넘쳐나는 사람들, 또 많은 마을과 도시가 빈곤층 지원금을 빈곤층에게 부과한 벌금과 몰수금으로 조달해 사용하는 사례까지 미국 여러 지역에서 일어나고 있는 놀라운 빈곤 상황을 기록해 놓았다. 빈곤과의 전쟁은 빈곤층과의 전쟁이 되고 말았다.

나를 비롯한 많은 사람은 미국의 안전망에 구멍이 많아 다른 부유한 나라보다 미국에 극빈층이 더 만연해 있다고 생각한다. 근로를 장려하는 복지 개혁은 일부 가난한 사람들에게는 좋았지만, 가장 가난한 사람들에게는 그렇지 않았다. 빈곤층 내 불평등을 확대하고 극빈층에게 피해를 주었다. 캐스린 에딘(Kathryn Edin)과 루크 섀퍼(Luke Shaefer)의 놀라운 책

---

23 Philip Alston, 2018, *Report of the special rapporteur on extreme poverty and human rights on his mission to the United States of America*, https://digitallibrary.un.org/record/1629536?ln=en.

《하루 2달러: 미국에서 거의 아무것도 없이 살기($2 a Day: Living on Almost Nothing in America)》와 매슈 데즈먼드(Matthew Desmond)의 저서 《강제 퇴거: 미국 도시의 이익과 빈곤(Evicted: Profit and Poverty in the American City)》은 최하층의 비참한 삶을 상세히 기록해놨다. 에딘과 섀퍼는 미국 내 수백만 명의 어린이가 하루 2달러도 안 되는 돈으로 살고 있다고 주장했다.

2018년 1월 〈뉴욕타임스〉에 실린 오피니언 기사에서 나는 (데이터의 어려움을 감안할 때 성급한지도 모르겠지만) 미국의 빈곤층 비율을 전 세계 다른 국가의 빈곤층 비율과 비교했다. 세계은행 웹사이트인 포브칼넷(PovcalNet, 세계은행의 권위 있는 불평등 데이터베이스-옮긴이)을 이용했다.[24] 여기서는 사용자가 빈곤선(poverty line)을 지정하면 해당 국가 또는 전 세계 모든 국가에서 그 빈곤선 아래에 사는 사람들의 비율을 찾을 수 있다. 이 웹사이트 추정에 따르면 미국 내 530만 명의 사람들이 세계은행에서 정한 글로벌 빈곤선인 1인당 하루 1.90달러 정도의 소득 미만으로 생활하고 있었다. 나는 기고문에서 미국의 높은 물가와 함께 추운 나라에서는 옷이나 주택에 더 많은 돈이 필요하다는 점을 고려하여 부유한 국가 기준으로 1인당 하루 5달러를 사용했다. 내가 부유한 국가의 빈곤선을 5달러로, 그리고 가난한 국가에서는 이와 동등한 빈곤선을 1.90달러를 사용해 세계은행 사이트에서 추산한 바에 따르면, 시에라리온이나 네팔보다 미국에서 '국제 기준의 가난한(globally poor)' 사람들이 더 많았고, 미국과 중국의 빈곤층 비율은 거의 같았다. 사회안전망이 훨씬 더 포괄적인 유럽 국가에서는 빈곤층의 비율이 이보다 훨씬 낮았다.

---

24 세계은행은 이후 빈곤 계산 방식을 변경하였고, 더 이상 나의 계산을 재현할 수 없다.

예상한대로 내가 내놓은 계산은 좌파와 우파 양쪽으로부터 많은 비난을 받았다. 우파 쪽에서는 헤리티지재단이 미국 내 글로벌 기준 빈곤층은 25만 명에 불과하다고 주장하며 빈곤은 빈곤층의 '자기 패배적이고 자기 제한적인 행동' 탓이라고 주장하는 보고서를 발표했동.[25] 에딘, 섀퍼, 데즈먼드의 밀착 조사 기록이 매우 가치 있게 와 닿은 지점이 바로 여기에 있다. 생존을 위해 자녀의 사회보장 번호를 판매하는 여성(구입자는 자녀가 있다고 속여 세금을 탈루하는 데 이 번호를 사용한다)이나 거주지에 대한 선택권이 너무 제한되어 자녀의 안전과 무주택 중 하나를 선택해야 하는 유자녀 여성 등의 끔찍한 상황과 '빈곤은 없다'는 견해를 조화시키기는 어렵다. 이런 처지에 있는 사람들이 낮은 추정치의 근거가 되는 설문조사에 응답한다는 것도 믿을 수 없다. 세계은행이 사용하는 데이터가 가난한 사람들이 받는 소득의 일부를 누락하고 있다는 점도 의심할 여지가 없는 사실이다. 그러나 이는 다른 국가에서도 마찬가지다. 세계은행은 명목상으로라도 비교 가능한 세계 빈곤 추정치의 유일한 출처이다.

나는 또 미국에 있는 누구라도 아프리카나 아시아의 최빈국만큼 가난하다는 생각을 혐오하는 좌파로부터도 비난을 받았다. 비난 그룹에는 내가 앞에서 논의한 코즈모폴리턴 우선순위주의적 관점을 믿는 사람들이 많이 포함되어 있다. 하지만 여기에도 밀착 조사 증거가 있다. 삶의 많은 시간을 아프리카를 여행하며 살아온 소설가이자 여행 작가인 폴 서로우(Paul Theroux)는 《딥 사우스: 뒷길의 사계절(Deep South: Four

---

25 Jamie Hall and Robert Rector, 2018, *Examining extreme and deep poverty in the United States*, February 20, https://www.heritage.org/poverty-and-inequality/report/examining-extreme-and-deep-poverty-the-united-states.

Seasons on Back Roads)》에서 미국 남부에 대해 썼고, 그 경험을 바탕으로 〈뉴욕타임스〉에 기고했다.[26] 그는 "짐바브웨의 마을처럼 보이는 사우스 캐롤라이나, 앨라배마, 미시시피, 아칸소의 마을들은 사면초가에 몰려 있고 뭔가 간과되고 있는 것 같다"고 묘사했다. 그는 클린턴재단이 '아프리카 코끼리를 구하기 위한 파트너십'을 외치면서도 클린턴 자신의 아칸소주에서의 절망적인 빈곤에 아무것도 하지 않고 있다고 지적했다. 나는 서로우의 아프리카와 아칸소 비교가 소득 기준에서 벗어나 고든 그레이엄(Gordon Graham)의 설득력 있는 '빈곤화' 개념을 활용하면 더욱 분명해질 것이라고 생각한다. 그레이엄의 초점은 돈이 아니라 삶의 질 자체, 즉 성취나 경험, 인간관계 등 좋은 삶의 구성요소 중 하나 또는 그 이상이 박탈된 사례들에 맞춰져 있기 때문이다.[27]

UN의 실태조사 보고서는 니키 헤일리(Nikki Haley) UN 주재 미국 대사의 "UN이 미국의 빈곤을 조사한다는 것은 명백히 웃기는 일"이라는 격렬한 비난[28]과 함께 앨스톤(Alston) 특별보고관이 잘못된 데이터를 활용했다는 미국 정부의 공식 반응을 불러왔다.[29] 그러나 앨스톤이

---

26 Paul Theroux, 2015, "The hypocrisy of helping the poor" *New York Times*, Oct. 2 https://nytimes.com/2015/10/04/opinion/sunday/the-hypocrisy-of-helping-the-poor.html.

27 Gordon Graham, 2023, *The hope of the poor: Philosophy, religion, and economic development*, Imprint Academic.

28 Bernie Sanders, 2018, "U.N. ambassador dismisses report on extreme poverty in America in letter to Sanders," press release, June 21. https://www.sanders.senate.gov/press-releases/u-n-ambassador-dississes-report-on-extreme-poverty-in-america-in-letter-to-sanders/.

29 U.S. Mission to International Organizations in Geneva, 2018, "Country concerned statement in response to SR Alston's country report on the United States," June 22. https://geneva.usmission.gov/2018/06/22/country-concerned-statement-in-response-to-sr-alstons-country-report-on-the-united-states.

사용한 유일한 숫자는 미국 인구조사국(Census Bureau)이 제공한 극빈층 추정치로, 한때 나 역시 그것 때문에 비난을 받기도 했다. 미국 정부의 수치는 헤리티지가 나를 비난할 때 계산한 것으로, 공식 빈곤선인 약 20달러가 아닌 내가 제안한 빈곤선인 5달러를 사용한 것이다. 그리고 우연인지 공식적인지 모르겠지만 UN 인권이사회가 이스라엘을 대하는 태도를 문제 삼아 미국은 인권이사회를 탈퇴했고, 그 결과 헤일리 대사는 보고서 발표에 참석하지 않았다.

헤일리 대사는 트럼프의 경제학자들과 마찬가지로 정부는 극심한 빈곤에 대처하는 방법을 알고 있으며 이는 사람들이 혜택을 받기 위해 일하도록 하는 것이라고 언급했다. 물론 이는 정당한 정치적 의견이다. 하지만 인구조사국의 숫자를 임의로 헤리티지재단의 숫자로 대체하거나—직원들이 이를 막으려 했다는 증거가 있다[30]—자의적이고 편리한 대로 CPI를 땜질하는 것은 지나친 행위다(합법적인 선거를 받아들이지 않는 만큼 나쁘지는 않지만 같은 길로 가는 것이나 다름없다).

좌파 엘리트들은 미국의 빈곤이 증가해도 중국의 빈곤이 줄기만 한다면 좋다는 가정을 하고 있다(그렇게 독하게 표현하는 것을 좋아하지 않는다고 하더라도). 복지가 물질적 생활 수준으로 간주될 때 코즈모폴리턴 우선순위주의자들이 주장하는 바가 바로 이것이다. 서로우(Theroux)는 이러한 입장이 다보스에 있는 국제구호기구 옥스팜 천막을 방문하거나(면죄

---

30 Amy Mackinnon, Robbie Gramer, and Simon Ostrovsky, 2018, "Internal documents show how Trump administration misled public on poverty," *Foreign Policy*, Aug 2, https://foreignpolicy.com/2018/08/02/internal-documents-show-how-trump-administration-state-department-misled-public-on-poverty/.

부가 필요한가요?) 세계 빈곤을 줄이기 위해 기부하거나, 그러한 목표를 돕기 위해 재산을 남김으로써 그 과정에서 더 부유해지고 자신의 선행을 알릴 수 있는 기업 경영진에게 편리한 윤리적 가면을 제공한다고 주장한다. 일자리가 소실되고 있는 미국 어느 지역(아칸소의 누구라도?)의 빈곤 완화를 위해 기부를 하는 것은 꽤나 불편할 수 있지만 미국의 빈곤을 초래하는 기업 행동에 대한 관심을 불러올 수 있을 것이다.

4장

숫자와 통계의
정치학

ECONOMICS IN AMERICA

고인이 된 동료 우베 라인하르트(Uwe Reinhardt)는 왜 회계를 가르치는 것을 좋아하느냐는 질문에 "민주주의에서는 책임이 중요하며 회계는 이를 보장하는 가장 확실한 방법의 하나"라고 설명했다. 이 말은 기업 정직성 유지를 목표로 하는 기업 회계와 정부 정직성을 목표로 하는 국가 회계에도 그대로 적용된다. 이 장에서는 특히 민감한 정부 지표 중 하나인 소비자물가지수(Consumer Price Index, CPI)를 다룬다.

CPI는 소비자 물가의 평균 수준을 측정하는 지표다. 그리고 인플레이션은 CPI가 얼마나 빠르게 상승하고 있는지로 측정된다. 이는 미국 정부가 만들어 내는 수치 가운데 가장 면밀히 주시받는 것 중 하나다. 인플레이션은 연방준비제도(Federal Reserve System, Fed)에서 일하는 정책 결정자들의 목표치 중 하나다. 높은 인플레이션은 많은 사람에게 불행을 가져다주며, 내가 글을 쓰는 2022년에도 그랬듯이 통제하지 못한 인플레이션은 대통령과 행정부가 실패했다는 척도로 여겨지고 있다. CPI는 또한 임금 계약부터 이혼 합의, 연금 및 사회보장 지급에 이르기까지 개인과 정부 모두에 걸쳐 수백만 건에 달하는 계약을 업데이트하기 위한 '지수(index)'로 사용된다. 6900만 명 이상의 미국인이 매달 사회보장 수표를 받는데, 일반적으로 2000달러에서 4000달러 사이인 이 수표는 매년 CPI 변동으로 측정되는 인플레이션을 따라잡기 위해 조정된다. 1960년대에 처음 설정된 미국의 공식 빈곤선도 CPI를 사용하여 업데이트된다. 만약 CPI가 잘못 측정되면, 즉 과대 계상되면 너무 많은 사람이 빈곤층으로 잡히고 과소 계상되면 빈곤층은 과소 집계된다.

국가통계 전문가들이 정치인들이 싫어하는 수치를 발표할 때면—정치인들은 인플레이션을 정말 싫어한다—항상 발표한 메신저를 비난하려는 유혹이 있다. 몇몇 국가에서는 해고, 심지어 감옥형 위협까지 있었다.[1] 더 자주 있었던 대응은 직접적으로 또는 언론이나 학계 대리인들을 통해 집계 방법론에 이의를 제기하는 것이다.

팩트와 정치 사이에 명확한 경계가 있다면 이러한 도전에 쉽게 대처할 수 있을 것이지만 현실은 그렇게 간단하지 않다. 공식 통계 구축은 세계가 어떻게 작동하는지에 대한 가정과 암묵적인 이해를 바탕으로 이루어지기 때문에 데이터 구축의 세부적인 부분까지 파고 들어가면 항상 누군가는 결정해야 할 선택이 있기 마련이다. 이러한 선택은 최적의 측정값 도출을 위한 이상적인 개념(ideal conception)에 의해 형성되어야 하고, 또 형성되고 있다. 사람마다 '완벽한' 물가지수가 무엇인

---

1 Catherine Rampell, 2020, "A number cruncher told the truth. He became his country's public enemy No.1," *Washington Post*, Jan. 2, https://www.washingtonpost.com/opinions/global-opinions/a-number-cruncher-told-the-truth-he-became-his-countrys-public-enemy-no-1/2020/01/02/06a484c4-2d8e-11ea-bcd4-24597950008f_story.html.

지에 대한 생각이 다르고, 따라서 이러한 이상형은 때때로 철학적, 정치적 입장에 따라 다르게 형성된다. 물가지수 계산에 있어 한 가지 깊은 논쟁은 물가지수가 사람들이 더 많이 소비하는 품목에 더 많은 가중치를 부여하는 가격의 평균으로 볼 것인지, 아니면 통계학자들이 더 야심차게 '생활비(cost-of-living)' 지수를 계산하는 것을 목표로 할지에 대한 것이다. 두 개념은 종종 비슷하거나 심지어 같을 수도 있지만 항상 그런 것은 아니다.

앞으로 살펴보겠지만, 통계 산출기관은 자신들의 업무와 관련해 책임 있는 설명을 해야 하는 반면 정치인들은 보다 '바람직한' 숫자를 산출할 수 있는 방법론적 변화를 요구하는 데 주저함이 없다. 이는 장부를 조작하는 것처럼 비난받을 행위로 보이지만 항상 그런 것은 아니다. 산출기관도 실수할 수 있고, 그 실수는 정치적으로 중립적이지 않을 수 있다. 따라서 오류가 전혀 없는 경우라고 하더라도 정치인들 처지에서 보면 일단 오류가 있다고 주장하면서 자신들에게 유리하게 수치를 재구성하자고 나서는 것이 이득이 될 수 있다. 때로는 학계가 나서서 논란을 해결하는 데 도움을 줄 수 있다. 하지만 다음에 살펴보겠지만, 때로는 학계가 논란을 오히려 더 키우는 경우도 있다.

첫 번째 글에서는 인플레이션 측정뿐만 아니라 빈곤 측정에서도 오늘날까지 영향을 미치고 있는 1990년대 중반부터 시작된 논쟁에 대해 살펴본다. 실제로 정치적 양극화가 심화하면서 우파와 좌파가 서로 다른 인플레이션 측정 기준을 선택하는 지경에까지 다다른 형국이다. 물가와 인플레이션은 경제를 보고 해석하는 데 매우 중요하다. 이 때문에 진영에 따른 그들만의 지수를 선택할 수 있게 되면 우파와 좌파는 서로 다른 세계—하나는 경제적으로 성공한 세계, 다른 하나는 그렇지 않은 세계에서 살게 된다.

보수적 숫자 보정

CPI는 미국 노동통계국(BLS)이 계산하고 발표한다. 소수의 전문가만이 그 계산 방법의 세부 사항까지 이해하고 있으므로 이들의 연구가 대중의 눈 속으로 들어오는 경우는 거의 없다. 그런데 격렬한 논쟁이 벌어졌던 1996년에는 그렇지 않았다. 정부 경제학자, 학계 경제학자, (대체로 보수적인) 선출직 공무원 등 여러 그룹이 이 논쟁에서 핵심적인 역할을 하였다. 가격 통계를 수집하고 평균을 내 그 결과를 발표하는 것은 재미없을 정도로 건조하면서도 기술적인 작업처럼 보일지도 모르겠다. 하지만 모든 정부 통계가 그렇듯이 여기에도 어김없이 정치가 개입되어 있다. '통계'는 '국가'의 수치이며, 정치는 통계의 수집 대상과 이유뿐만 아니라 수집 방법의 모든 세부 사항까지 결정한다.

이야기의 시작은 노동통계국이 추정한 CPI가 너무 빠르게 상승하고 있다는 연구 결과를 내놓은 연방준비제도(Fed)이다. Fed는 부분적으로는 CPI가 경제학자들이 말하는 대체 편향(substitution bias)을 충분히 고려하지 않고 있기 때문이라고 주장했다. 모든 물가가 같은 비율로 상승하지 않으면 사람들은 더 비싼 품목에서 더 저렴한 품목으로 소비를 이동하는 경향이 있다. 이는 물가 상승이 생활비에 미치는 영향을 어느 정도 완화한다. 하지만 CPI는 고정된 상품 및 서비스 묶음의 비용을 계산하기 때문에 이러한 비용 조절 효과가 누락되는 셈이다. 그렇다고 이러한 비판이 CPI가 평균 물가의 척도로서 틀렸다고 말하는 것은 아니다.

우리가 생활비에 관심이 있다면 평균 가격(average of prices)만으로는 충분하지 않다는 얘기다. 생활비지수는 '평균 가격' 지수와 같은 게 아니다.

Fed의 비판에 따르면 더 중요한 것은 미국 노동통계국이 시간이 지남에 따라 상품과 서비스의 품질이 개선되는 것을 반영하지 못한다는 점이다. 간단한 예로 1갤런의 휘발유로 두 배 더 멀리 주행할 수 있는 새롭고 더 나은 휘발유가 발명되었다고 가정해보자. 주유소 가격이 변하지 않는다면 주행 비용이 절반으로 줄어들고, 전체 물가지수를 계산할 때 품질 개선으로 인한 비용 감소분을 고려해야 한다. 이 경우 품질 개선은 수량 증가와 정확히 같으므로 쉬운 해결책이 있다. 지수에 가격의 '절반'만 포함하는 것이다. 그러나 앞으로 살펴보겠지만, 대부분의 품질 개선은 이처럼 쉬운 게 아니다. 생활비를 계산하는 것은 운전 비용을 계산하는 것보다 훨씬 더 어렵다.

사회보장을 포함한 연방정부의 많은 보장적 지출이 CPI에 연동되기 때문에, 1995년 1월 앨런 그린스펀(Allen Greenspan) 연준 의장이 이같은 비판을 지지하자 의원들은 바로 움직였다. 노동통계국(BLS)을 설득해 CPI 상승률을 낮출 수 있다면 예상되는 막대한 정부 지출의 증가를 막으면서, 정치인 누구도 힘 있는 유권자인 노인에 대한 혜택 삭감으로 인한 정치적 책임을 떠안지 않아도 될 것이기 때문이었다. 연방 예산의 약 3분의 1이 CPI에 연동되어 있으므로, 그린스펀에 따르면 연동 프로그램에 적용되는 물가지수 상승률을 매년 1%씩 낮추면 1995년 이후 5년 동안 연방정부 적자가 550억 달러 감소한다. 일부 정치인들은 어찌 되었건 보장적 지출을 싫어하였고—그들은 또 그 재원을 조달하기 위한 세금을 싫어한다—무엇보다 단순한 기술적 수정만으로 방어할 수 있는 지출감축 방법이 여기에 있었다.

그러자 뉴트 깅리치(Newt Gingrich) 하원 의장이 재빨리 움직였다. 노동통계국이 CPI를 '수정'하지 않으면 이 기관을 폐지하겠다고 위협하고 나섰다. 깅리치는 "모든 전문 경제학자들이 동의하듯이, 계산상 오류를 범하고 있는 한 무리의 관료들이 있다. 그들이 앞으로 30일 정도 안에 이를 바로잡지 않으면, 우리는 그들을 없애고 통계 보정을 연준이나 재무부에 넘겨 고치도록 할 것이다"라고 공언했다.[2] 깅리치가 오늘날의 적대적 정치의 창시자 중 한 명으로 여겨지는 것은 결코 우연이 아니다.

상원 재무위원회는 저항하는 관료들을 모두 몰아내는 대신 전문가위원회를 설치하여 이 문제를 검토했다. 이른바 CPI 연구자문위원회다. 여기에는 미국에서 가장 저명하고 유명한 경제학자들도 일부 참여했다. 스탠퍼드대학교의 마이클 보스킨(Michael Boskin, 조지 H. W. 부시 대통령 경제자문위원장)이 위원장을 맡았고, IBM의 엘런 듀렌버거(Ellen Durenberger), 노스웨스턴대학교의 로버트 고든(Robert Gordon), 하버드대학교의 즈비 그릴리치스(Zvi Griliches)와 데일 조겐슨(Dale Jorgenson)이 위원으로 참여했다. 위원회 보고서는 그린스펀의 분석을 확인하면서 최근 몇 년간 CPI 상승률에 약 1.5%의 상향 편향(upward bias)이 있었다고 추정했다. 나아가 이를 수정하지 않는다면 향후 몇 년간 연간 약 1.0%

---

2 Katharine G. Abraham, 1996, "Statistics in the spotlight: Improving the consumer price index: a statement," Economic News Release, Bureau of Labor Statistics, Aug. 6, https://www.bls.gov/news.release/cpi.br12396.a09.htm.

의 편향이 있을 것으로 예측했다.[3] Fed 분석과 마찬가지로 사소한 편향의 일부이기는 하지만 더 비싼 상품과 서비스에서 더 저렴한 상품 및 서비스로의 대체를 고려하지 않은 탓도 있었다. 위원회는 새로운 상품이 너무 느리게 지수에 반영되었다고 주장했다. 그런데 논쟁의 중요성이 다소 불확실함에도 불구하고 큰 재미(동시에 당혹감)를 가져다준 게 하나 있었다. 1990년대 중반만 해도 휴대폰은 비즈니스 용도로만 주로 사용되었고 '비즈니스' 용도는 '소비자'물가지수에 포함되지 않는데도 노동통계국(BLS)이 휴대폰을 충분히 빨리 지수에 추가하는 데 실패했다고 한 대목 때문이었다. MIT의 제리 하우스먼(Jerry Hausman)은 식품기업 제너럴밀스(General Mills)가 도입한 새로운 시리얼 브랜드인 애플시나몬치리오스가 소비자들에게 연간 6000만 달러의 가치가 있으며, CPI에서 시리얼이 차지하는 비중이 20% 정도 과장된 것으로 추정하였다.[4] 그러나 하우스먼의 계산은 통계 기술상 고도의 솜씨를 발휘한 것이긴 하지만 그의 계산이 타당하다는 점을, 더 정확하게 말하면 그의 추정이 데이터보다 가정에 더 의존한 것이 아니라는 점을 많은 다른 사람에게 확신시키는 데는 실패하였다.[5]

---

3   Advisory Commission to Study the Consumer Price Index, 1996, *Toward a more accurate measure of the cost of living*, final report to the Senate Finance Committee, December 4, https://www.ssa.gov/history/reports/boskinrpt.html.

4   Jerry A. Hausman, 1996, "Valuation of new goods under perfect and imperfect competition," in Timothy F. Bresnahan and Robert J. Gordon, editors, *The economics of new goods*. Chicago. University of Chicago Press for NBERR, 207—48. https://www.nber.org/system/files/chapters/c6068/c6068.pdf.

5   Timothy F. Bresnahan, 발행일 불명, "The Apple-Cinnamon Cheerios war," https://web.stanford.edu/~tbres/Unpublished_Papers/hausman%20recomment. pdf, 2023년 3월 10일 확인.

위원회의 핵심 결론은 대부분의 편향(bias)은 노동통계국이 현재 진행 중인 상품과 서비스의 품질 개선을 지수 산정에 충분히 반영하지 못하는 데서 기인한다는 것이었다.

품질을 측정하는 방법에 대한 문제는 오늘날까지도 해결되지 않고 있지만, CPI를 '수정'하려던 정치적 시급성은 클린턴 대통령과 공화당 다수파가 CPI를 수정하지 않고 예산 균형을 맞추는 계획에 합의한 후 해소되었다. 당시 CPI 수정은 사회보장이나 메디케어에 대한 다른 하향 조정과 마찬가지로 하원의 공화당 및 민주당 다수파는 물론이고 노인들을 위한 힘 있는 로비 단체의 반대에 직면한 상황이었다.

한편 캐서린 에이브러햄(Katharine Abraham) 국장과 브렌트 몰턴(Brent Moulton) 물가지수 연구책임자 등 두 명의 뛰어난 인물이 이끌던 노동통계국은 소속 경제학자들과 함께 보스킨(Boskin) 위원회의 주장에 대해 훌륭한 반격을 펼쳤다.[6] 관찰자의 눈에는 노동통계국이 확실한 판정승을 거둔 것으로 보였다. 노동통계국은 이미—확실한 근거가 있을 때마다—품질에 대한 매우 실질적인 (그리고 신중한) 수정을 하고 있었지만 위원회는 이를 거의 인정하지 않았다.[7] 위원회 분석과 노동통계국 분석을 비교해보는 것은 유익하다. 왜냐하면 품질 효과의 확실한 추정 근거가 없고 또 선행 연구와 관련 문헌이 없는 상품군에 대해서는 대개 '보수적'(무의식적으로 잘 선택된 수식어이지만)으로 접근해야 하는데도 위원

---

6   Brent R. Moulton, 1996, "Bias in the consumer price index: What is the evidence?" *Journal of Economic Perspectives*, 10(4), 159—77.

7   Jeff Madrick, 1997, "The cost of living: A new myth," *The New York Review of Books*, March 6.

회가 품질 효과를 크게 가정하고 있다는 점에서 그렇다.

여기서 위원회 보고서의 한 예를 보자. "가전제품 및 비디오·오디오 제품 이외의 가정용 가구에 대해서는 가이드라인을 제공할 수 있는 연구 결과가 없다. 가구, 커튼 등의 경우 소비자들이 CPI에 포함되지 않은 치수의 제품, 패브릭 등으로 대체할 수 있는 범위가 넓다. 또 이전보다 얼룩이나 어린이 사고로 인한 손상이 훨씬 덜한 가구와 패브릭 등 새로운 제품도 많이 출시되었다. 이 범주에는 비누 및 세정 제품도 포함되는데 여기서도 상당한 진보가 있었다. 우리는 보수적으로 접근해서 편향률을 연간으로 0.33%, 지난 30년 동안 10%로 보고 있다."[8] 이처럼 뒷받침할 근거가 부족하다는 것과 유사한 의미에서 '보수적'이라는 단어는 헬스케어와 케이블 TV를 포함하여 보고서에 무려 10번이나 사용되고 있다.

경제학자들은 물가지수에 대해 많은 것을 이해하고 있으며 대체 방안에 대해서도 많은 지식이 있다. 물가지수를 보정하기 위해서도 잘 정립되고 이해할 수 있는 방법들이 있다. 하지만 이러한 방법들을 특정한 집단(예컨대 나이가 많고 돈을 다르게 소비하는 사회보장 수급자와 같은)에 적용하는 것은 어렵고 논란의 여지도 크다. 그러나 품질 변화의 측정이나 심지어 품질이 무엇을 의미하는지에 대한 확실한 연구는 아직 부족하다. 앞의 휘발유 사례처럼 더 좋은 휘발유가 더 많은 양의 휘발유와 같은 것은 단순하기는 하지만 매우 특별한 경우다. 물론 컴퓨터나 자동차와 같이 특정 상품에 대해서는 연구들이 있으며 이러한 경우에는 데이터

---

8   Advisory Commission to Study the Consumer Price Index, 1996.

수집이 가능한 기능(예를 들면 더 빠른 계산, 더 긴 갤런당 주행거리 또는 더 적은 사망자 수)을 바탕으로 조정할 수 있고 노동통계국이 이미 필요한 일을 하고 있다. 한편 헬스케어와 같은 더 복잡한 이슈가 있는 항목들도 있다. 분명히 건강에 대한 기여도가 상당하지만 수십 년의 연구에도 불구하고 정확한 의료서비스의 질적 변화를 수치로 나타낸 것은 없다. '모든' 사망률 감소를 의료서비스에서 비롯된 것으로 간주하면 (매우 높은) 의료 가격도 저렴하다고 해야겠지만, 이렇게 되면 흡연율 감소와 영양 개선, 위생 향상의 효과를 무시하는 것이기 때문에 이는 분명히 잘못된 것이다.[9] 그리고 의료서비스에서 비롯되었다고 하더라도 의료서비스가 '실제'로는 비용이 많이 들지 않는다는 이상한 논리를 동원해 의료시스템이 노인을 오래 살도록 하고 있으므로 노인연금을 줄이겠다는 것은 부적절하다. 보스킨위원회가 실제로 그렇게 할 것을 권장한 것은 아니지만, 위원회는 기대수명 증가와 범죄율 하락—어느 것도 CPI에 포함되지 않는다—을 이유로 들며 미국 노인들이 기존 CPI 덕에 과도한 보상을 받는다고 지적한다.

　　나는 여기서 보스킨위원회의 품질개선 추정치가 틀렸다고 주장하는 것이 아니다. 증거가 없다는 것이 품질개선 효과가 없다는 것과 같지 않다는 점도 잘 알고 있다. 그리고 위원회의 한 위원이 주장했듯이 잘못된 확고한 수치보다 엉성한 수치가 더 나을 수도 있다. 위원회와 마찬가지로 나는 많은 상품과 서비스에서 품질개선이 이루어졌다고 믿는다. 나는 ATM이 없었고 은행에 줄을 서서 창구 직원을 기다려야 했

9　David M. Cutler, Angus Deaton, and Adriana Lleras-Muney, 2006, "The determinants of mortality," *Journal of Economic Perspectives*, 20(3), 97—120.

던 시절을 기억할 만큼 나이가 들었다. 1970년의 병원보다는 2022년의 병원에서 치료받는 것을 (거의) 당연히 선호해야 한다. 고관절 교체술이 20년 전보다 두 배나 좋아졌다고 해도, 양쪽 다 손상되었는데 한쪽만 교체해야 한다는 말을 듣거나 보험회사에서 청구서의 절반만 지급하겠다는 말을 들으면 여전히 저항감을 가질 것이다.

더 나은 의료서비스는 더 좋은 휘발유와 다르다. 원한다고 해도 더 이상 1970년 의료서비스를 1970년 가격으로 받을 수 없고, 비용 대비 가치가 없는 개선 사항을 2022년 의료서비스에서 선택적으로 제외할 수도 없다. 위원회가 가정한 것처럼 생활비가 물가 수준(price level)과 같다는 것도 사실이 아니다. 마이애미와 미네소타, 두 곳에서 모든 물가가 같더라도 겨울철 생활비는 미네소타가 마이애미보다 더 높다. 따라서 아마도 여기서 원죄가 있다면, 경제학계 전반과 함께 노동통계국이 합리적으로 기대할 수 있는 최선의 측정이 물가 수준일 때 이것으로 생활비를 측정하는 데 동의했다는 점이다. 그리고 그 결정은 1920년대 러시아에서 주요 연구의 일부를 수행한 코누스(A. A. Konüs)로부터 시작된 생활비지수에 대한 수십 년간의 학술적 연구 결과 그 자체였다. 훨씬 후에 나 역시 그 연구에 기여했고 한 때 생활비 접근법을 지지했었다.[10] 하지만 이 논란의 결과로 나는 마음을 바꾸게 되었다.

미국 노동통계국(BLS)과 같은 기관이 보스킨위원회에서 제안한 것과 같은 자의적인 수정을 한다면, 정치권의 또 다른 자의적이면서 편의적인 수정 시도를 막을 방법이 없다. 정부가 통계당국의 CPI 산출에 간

---

10 Angus Deaton and John Muellbauer, 1980, *Economics and consumer behavior*, Cambridge University Press.

섭하려는 시도는 오랜 역사를 가지고 있다. 2010년경의 아르헨티나는 그 한 예에 불과하다.

결국 모든 데이터 구축에는 최소한의 정치적 요소가 있다. 그러나 정확히 바로 이런 이유로 우리의 통계시스템은 그 방법과 관련한 이론적, 실증적 근거를 방어할 수 있어야 한다. 솔직히 말해 경제학자들은 현재 대부분의 상품 및 서비스 품질 변화를 어떻게 고려해야 할지 잘 알지 못하며, 따라서 완전히 민주적인 논쟁에서 설득력 있는 방법을 제시할 수 있는 단계에 이르지 못했다. 당시 로버트 루빈(Robert Rubin) 재무부 장관은 가격지수에 관한 많은 전문가가 있다는 점을 언급하며 "의회가 나선다면 CPI 변경이 인플레이션을 더 잘 반영하도록 이러한 전문가들의 광범위한 합의를 끌어내야 할 것"이라고 지적했다.[11]

내가 보기에 1996년 논쟁은 본질적으로 보장적 지출을 줄이는 방식으로 장부를 조작하려는 시도였다. 통계학자들이 그 선을 지킨 것은 다행한 일이다. 만약 Fed의 연구가 인플레이션을 CPI가 '과소평가'하고 있다는 것이었다면 위원회도, 권고도 없었을 것이다. 적어도 의회에서 공화당이 다수당인 상황에서라면 말이다. 그러나 지출 축소로 이어질 수 있는 통계 조정은 다른 이유로 지출 축소를 원하는 사람들에게는 반가운 일이다.

이른바 보스킨(Boskin)의 '수정'은 우파 평론가들이 여전히 자주 이용한다. 일반적이고 간단한 버전은 CPI로 측정한 인플레이션율에서 연간 1%를 공제하는 것이다. 실제로 물가가 공식적으로 기록된 것만큼

---

11 Louis Uchitelle, 1996, "How should the price index change when consumers pay more but get more?" *New York Times*, Dec. 18.

빠르게 상승하지 않았다면 실질 생활 수준은 공식 통계가 보여주는 것보다 10년간 10%, 50년간 64% 더 올라갔다. 빈곤은 통계가 보여주는 것보다 훨씬 더 빠르게 감소했다(마지막 장의 끝부분 논의를 참조하라). CPI 수치를 수정하면 1970년대 초반 이후 노동자 계급의 실질 임금이 정체되었다는 잘 정리된 자료는 통계적 착각이 된다. 이 주장에 따르면 이러한 임금으로 당시보다 지금 더 많은 재화와 서비스를 구매할 수 없는게 사실인데도, 우리는 더 나은 삶을 살 수 있게 만든 상품 및 서비스의질적 개선을 무시하고 있는 것이 된다. 또 더 나은 상품과 서비스를 갖는 것이 동일한 상품과 서비스를 더 많이 갖는 것과 같다는 점도 분명하지 않다. 불에 더 잘 타지 않는 커튼이어도 여전히 창문을 가려야 하고, 양쪽 고관절을 모두 교체해야 한다면 교체되는 한쪽이 아무리 효과적이고 진보된 것이라도 한쪽만 교체하는 것이 아니라 둘 다 교체해야하는 것과 마찬가지다. 위원회의 수정안이 허공에서 뚝 떨어졌다는 것이 아니라 그런 종류의 수정안이 종종 말이 안 된다는 얘기다.

다른 가격, 다른 장소

유럽인들이 미국에 오면 가장 먼저 직면하는 것 중 하나가 미국이 얼마나 거대한 나라인가이다. 몇 시간 비행기를 탑승한 후 내려도 거의 모든 것이 출발지와 같아 보인다는 사실에서 그 거대함을 체감한다. 유럽에서는 이런 경우가 거의 없다. 산과 야자수, 온도 차이 등은 뭔가 달라졌는지를 알려주는 요소다. 그러나 무슨 차이가 있는지 알아채기 힘든게 있다면 바로 CPI다.

CPI는 작년 또는 10년 전과 비교한 물가 수준의 차이는 알려주지만, 메인주와 텍사스주의 물가 차이에 대해서는 알려주지 않는다. 많은 연방 통계와 프로그램은 지역 물가가 아니라 CPI를 기반으로 한다. 연방 빈곤선은 지역 생활비와 관계없이 모든 곳에서 동일하게 적용된다. 인구 160만 명의 뉴욕 맨해튼이 인구 2086명의 몬태나주 맨해튼(인근 갤러틴 강에 사는 수백만 마리의 송어는 제외)은 말할 것도 없고 인구 5만 4100명의 캔자스주 맨해튼보다 생활비와 지출 비용이 훨씬 더 많이 드는데도 말이다.

1995년 미국 국립과학원(National Academy of Sciences, NAS)의 한 패널이 빈곤을 어떻게 측정해야 하는지, 그 방법을 고려하면서 내놓은 권고안 중 하나는 빈곤선을 지역마다 다른 생활비 차이에 맞게 조정해야 한다는 것이었다. 물론 당시에는 통계시스템에서 그러한 물가지수를 산출하지 않았기 때문에 불가능한 일이었다. 유럽 통계청인 유로스타트(Eurostat)가 각 회원국의 평균 물가수준을 정기적으로 산출하는 것과는 대조적이다. 이러한 물가는 각국의 실질 생활수준을 계산하는 데 사용되며, 유럽연합 안의 부유한 국가에서 가난한 국가로 소득 이전을 위한 기준이 된다.

더 나은 데이터가 없는 경우 NAS 패널은 주택 가격을 사용하여 지역 물가지수를 구성하되 다른 가격들의 차이—물론 다른 가격들이 사람들의 지출 총액에서 더 큰 비중을 차지하지만—는 무시할 것을 권고했다. 콘플레이크 한 상자나 나이키 운동화 한 켤레의 가격은 모든 곳에서 거의 같지만, 주택은 그렇지 않다는 점을 고려한 것이다.

노동통계국(BLS)을 포함해서 통계 전문기관들은 오랫동안 지리적 물가지수 계산에 거부감이 있었다. 노동통계국의 책임자들은 의회 선거구 경계를 정하는 데 사용되는 인구 조사가 항상 정치적으로 논란이되고 종종 법정에서 진흙탕 싸움으로 가는 것처럼, 물가지수를 자신에게 유리하게 변경하여 지역 유권자들에게 더 많은 연방 혜택을 주려는 입법자들의 정치적 압력을 우려했다. 뉴트 깅리치가 전국적인 CPI를 문제 삼아 통계청을 폐쇄하겠다고 위협한 것은 충분히 나쁜 일이지만, 각 주의 CPI는 모든 주지사가 깅리치만큼 공격적이지 않다고 하더라도 상황이 50배는 더 나빠질 것이다. 그리고 주지사 다음엔 각 지역의 시장들이 기다릴 것이 분명하다. 이런 이유든 다른 이유 때문이든 정책 변경이나 새로운 데이터 수집은 수년 동안 일어나지 않았다. 민간 부문 물가지수가 있지만—(대개) 일시적 비지니스 출장을 떠나는 직원에 대한 비용 지급을 위해 사용된다—이는 일반 국민의 지출 패턴과는 관련이 없다. 방문객들은 현지인보다 호텔과 레스토랑에 훨씬 더 큰 비용을 지출한다.

변화는 연구분석과 바뀐 책임자, 시간의 흐름이 결합하면서 일어났다. 노스웨스턴대학교 교수이자 NAS 빈곤패널의 일원이었던 경제학자 고(故) 레베카 블랭크(Rebecca Blank)는 오바마 대통령 시절 상무부에서 자문역으로 일하기 시작했고, 나중에 위스콘신-매디슨대학교 총장으로 학계로 복귀하기 전에는 상무부 장관대행이 되었다. 인구조사국(Census Bureau)은 상무부 산하기관이므로 블랭크는 미완의 과제인 빈곤 측정 개선에 도움을 줄 수 있었다. 인구조사국은 데이비드 존슨(David Johnson)의 지휘 아래 NAS 보고서의 권고 사항을 바탕으로 '보충적' 빈곤 측정법을 개발했다. 이 새로운 빈곤 측정에는—공식적인 빈곤 척도는 '아니지만'—지역마다 다른 주택 임대료의 차이를 사용하여 구성한 가격지수가 포함되어 있다. 이 방법은 매우 중요한 수정 사항을 포함하고 있는데, 지급받은 보조금은 포함하고 납부한 세금은 제외하는 등 소득을 조정한 것이 그것이다.

오늘날에는 마침내 주거비를 넘어 지역별 가격 차이를 포착하는 것이 가능해졌다. 상무부 소속의 또 하나의 조직으로 국민계정 통계를 책임지는 경제분석국(BEA)은 주택 임대료뿐만 아니라 모든 소비자 물가 차이를 잡아내는 이른바 '지역가격지수(Regional Price Parity, RPP)'를 만들었다. 이는 국가 간 물가수준을 비교하는 데 사용되는 물가지수인 '구매력 평가지수(PPP)'와 같은 방식으로 구성된다. 구매력 평가지수는 경제 측정 분야에서 오랜 성공적인 역사를 가지고 있고 1976년 펜실베이니아대학교의 앨런 헤스턴(Alan Heston), 어빙 크래비스(Irving Kravis), 로버트 서머스(Robert Summers)가 처음 만든 '펜월드테이블(Penn World Table, PWT)'을 통해 가장 잘 알려져 있다. 이 구매력 평가지수 프로그램은 이후 UN에 의해 채택되어 현재 세계은행에서 주관하고 있고, PWT 운용은 네덜란드 그로닝겐대학교로 이관되었다.

지역가격지수는 CPI를 위해 미국 노동통계국(BLS)에서 수집한 데이터를 사용하지만, 여러 지역을 한 번에 비교하도록 설계된 지수이므로 다른 방식으로 구성된다. 이러한 '다자간'지수를 사용하면 미네소타주 미니애폴리스에서 측정된 물가 수준이 LA보다 1.0% 높고, LA 물가 수준이 뉴멕시코주 앨버커키보다 1.0% 높다면 미니애폴리스의 물가 수준은 앨버커키보다 2.0%, 더 정확하게는 2.01%—1.01 곱하기 1.01은 1.0201이다—높아야 한다. 일부 설명에 따르면 노동통계국은 경제분석국 작업을 지원했지만 이러한 통계적 '특이성'을 반영하는 것에 대해서는 불편해했다. 경제분석국이 채용한 베티나 에이텐(Bettina Aten, 최근 버전의 펜월드테이블에서 앨런 헤스턴과 함께 일했다)이 팀을 짜고 새로운 지수를 생산했다.

2012년 지역가격지수는 지역별로 큰 차이를 보였다. 물가 수준이 가장 높은 주는 하와이와 뉴욕, 가장 낮은 주는 아칸소와 미시시피였다. 2012년 뉴욕주의 물가 수준은 미시시피주보다 36% 높았다. 뉴욕, 뉴어크, 저지시티의 대도시 지역은 조지아주 로마의 대도시 지역보다 거의 50% 더 비쌌다. 도시 간 비교를 해보면 도시 소득이 두 배 높으면 물가는 3분의 1 정도 높았고, 주택 임대료가 지역 간 가장 큰 차이를 보였지만 다른 재화 가격에서도 눈에 띄는 차이가 있었다. 휘발유가 그중 하나다. 2022년 초 미국자동차협회(AAA)는 오클라호마 2.87달러부터 캘리포니아 4.66달러까지 휘발유 가격이 다양하다고 보고했다. 임금도 지역마다 다르며 당연히 식당, 미용실, 헬스케어 등 임금 기반 서비스의 가격도 그에 따라 달라진다. 또한 주택 임대료의 차이는 주택 건설 비용이 아니라 그 아래 토지 가치에 따라 달라진다. 그리고 토지 비용은 상점이나 호텔 등 다른 지역 품목들에 영향을 미친다.

이 수치는 여러 지역의 평균적인 물가 수준을 알려주지만, 각 지역의 생활비를 나타내는 지표로는 완전하지 않다. 왜냐하면 서로 다른 지역에서 같은 생활수준을 유지하려면 때때로 다른 종류의 재화와 서비스가 필요하며, 따라서 모든 가격이 정확히 같은 지역 간에도 생활비에 차이가 있을 수 있다는 점을 이들 수치가 고려하지 못하기 때문이다. 밀워키에 사는 사람들은 뉴욕에 사는 사람들보다 더 많은 겨울철 연료를 사야 하고 자동차 없이는 일하고 생활하기 어려운 시골 지역도 많다. 생활비는 물가에 따라 달라지는 것이 사실이지만 기후나 대중교통의 이용 여부와 같은 다른 요소에도 영향을 받는다.

물가가 높은 곳에서 살면 사람들이 덜 부유하다고 느낄까? 하룻밤 사이에 일어나기는 어렵지만 물가가 높은 곳에서 낮은 곳으로 이주할 수 있다면 아마도 아닐 것이다. 나는 여러 지역에서 사람들이 자신의 삶을 어떻게 평가하는지에 관련하여 갤럽 데이터를 이용해왔다. 실제로 지역가격지수가 낮은 곳에서의 삶에 대한 평가가 더 높은 것은 사실이다. 예상대로 가계 소득이 웰빙(wellbeing)에 큰 영향을 미치지만, 물가와 소득을 함께 살펴보면 중요한 것은 '실질' 소득이다(실질소득은 현지 물가 수준에서 당신의 소득으로 얼마나 구매할 수 있는가로 정의된다). 실질소득은 화폐 소득보다 삶의 수준을 더 잘 나타내는 지표이며, 지역가격지수는 그 차이를 잘 포착한다. 그렇기는 하지만 사람들은 왜 현재 살고 있는 곳에 사는지, 그리고 어떤 한 곳이 일반적으로 다른 곳보다 좋다면—예를 들어 대학촌은 행복한 곳으로 통하는 경향이 있다—왜 사람들이 그곳으로 이사하지 않는지에 대한 답이 되지는 못한다. 미국의 공간적 이동성이 떨어지면서 최근 몇 년 동안 거주지를 옮기는 사람이 이전보다 크게 줄었다. 이는 부분적으로는 가장 매력적인 도시들에서 집값을 감당할 수 없게 되었기 때문이다. 우리는 사람들이 한 장소에서 다른 장소로 비용 없이 이동할 수 있다고 가정하지 않도록 주의해야 한다.

소득 불평등은 어떤가? 소득이 높은 곳의 물가가 더 높다는 점을 고려하면 실질소득이 명목소득보다 더 균등하게 분배될까? 대답은 '그렇다'이지만 그 차이는 작다. 사람들 간 소득의 큰 차이는 뉴욕의 가난한 사람과 부유한 사람, 마이애미의 가난한 사람과 부유한 사람처럼 지역 간 차이가 아니라 같은 지역 '안'에서의 차이다. 그렇다고 해서 이것이 지역 간 실질소득의 차이가 중요하지 않다는 것은 아니다. 번영하는 도시와 쇠퇴하는 도시 간의 불평등은 그 자체로 중요한 문제이다.

'보충적 빈곤 측정법'은 '공식적인' 빈곤선으로 채택된 적이 없으며, 실제로 더 커진 복잡성 탓에 개인별 사회보장 수급자격을 심사하는 데 사용하기 어려울지 모른다. 공식적인 빈곤 측정법이 가진 모든 결함─지역물가 외면, 더 심하게는 납부 세금과 지급받은 정부 보조금 무시─에도 불구하고 계속 사용되는 현실은 당분간 바뀔 것 같지 않다. 이 새로운 측정법은 공식 문서를 포함한 분석에 널리 사용되고 있다. 글로벌 금융위기 당시의 대침체(Great Recession)의 영향과 팬데믹이 발생했을 때 정부 대응의 효과를 평가하는 데도 사용되었고, 여기서 새 측정법은 공식 지표보다 더 나은 설명력을 보여주었다. 그 이유는 지역 물가지수 때문이 아니라 공식 지표가 위기 이후의 사회안전망이 국민의 소득을 보완한 점을 무시했기 때문이다.

나쁜 측정법은 그 결함이 잘 알려져 있어도 한동안 살아남을 수 있다. 가장 최근의 두 위기─글로벌 금융위기 이후 대침체와 팬데믹 시기─가 이러한 결함을 더욱 극명하고 광범위하게 드러내는 데 도움을 주었지만 말이다. 이는 결국 변화를 끌어낼 정치적 계기를 만드는 데 도움이 될지 모르겠다.

정부 통계는 정책 효과를 측정하는 데 사용되기 때문에, 또 정책들은 빈번하게 상호 경쟁하기 때문에 필연적으로 정치적일 수밖에 없다. 그것을 넘어 물가, 빈곤, 그 밖의 어떤 것이든 '객관적 사실'이라는 개념은 도움이 되지 않는다. 통계 구축과 관련한 의사결정도 외견상 지극히 기술적인 것조차 정치적인 경우가 많다. 이를 인정하는 것은 통계에 의

구심을 던지기 위한 것이 아니라 통계를 이해하기 위한 전제 조건이 된다. 그 외에도 국가의 통계수치를 둘러싼 민주적 토론은 당연하고 반드시 필요하다. 아무도 통계에 관심을 기울이지 않거나 의문을 제기하지 않는다면 통계는 중요하지도 않고 심지어 필요하지도 않을 것이다.

좋은 경제학 나쁜 경제학

5장

소득과
자산 불평등

ECONOMICS IN AMERICA

2022년 〈포브스〉에 따르면, 일론 머스크는 2190억 달러, 제프 베이조스는 1770억 달러의 자산을 보유하고 있다. 미국 가구의 순자산 중앙값은 12만 1700달러로 포브스 순위 3위에 오른 빌 게이츠 순자산의 수천분의 일도 되지 않는다. 미국 소득 상위 10%가 전체 소득의 거의 절반을 차지하는 반면, 소득 하위 50%의 소득은 전체의 14%에 불과하다. 이와 같은 수치는 미국의 금전적(또는 물질적) 불평등의 정도, 즉 부유층과 빈곤층, 부유층과 나머지 계층 간의 큰 차이를 보여준다. 많은 사람은 이러한 불평등을 그 자체로 혐오하며 미국을 병들게 하는 증상 또는 심지어 원인으로 간주한다. 그들은 오늘날의 엄청난 소득과 부의 불평등이 부당하며, 누구도 최고 갑부들만큼 부자가 될 필요도 당위도 없으며 민주주의는 이러한 불평등과 양립할 수 없다고 주장한다.

그러나 또 다른 사람들은 이에 대해 걱정을 덜 하거나 아예 하지 않는다. 여기에는 일부 경제학자와 철학자도 포함된다. 이들의 공통된 주장 중 하나는 빈곤에 처해 있는 사람이 없다면 높은 소득과 높은 부는 도덕적으로 문제가 되지 않는다는 것이다.[1] 그 외에도 큰 부는 혁신에서 비롯되기도 하는데—머스크, 베이조스, 게이츠는 미국 최고 부호 대부분이 그렇듯 좋은 본보기이다—그들의 혁신은 우리 모두에게 혜택을 가져다주었다. 아마도 이러한 혁신은 막대한 부를 얻을 전망이 없었다면 일어나지 않았을 수 있다. 어쩌면 그렇지 않을 수도 있었겠지만.

이 장에서는 돈이나 물질적 복지의 불평등과 이에 대해 경제학자, 정치인, 대중이 어떻게 글을 쓰고 생각하는지를 살펴본다. 돈에 관한 것이 아니라 사회에서 사람들이 서로 관계를 맺는 방식, 특히 지위 차이라는 다른 종류의 불평등도 있다. 이러한 불평등에는 남성과 여성, 인종과 민족이 다른 사람들, 도시와 농촌, 성적 지향이 다른 사람들, 대학 학위가 있는 사람과 없는 사람 사이의 기회의 차이가 포함된다. 물질적 불평등과 관계적 불평등은 같은 것은 아니지만 서로 관련이 있다. 예를 들어 지주와 농노의 관계라든가, 돈이 정치를 소유하여 부를 갖지 못한 사람은 국가 운영에 거의 발언권을 갖지 못하는 경우 극심한 물질적 불평등은 관계적 불평등을 초래할 가능성이 크다. 서로 다른 부를 가지고 있지만 서로 모르거나 소통하지 않는 다른 나라에 사는 사람들은 불평등하지만 관계적 불평등이 존재하지 않는다. 다음 장에서는 관계적 불평등에 대해 살펴본다.

이 장의 첫 번째 글에서는 불평등에 대한 대서양 양쪽의 생각을 대비해본다. 내가 경제학자로 성장했고 사고하고 토론하는 최전선에

---

1 Martin Feldstein, 1998, "Income inequality and poverty," NBER Working Paper No. 6670, October. Harry G. Frankfurt, 2015, *On inequality*, Princeton University Press. Thomas M. Scanlon, 2018, *Why does inequality matter*, Oxford University Press.

불평등이 놓여 있었던 영국 케임브리지(Cambridge)와 불평등에 대한 걱정이 쓸모없거나 심지어 비생산적인 것으로 여기는 시카고(Chicago)를 살펴볼 것이다. 그런 다음 여기 미국에서 어떤 일이 일어났는지, 그리고 이 주제가 어떻게 공론의 양쪽 끝에서 무대 중심으로 이동했는지를 이야기할 것이다. 마지막으로 물질적 불평등에 대해 그것이 좋을 수도 나쁠 수도 있는 이유, 그리고 어떻게 대처하는 것이 최선일지에 관한 나 자신의 현재 생각을 정리해보려고 한다.

시카고의 불평등과 케임브리지의 불평등

오늘날 많은 사람이 자본주의에 대한 믿음을 잃고 있다. 자본주의 옹호자로 여겨지는 경제학자들에 대한 믿음이나 신뢰도 마찬가지이다. 경제학이 잘못된 길로 접어든 것일까? 신자유주의(neoliberalism)나 밀턴 프리드먼(Milton Friedman)의 시카고 경제학(Chicago economics)을 따르지 '않는' 우리조차도 시장을 신뢰하는 방향으로 너무 멀리 나아간 것 아닌가? 케임브리지학파(Cambridge economics)가 더 많은 영향력을 행사하고 시카고학파가 덜했다면 세상은 더 나은 곳이 되었을까? 물론 케임브리지란 영국 케임브리지를 말한다.

50년 전 내가 케임브리지대학교에서 처음 경제학자가 되었을 때만 해도 철학자들과 경제학자들이 대화했다. 불평등, 정의, 행복의 경제학을 이야기하고 가르치며 진지하게 받아들였다. 하버드대학교의 철학자 존 롤스의 1971년 저서 《정의론(Theory of Justice)》은 많은 토론으로 이어졌다. 당시 케임브리지에 있던 아마르티아 센(Amartya Sen), 앤서니 앳킨슨(Anthony Atkinson), 제임스 멀리스(James Mirrlees)도 정의와 소득 불평등과의 관계에 대해 생각하고 글을 썼다. 인도 캘커타대학교의 학부 1학년이었던 아마르티아 센은 케네스 애로(Kenneth Arrow)의 《사회적 선택과 개인의 가치(Social Choice and Individual Values)》에서 영감을 받았다. 이 책 한 권이 서점에 있었는데 서점 주인이 센과 그의 친구 수카모이 차크라보티(Sukhamoy Chakravarty, 인도 경제학자-옮긴이)에게 며칠 동안 빌려 갈 수 있도록 허락했다.[2] 케임브리지에서 센은 사회가 어떻게 조직되어야 하는지, 상대적 빈곤과 절대적 빈곤, 그리고 공리주의와 그 대안들에 대해 글을 썼다.

멀리스는 우리가 어느 정도의 불평등을 수용해야 '하는지'에 대한 문제(의 한 버전)를 풀었다. 그의 견해에 따르면 사람들은 평등주의자이며 이상적으로는 모두가 같은 실질소득을 얻는 사회를 원한다. 그런데도 세금과 재분배를 통해 평등을 너무 강하게 추구하면 사람들이 덜 일하고 덜 생산해 총량이 줄어든다는 것을 모두 이해한다. 그의 연구는 핵심 요소인 평등과 인센티브 사이에서 가능한 최선의 타협점으로 소득세 제도를 도출하고 있다.[3] 이것이 친구이자 스코틀랜드 동료인 멀리스가 1996년 노벨 경제학상을 수상한 연구다.

멀리스는 또한 부자와 가난한 사람들에게 미치는 서로 다른 효과를 고려하여 시장 가격을 '바로잡는' 방법에 대해 연구했다. 이는 막 독립해 경제학자들의 조언을 구하던 많은 가난한 나라들의 정책에 적용

---

2   Amartya K. Sen, 2022, *Home in the world: A memoir*, Liveright. Kenneth J. Arrow, 1951, *Social choice and individual values*, Yale University Press.

3   James A. Mirrlees, 1971, "An exploration in the theory of optimal income taxation," *Review of Economic Studies*, 38(2), 175—208.

된 하나의 아이디어였다.[4] 식민주의로부터 해방된 신세계에서는 공정한 정책 입안을 포함해 모든 것이 가능해 보였다. 이러한 아이디어는 가난한 나라들의 정치 현실 때문에 좌절되기 전까지 세계은행이 프로젝트 대출 가능성을 평가하는 매뉴얼에 반영되었다.[5]

앳킨슨은 평생을 빈곤과 불평등에 관해 연구하고 글을 썼다. 그는 이 책의 핵심에 가까운 내용, 즉 측정(measurement)은 가치(또는 정치)로부터 자유로울 수 없고 자유로울 필요도 없다는 것을 설명했다. 불평등은 보는 사람의 눈에 있는 것이기 때문에 불평등에 관심이 없는 사람들에게는 불평등이 존재하지 '않는' 반면 불우한 사람들에게 관심이 많은 사람에게는 모든 곳에 불평등이 존재한다고 볼 수 있다고 하였다. 당신이 불평등을 측정하는 방법은 당신이 불평등에 대해 어떻게 생각하는지를 알려준다는 것이다.[6]

센(Sen), 멀리스(Mirrlees), 그리고 애로(Arrow)는 모두 노벨상을 받았다. 앳킨슨(Atkinson)은 수상 자격이 있었으나 상을 받지 못했다. 아마도 너무 일찍 세상을 떠났기 때문일 것이다. 내가 수상의 영예를 안았던 2015년에도 그는 살아 있었다. 그와 함께 상을 받았다면 이보다 더 큰 기쁨이 없었을 것이다.

한편 미국에서 노벨상의 또 다른 산실인 시카고 경제학계가 정반

---

4 Ian M. D. Little and James A. Mirrlees, 1974, *Project appraisal and planning for developing countries*, Heinemann.

5 Lyn Squire and Herman G. van der Tak, 1975, *Economic analysis of projects*, Johns Hopkins for the World Bank.

6 Anthony B. Atkinson, 1970, "On the measurement of inequality," *Journal of Economic Theory*, 2, 244—63.

대의 노선을 걷고 있었다. 밀턴 프리드먼(Milton Friedman), 조지 스티글러(George Stigler), 제임스 뷰캐넌(James Buchanan), 로버트 루카스(Robert Lucas)가 경제학과 정치경제에 기여한 지적 공헌을 의심할 사람은 아무도 없을 것이다. 로널드 코즈(Ronald Coase)와 리처드 포스너(Richard Posner)가 법과 경제학에 지적으로 기여한 점도 마찬가지다. 포스너만이 아직 노벨상을 받지 못했다. 그러나 이들의 작업 결과물보다 더 불평등 우려에 반(反)하는 연구는 없을 것이다.

심지어 불평등이 걱정되더라도 조용히 받아들이는 것이 최선일 수 있다는, 적어도 이것이 시카고학파의 관점이다. 규제와 조세 정책, 정치적 행동은 그다지 도움이 되지 못한다는 것이다. 결국 정치인들도 다른 사람들과 마찬가지로 자신의 이익을 추구하고 있을 뿐이며, 정치를 통한 불평등 치료는 종종, 어쩌면 언제나 질병 그 자체보다 더 유해하다고 설명한다. 정부는 저소득층에 유리한 누진세와 지원제도를 시행하지만, 부자들이 가난한 사람에게 바가지 씌우는 것을 돕는 법을 제정하거나 그들의 추종자나 특정 산업과 직업을 보호함으로써 불평등을 심화시킬 수 있고 실제로 곧잘 그렇게 하고 있다. 정부는 그들이 규제하려는 대상인 기업들에 의해 '포획'될 수 있는데 이는 여우에게 닭장을 지키라고 하는 것과 같다. 정부가 일반 국민들보다 정부에 돈을 대는 사람들의 요구에 더 민감하게 반응하는 나라에서는 이런 일이 얼마든지 일어날 수 있다. 케인스(Keynes)의 숨결이 깃들어 있는 케임브리지에서 자란 나 같은 사람에게는 이런 주장이 생소하지만 분명 중요한 관점이다. 그렇다고 지지를 의미하는 것은 아니다. 이러한 주장의 중요성을 인정하지만, 정부는 결코 좋은 일을 할 수 없다고 확신하는 것은 아니다.

극단적으로 보면 시카고 경제학은 돈이 복지의 유일한 척도이고, 불평등은 크게 문제가 아니며 효율성만이 중요하다고 생각한다. 유일한 불공정은 경제를 최대의 효율로 이끌지 못하는 것이며, 재분배에는 필연적으로 손실—전문 용어로 '자중손실'(deadweight loss, 재화나 서비스 시장의 균형이 최적이 아닐 때 발생하는 순손실-옮긴이)—이 따르기 때문에 정의를 앞세워 이루어지는 재분배는 본질적으로 부당하다는 것이다. 코즈와 포스너가 법에 미친 영향은 이런 생각을 법원에 점점 더 많이 뿌리내리게 했다는 것이다. 내가 미국에 처음 왔을 때 형평성을 고려하는 계산을 하려다 '전문가답지 못하다'는 꾸지람을 크게 들었던 기억이 난다. 나는 멀리스와 앳킨슨의 정신에 따라 상품에 대한 세금 등을 통해 국가 재정을 확충하면서도 가장 가난한 사람들의 재정을 보호할 수 있는 조세시스템을 설계하는 작업을 하고 있었다. '전혀 흥미롭지 않은 사회 문제'라는 것은 그나마 친절한 논평 중 하나였다. 내가 그들의 대학에서 강연할 예정이었다면 다른 주제로 얘기하는 게 나았을 것이다. 이는 "경제학을 전문적으로 공부하면 정치적으로 보수주의가 된다"는 1959년 조지 스티글러의 주장을 읽고 내가 처음 가졌던 반응의 또 다른 측면이었다.[7] 케임브리지에서 그 글을 읽었을 때 나는 오타가 틀림없다고 생각했다. 그런 말을 믿을 사람은 아무도 없었고 나는 그 전에 보수적인 경제학자를 만난 적도 없었으며 그런 사람이 있다는 사실도 몰랐다. 1960년대 케임브리지에서는 '페이비언 사회주의자(Fabian Socialist, 영국 지식인들의 점진적 사회주의운동 세력-옮긴이)'가 가장 우파에 속했다.

경제학은 본질적으로 보수적이라는 스티글러의 주장이 옳다는 믿

---

7 George Stigler, 1959, "The politics of political economists," *Quarterly Journal of Economics*, 73(4), 522—32.

음은 오늘날 경제학자, 비평가, 대중 사이에서 널리 퍼져 있다. 우파와 친기업 재단들은 '사법 교육 프로그램'을 오랫동안 후원해왔다. 이 프로그램을 통해 판사들을 호화 리조트로 초대해 명시적인 정치적 편향 없이 경제학을 배우게 하고 시장을 이해하게 하면 법관들이 기업 이익에 더 동조하게 되고 공정성에 대한 '비전문성'을 제거할 것이라는 (가장 가능성이 큰) 믿음에 기반한 것이다. 보수 경제학자이자 독실한 종교인인 내 친구는 '공정(fair)'은 경제학에서 지워져야 할 네 글자로 이루어진 단어라고 즐겨 말하곤 한다. 미국인들이 미국의 과잉 자본주의에 등을 돌리면서 경제학에 대해서도 등을 돌리는 것을 이해할 수 있다.

시카고 경제학 및 프리드먼의 주장이 갖는 영향력은 오늘날에도 여전히 널리 퍼져 있다. 프리드먼은 불평등의 상당 부분을 자연스러운 것으로 보고 무시했다. 어떤 사람들은 열심히 일해서 부자가 되기를 원하지만 어떤 사람들은 여가를 즐기는 것을 선호한다. 어떤 사람들은 후손을 위해 저축하고 축적하는 것을 좋아하지만, 다른 어떤 사람들은 당장 즐거움에 더 관심이 많다. 이런 종류의 불평등을 완화하려는 유혹은 미덕에 불이익을 주고 악덕을 보상하는 것이라고 설명한다. 그는 기회의 평등을 믿었지만, 상속세에 대해 '미덕에 과세'하고 '낭비적 지출을 조장'하는 '나쁜 세금'이라며 강력히 반대했다. 2017년 3명의 노벨상 수상자를 포함해 727명의 경제학자가 이 주장을 지지했으며, 프리드먼이 그전에 직접 쓴 서한에도 서명했다.[8] 많은 경제학자가 같은 이유로 부유

---

8 Milton Friedman, 발행일 불명, *An open letter from economists on the estate tax*, http://friedmanletter.org/wp-content/uploads/2017/08/Milton-Friedman-Open-Letter -on-the-Estate-Tax.pdf, 2023년 3월 10일 확인.

세(wealth tax)가 악덕을 조장하고 미덕을 저해한다고 믿으며 반대하고 있다. 프리드먼은 국가 간 조세감면 경쟁을 좋아했고 조세 피난처를 지지했다. 정부의 과세 권한에 제동을 걸 수 있다는 점에서다. 그리고 그는 결과의 불평등을 제한하려는 시도는 자유를 억압할 뿐만 아니라 결국에는 더 큰 불평등을 초래할 것이라고 반복해서 주장했다. 자유시장에 맡겨두면 자유와 평등이 모두 실현될 것이라는 견해이다.

하지만 현실은 그렇게 움직이는 것처럼 보이지 않는다.

대신에 우리는 제약사 퍼듀파마의 새클러 가문이 수십만 명의 미국인을 죽인 오피오이드(마약성 진통제) 유행을 조장하면서 140억 달러 이상을 스스로에게 지급하는 세상을 맞이했다. 밴드와 베이비 파우더를 제조하는 존슨앤드존슨은 미군이 아프가니스탄 헬만드(Helmand) 지방에서 탈레반의 헤로인 공급지를 폭격하는 동안 호주 태즈메이니아(Tasmania)에서 아편의 원료가 되는 양귀비를 재배하여 오피오이드 유행에 기름을 부었다. 사모펀드 회사(PEF)들은 구급차 서비스를 사들이고 병원 응급실에 자체 의사들을 배치해 환자의 의료보험에 포함된 병원에서조차 '깜짝' 요금(surprise fees)을 청구함으로써 돈을 벌 수 있다는 사실을 알게 되었다.[9] 응급실(및 수술실)의 깜짝 요금은 2022년 1월부터 없어졌지만, 구급차 서비스에 대한 깜짝 요금 청구는 계속되고 있다. 구급차가 필요한 경우 더 나은 조건의 서비스를 찾거나 가격을 흥정할 상황이 못 된다. 대신 무력한 피해자가 되어 범죄자에게 꼼짝없는 희생

---

9 Eileen Applebaum and Rosemary Batt, 2019, "Private equity and surprise medical billing," Institute for New Economic Thinking, Sep 4. https://ineteconomics.org/perspectives/blog/private-equity-and-surprise-medical-billing.

양이 될 뿐이다.

사모펀드들은 실패한 기업을 계속해서 인수하고, 사법부의 허가—아마도 경제학 교육을 받은 적이 있는 판사로부터—를 받아 근로자의 계약상 의료 혜택과 연금을 박탈하고 남은 회사 자산을 매각하고 있다. 물리적인 회사 자산은 효율성을 회복하는 반면 근로자의 손실은 효율적인 시장이라는 더 큰 '정의'를 위해 희생된다.[10] 부실기업을 인수하여 기업 수익성을 회복시키는 사모펀드의 정당한 역할을 부정하는 것은 아니다. 그러나 이런 합법적인 역할은 시장이 경쟁적일 때 작동하는 것이지, 사모펀드가 활개 치는 병원, 구급차, 심지어 교도소 등에서는 아니다. 또한 사모펀드가 특정 지역의 매장을 대량으로 매입하여 지역 독점을 형성하는 때도 마찬가지로 효과적 역할을 기대할 수 없다.

이러한 과잉과 과도함은 비정상을 넘어 규제되지 않은 시장에서, 특히 자본이 법과 정치를 자신의 편으로 만들 때 우리가 예상할 수 있는 바로 그 모습이다. 독점은 소비자(예를 들면 환자들)가 대응하지 않거나 다른 공급자로 이동할 때 높은 가격을 부과할 수 있고, 따라서 의식을 잃은 도로변 사고자는 완벽한 희생자가 된다. 돌이켜보면 자유시장, 또는 부자들의 지대추구(rent seeking)를 허용하고 장려하는 정부가 있는 자유시장은 평등이 아니라 전체 국민을 상대로 돈을 벌어가는 소수 엘리트를 양산한다는 게 그리 놀라운 일도 아니다. 자유에 대한 유토피아적 수사가 불공정한 사회적 디스토피아로 이어진 것은 새삼스럽지 않다. 지대추구자들(rent seekers)이 존재하는 자유시장은 '경쟁' 시장과 같

10　다음은 웨스트버지니아 사례다. Evan Osnos, 2021, *Wildland: The making of America's fury*, Bloomsbury.

지 않다. 실제로 그런 시장은 자유시장과 정반대인 경우가 많다.

특히 쟁점이 되는 사례는 군대로, 이는 경제학자에 대한 빈야민 애플바움(Binyamin Applebaum)의 비판적 고찰에서 가장 잘 드러난다.[11] 애플바움은 프리드먼과 그의 제자 월터 오이(Walter Oi)가 어떻게 군 장성들의 생각과 달리 징병제를 지원병제로 바꾸자는 캠페인을 벌여 결국 성공했는지를 설명했다. 프리드먼의 의심할 수 없을 만큼 탁월한 설득력 때문에 닉슨이 동의했는지, 또 다른 이유로 하고 싶었던 일을 위한 명분으로 닉슨이 지원병제 주장을 얼마나 많이 활용했는지는 분명하지 않다. 어느 쪽이든 시장 원리를 군대에 도입한 것은 프리드먼 자신이 가장 자랑스러워한 업적이고, 내 생각에는 대부분의 경제학자도 지지하는 부분이다. 하지만 교육 수준이 낮고 기회가 적은 사람들을 군대로 끌어들이는 것이 정말 좋은 생각일까? 2015년 입대 병력 중 학사 학위 소지자는 8%에 불과한 반면, 장교의 경우 그 비율이 84%에 달했다.[12] 대학 학위가 없는 사람들이 고통받고 민주주의에 대한 의심이 커지는 미국에서 앞으로 민주주의를 지키기 위해 이러한 군대에 의존해야 할지 모른다. 불평등이 국민 사이의 연대감을 약화하고 이것이 군대에까지 파급되어 결국 전장에서의 성공을 저해할 수 있다.[13]

---

11 Binyamin Applebaum, 2019, *The economists' hour: False prophets, free markets, and the fracture of society*, Little, Brown and Company.

12 Kim Parker, Anthony Cilluffo, and Renée Stepler, 2017, "6 Facts about the military and its changing demographics," Pew Research Center, Apr. 13. https://www.pewresearch.org/fact-tank/2017/04/13/6-facts-about-the-u-s-military-and-its-changing-demographics/.

13 Jason Lyall, 2020, *Divided armies: Inequality and battlefield performance in modern war*, Princeton University Press.

미국은 저학력자와 고학력자 사이의 불평등이 심화하고 있고, 물질적 차이가 관계적 불평등으로 번지고 있다. 앤 케이스(Anne Case)와 나는 임금, 노동 시장 참여, 결혼, 사회적 고립, 고통, 자살, 약물 사망, 알코올 중독에서 그룹 간의 차이를 분석하고 논문으로 발표했다.[14] 저학력자들에게 교육받은 엘리트를 위해 싸우라고 하는데 누구와 언제, 어디서 싸울지는 엘리트가 결정한다. 저학력 군 복무자들은 엘리트의 자녀들, 즉 사모펀드를 운영하는 사람들의 자녀들이 군 복무를 하지 않아도 되도록 대신 싸우고 있다. 우리는 모든 부류의 사람들이 함께 복무하던 시절의 사회적 연대와 다른 사람들에 대한 존중심을 잃어버렸다. 미국의 위대한 경제학자 중 한 명인 로버트 솔로(Robert Solow)는 1941년 하버드대학교 학부 과정을 마치고 이등병으로 군에 입대했다. 군에 가지 않았더라면 결코 만날 수 없었을 다양한 미국인과 함께 생활하면서 쌓은 경험이 어떻게 그의 인생에서 가장 훌륭하고 중요했는지 그의 이야기는 감동적이면서 유익하다.[15] 그의 경험은 오늘날 미국의 특징인 양극화와 상호이해 부족에 대한 해법을 제공한다. 솔로는 케임브리지(매사추세츠주) 출신의 경제학자로 오랜 경력을 거쳐 오는 동안 저술 활동을 통해 시카고학파의 관점에 맞서 싸웠다.

이 글을 쓰는 시점을 기준으로 2020년 대선과 2021년 1월 6일 대선 불복 폭동의 여파는 아직 해결되지 않은 상태다. 지금까지 수십 명

---

14 Anne Case and Angus Deaton, 2020, *Deaths of despair and the future of capitalism*, Princeton University Press.

15 Annual Review Conversations presents Robert M. Solow in conversation with Peter Berck, https://www.youtube.com/watch?v=umV81FFI1RE, 2023년 3월 10일 확인.

의 군인(대부분 전직)이 기소되었지만 군 입대자들의 대규모 봉기가 없었다는 것에 감사해야 할 상황이다. 이들의 대부분은 트럼프를 가장 열렬히 지지하는 지역 출신이다.

시카고 경제학은 시장에 대한 건전한 신뢰를 심어 주고 정부 역할에 대한 회의론을 뒷받침하는 논리를 제공했지만 이로 인해 경제학자들이 시장의 결함과 시장이 할 수 있는 일과 할 수 없는 일에 대해 덜 관심을 갖도록 했다.

모든 것이 거래되어야 하는 것은 아니다. 그런데도 시카고 경제학자들은 돈이 모든 것이며 모든 것은 돈으로 측정할 수 있다는 생각으로 너무 멀리 나아가버렸다. 철학자들은 돈이 선의 유일한 척도라거나 개인이 중요하고 사회는 중요하지 않다는 것을 받아들이지 않았지만, 경제학자들은 철학자들의 주장을 읽고 듣는 데 너무 인색했다.

불평등에 다시 눈뜨는 미국

오랫동안 소득 불평등 문제는 미국의 학계, 정치인, 언론, 일반 대중 사이에서 논의가 거의 없었다. 불평등이 전면적인 이슈로 떠오른 것은 아주 최근의 일이어서 그 이유부터 이해하는 것이 좋겠다.

나는 이민자 출신으로서 미국에서 불평등에 대한 대중의 관심과 토론이 부족하다는 사실에 얼마나 놀랐는지를 이미 말한 바 있다. 그래도 약간의 관심은 있었다. 나와 나이가 같은 프린스턴 동료 앨런 블라인더 (Alan Blinder, 나중에 Fed 부의장이 됐다)는 소득 불평등과 그것이 소비 패턴에 미치는 영향에 대해 박사학위 논문을 썼다. 그는 1950년대부터 1970년대 중반까지 불평등이 거의 변하지 않았기 때문에 그러한 효과를 발견하지 못했다. 헨리 애런(Henry J. Aaron)의 유명한 표현을 빌리자면 소득 불평등을 연구하는 것은 잔디가 자라는 것을 지켜보는 것과 같다.[16]

정치에서도 당시에는 소득 불평등이 거의 주목받지 못했다. 미국인들은 영국 타블로이드 언론의 단골 소재였던 '비만 고양이(fat cats, 부유하고 힘 있는 사람-옮긴이)' 이야기에 관심을 갖거나 불쾌해하지 않았다. 오히려 '비만 고양이'를 인정하고 자신에게도 그런 부와 힘이 생기기를 소망했다. 불평등이나 재분배에 대한 민주당 정치인들의 논쟁 시도는 부유층을 대변하는 의원들에 의해 '계급 전쟁'으로 일축되었다. 미국인들은 누구나 열심히 노력하면 부자가 될 수 있다는 '아메리칸드림'을 믿었다. 중요한 것은 '결과의 평등'이 아니라 '기회의 평등'이었으며 미국은 기회 평등의 땅이라는 스토리가 퍼졌다.

1970년대 중반부터 데이터는 소득 불평등이 증가하고 있음을 보여주기 시작했다. 정치도 이 데이터와 함께 변화하기 시작했다. 1975년 이후 소득 불평등의 증가는 워싱턴에 있는 기관들의 일상적인 가구조사 데이터에서도 발견되었다. 하지만 최상위 소득층의 엄청난 소득 증가를 자료화한 작업은 2003년 토마 피케티(Thomas Piketty)와 이매뉴얼 사에즈(Emmanuel Saez)의 중요한 연구가 처음이었다. 그들은 무작위로 선정된 가구 조사가 아니라 소득세 기록을 살펴봤다.[17] 실제로 미국 최상위 소득은 매우 높지만 그 정도로 운이 좋은 사람은 거의 없다고 할 정도로 소수에 불과하다. 그래서 수만 명을 대상으로 하는 일반적인 조

---

16 Henry Aaron, 1978, *Politics and the professors*, Brookings.

17 Thomas Piketty and Emmanuel Saez, 2003, "Income inequality in the United States, 1913—1998," *The Quarterly Journal of Economics*, 118(1), 1—41.

사에서는 드러날 가능성이 거의 없다. 반면 국세청은 모든 사람을 잡아낸다. 적어도 법을 준수하는 사람들이라면 말이다.

피케티와 사에즈는 1913년 소득세가 도입된 이후 한 세기 동안 소득이 가장 높은 사람들(그 유명한 상위 1%)에게 돌아가는 총소득 비중의 변화 패턴이 긴 U자형이었다는 사실을 발견했다. 초기에는 높았지만—19세기 말 이른바 도금시대(Gilded Age)[18] 이후—두 차례의 세계대전을 거치면서 하락하여 2차 세계대전 이후 가장 낮은 수준에 도달했다. 그리고 1970년대(잔디가 자라는 것을 지켜보는 시대)까지는 별다른 변화가 없었지만, 그다음부터 최고 소득의 점유율이 다시 거침없는 상승을 시작해 결국 처음의 고점에 도달하면서 오늘날 새로운 도금시대를 열기에 이르렀다.

최고 소득층의 소득 증가 기록은 중위 임금의 정체, 세계화와 자동화—중국과 로봇—가 소득 분배의 중간에 있는 사람들에게 미치는 영향 등 불평등의 다른 측면을 살펴보는 데 영감을 주었다. 잔디가 커다란 콩줄기 덤불로 변해버린 것이다.

2013년 오바마 대통령은 '위험한, 그리고 증가하는 소득 불평등과 상향 이동성 부족'이 제기하는 '우리 시대의 본질적인 도전'에 대해 언급했다.[19] 2012년 경제자문위원회 위원장인 앨런 크루거(Alan Krueger)는 경제학자 마일스 코락(Miles Corak)의 연구를 바탕으로 큰 화제를 불러일

---

18 1865년 남북 전쟁이 끝난 뒤 1873년부터 미국 자본주의가 급속히 발전한 시대로 마크 트웨인이 쓴 동명의 소설에서 따왔다. 카네기, 록펠러, 에디슨이 활약한 시기이기도 하다-옮긴이.

19 White House Office, 2013, "Remarks by the President on Economic Mobility," Dec. 4, https://obamawhitehouse.archives.gov/the-press-office/2013/12/04/remarks-president-economic-mobility.

으키는 연설을 했다. 소득 불평등이 심한 미국 같은 국가의 경우 기회의 균등도 최저 수준이라는 사실을 보여준 것이다. 풍요로운 기회의 땅에서는 소득 불평등이 중요하지 않다는 우리가 늘 들어왔던 말이 거짓이라는 이야기이다. 오히려 거꾸로 소득 불평등에서 누군가에겐 기회가 생기는 것처럼 보이기도 한다. 부자들이 자신과 자녀를 위해 최고의 기회를 독점한다면, 왜 이것이 사실일 수 있는지 쉽게 알 수 있다. 물론 이러한 데이터에 대한 다른 해석도 존재한다. 예를 들어 낮은 이동성이 자체적으로 높은 불평등의 원인일 수 있다는 견해도 있다. 이전에는 논쟁조차 없었던 것이 이제는 활발한 토론 쟁점으로 바뀌었다.

언론은 불평등에 대한 정기적인 논평을 싣기 시작했다. 〈뉴욕타임스〉는 '대분열(The Great Divide)'이라는 시리즈를 게재했고, 조 스티글리츠(Joe Stiglitz)는 불평등의 폐해에 대해 정기적으로 글을 기고했다. 〈월스트리트저널〉은 이에 대한 반격을 이끌었다. 경제학자들은 갈라졌다. 논쟁이 커지던 1998년 마틴 펠드스타인(Martin Feldstein)은 "소득 불평등은 해결이 필요한 문제가 아니다"라고 논평했다.[20] 데이터에 의문을 제기하는 것은 가능하다. 예를 들어 중요한 것은 소득이 아니라 지출이며, 지출 불평등은 소득 불평등만큼 증가하지 않았다고 주장하는 것이 그렇다. 하지만 로테르담의 유명한 다리를 부숴야 통과할 수 있는 베이조스의 거대한 요트 출시나 베이조스, 머스크, 브랜슨이 소유한 우주선을 타기 위한 경쟁 이야기를 제외하고는 최고 부유층의 지출에 대한 데이터는 없다. 어떤 경우든 소득 데이터는 지출 데이터 이상으로 유용한 점이 있다.

20　Feldstein, "Income inequality and poverty," 요약본.

누군가는 세금 및 이전소득, 또는 정부의 보건 지출을 제외한다면 불평등이 부풀려지는가(그렇다) 또는 불평등 흐름 자체가 뒤바뀌는가(아니다)라고 질문할 수 있다. 의료비용의 증가가 어려운 처지의 사람들로서는 상황이 나아진 의미라고 주장한다면 참으로 아이러니한 일이 될 것이다. 의료보험 비용은 의료 업계의 반경쟁적 관행과 로비로 인해 극도로 부풀려져 있으며 다른 나라들처럼 훨씬 저렴하게 제공될 수도 있다. 그 결과 근로자가 받는 혜택의 가치가 비용보다 훨씬 작다. 영국의 소득 불평등은 미국보다 훨씬 낮으며 국가보건서비스(NHS) 비용을 나누어 개인 소득에 더하면 그 차이는 더 벌어질 것이다. 단일 보험자 의료보험(single-payer system)은 우리 모두가 건강 위험을 공유하고 질병으로 인한 부담이 소득이나 부의 불평등으로 이어지지 않도록 짜여 있기 때문에 불평등을 낮추는 데 도움이 된다.

수년 동안 하버드에서 기초 경제학 과정(EC_{10}—그의 자동차 번호판이기도 하다)을 가르쳤던 경제학자 그렉 맨큐(Greg Mankiw)는 오랫동안 불평등에 대해서, 또 월스트리트 금융회사가 '벌어서' CEO들에게 지급하는 (또는 CEO가 스스로 지급하는) 고액 연봉의 사회적 가치를 큰 소리로 옹호해 왔다. 그는 명백히 방어할 수 없는 것까지 옹호할 만큼 용감했다. 사모펀드가 파트너의 소득을 낮은 세율이 적용되는 자본이득으로 조정할 수 있도록 허용하는 세금 감면도 지지했다.[21] 워싱턴에 있는 자유주의 싱크탱크인 카토연구소(Cato Institute)에서 연설하면서 내가 애플 창업자 스티브 잡스의 죽음에 대한 대중의 애도가 저명한 은행가들의 경우에

---

21 N. Greg Mankiw, 2012, "Capital income, ordinary income and shades of gray" *New York Times*, March 3.

도 재현될 것인지 물었을 때 한 청중은 일반 대중은 은행가가 하는 일의 사회적 중요성을 이해하지 못한다고 답했다. 나는 금융위기 기간과 그 이후에 은행가들이 하는 일과 그들이 처벌받지 않고 빠져나갈 수 있는 일이 매우 명확해졌다고 생각한다.

오늘의 상황은 1800년대 후반의 첫 도금시대(Gilded Age)와 많은 유사점이 있다. 한 세기 전의 극심한 불평등은 때로는 불평등을 완화하고 때로는 불평등을 심화하는 방향으로 정치에 영향을 미쳤다. 태프트(Taft)와 루스벨트(Theodore Roosevelt) 대통령에 대한 공동 전기에서 도리스 컨스 굿윈(Doris Kearns Goodwin)은 은행, 석유, 철도 분야에서 거대 독점 기업의 불법적인 시장 지배력을 억제하려는 시도였던 TR(태프트와 루스벨트-옮긴이)의 '트러스트 해체(Trust-busting)'에 대해 썼다. TR은 트러스트 기업이 경쟁을 막고 인구의 상당수를 궁핍하게 만드는 방법으로 막대한 부를 축적한다고 보았다.[22]

스콧 버그(Scott Berg)의 전기에 기록된 우드로 윌슨(Woodrow Wilson)의 불평등에 대한 반응은 더 가슴에 와닿는다.[23] 프린스턴대학교 총장 시절 윌슨은 대학이 사실상 부유층에 의해 소유되고 있다는 사실에 분노했다. 윌슨의 전임자 패튼(Patton)은 자신이 미국에서 가장 훌륭한 컨트리클럽을 운영하고 있다며 "프린스턴은 부자들의 대학이고, 부자들은 종종 공부하러 대학을 찾는 게 아니다"고 언급하기도 했다. 윌슨은 대학을 민주화하고 사람들이 공부할 수 있도록 하려고 했지만 '부자

---

22 Doris Kearns Goodwin, 2013, *The bully pulpit: Theodore Roosevelt, William Howard Taft, and the golden age of journalism*, Simon and Schuster.

23 A. Scott Berg, 2013, "Wilson," *Putnam's Magazine*, p.135.

들'로 가득 찬 동문회와 이사회에 의해 밀려났다. 총장 사임 2년 후 그는 미국 대통령에 당선되었고 수많은 불평등 제거를 위한 제도를 법제화하는 데 성공했다. 여기에는 관세 인하, 금융위기 때 은행가들로부터 국가를 보호하기 위한 연방준비제도(Fed) 설립, 영구적인 소득세 도입 등이 포함된다. 이는 우연히도 사이먼 쿠즈네츠(Simon Kuznets)에 이어 피케티와 사에즈가 소득 불평등에 관한 연구를 시작할 수 있는 계기가 됐다. 이러한 정책이 불평등을 줄였는지는 결코 알 수 없다. (1차) 세계대전(World War, 윌슨이 만든 용어이다)이 그 이전의 모든 것을 휩쓸었기 때문이다.

윌슨은 부와 소득의 불평등에는 도전했지만, 인종 불평등에는 도전하지 않았다. 그는 남부에서 자랐고 워싱턴의 차별을 해소하기는커녕 오히려 차별을 확대하고 강화했다. 한 세기 후 프린스턴대학교의 두 번째 보복으로 그의 이름은 프린스턴의 '공공국제정책대학원(school of public and international affairs, SPIA)'에서 지워졌다. 당시에는 물질적 불평등에 도전했다는 이유로 쫓겨났고, 지금은 인종적 불평등을 수용하고 조장했다는 이유로 쫓겨났다.

불평등은 어떻게 작동하고 다루어야 하나

불평등은 최근 포퓰리즘의 부상, 심지어 2021년 1월 6일의 대선 불복 의사당 난동 등과 함께 미국이 잘못되어 간다는 이야기에서 가장 손꼽히는 현안에 해당한다. 하지만 불평등이 문제인 이유는 무엇이며, 그 불평등은 경제성장을 억제하거나 촉진하는 데 어떤 역할을 하며, 또 어떻게 민주주의를 약화시키는가? 불평등은 사람들을 자살이나 '절망사

(deaths of despair)'로 몰아넣고 있는가? 불평등은 지구 온난화나 대기 오염과 같이 우리 모두에게 나쁜 것일까? 그렇다면 이를 줄일 수 있는 가장 좋은 방법은 무엇일까?

이러한 질문은 내가 자주 받는 것이기도 하다. 하지만 진실을 말하자면 어떤 질문도 도움이 되거나 대답할 수 있거나 심지어 정답이 있는 것도 아니다. 불평등이 경제, 정치, 사회적 과정의 '원인'이라면 또한 그 '결과'이기도 하다. 이러한 사회적 과정 중 일부는 좋은 것으로 보이지만 다른 일부는 나쁘며, 또 다른 일부는 매우 나쁘다. 좋은 것과 나쁜 것(그리고 매우 나쁜 것)을 구분해야 불평등이 무엇인지, 또 우리가 무엇을 해야 할지를 제대로 이해할 수 있다. 그리고 상황을 개선하려면 설사 해결책의 한 부분이 될지 모른다고 하더라도 급진적 조세시스템을 통해 소득 불평등을 단순히 줄이겠다는 식으로 갈 게 아니라 반드시 해로운 과정을 정확히 식별해내고 이를 통제해야 한다.

불평등이 항상 불공평한 것은 아니다. 현재 많은 미국인이 불평하는 것은 불평등(inequality)보다 불공정(unfairness)이다. 사람들이 경제와 정치가 자신들에게 불리하게 작동하고 있다고 생각하면 포퓰리즘과 심지어 폭력도 정당화될 수 있다. 미국은 대표 없이 과세가 이뤄지는 불공정을 싫어하는 사람들에 의해 탄생했다. 그런 미국에서 오늘날 많은 사람들이 억압받고 있다고 느끼지만, 자신에게 불리하게 작동하는 것으로 보이는 정부를 통제하지 못하고 있다고 생각한다. 그리고 2020년 선거가 오랫동안 기다려온 해결책을 제시하지 못한다면 지옥에나 가라는 그런 분위기다.

대부분 사람들은 혁신가들이 모든 사람에게 혜택을 주는 제품이나 서비스를 선보이며 부자가 되는 것에 반대하지 않는다. 물론 혁신가들이 번 만큼 세금을 당연히 내야 한다고 생각하지만 말이다. 오늘날 세계에서 가장 큰 불평등의 일부 원인은 1750년경 시작된 산업혁명과 보건혁명으로 거슬러 올라간다. 원래 이러한 진보는 북서 유럽의 몇몇 국가에만 혜택을 가져다주었다. 그 이후 곳곳으로 확산하여 전 세계 수십억 명의 삶을 개선했다. 이러한 발전은 승자뿐만 아니라 패자도 만들어 냈다. 영국에서는 산업가들이 부유해지면서 수공예 직공들은 가난해졌고, 많은 사람이 견디기 힘든 도시 생활환경에서 생계를 유지해야 했다. 그 외에도 산업혁명에 관해서는 선도국의 발전이 더 가난한 국가들, 특히 식민지와 속국의 피해 없이는 계속될 수 없었다는 주장도 있다.[24] 좋거나 나쁜 원인의 비중이 어떠하든, 선도국과 후발국 사이의 격차는 결코 사라지지 않았다. 발전 과정에서 생겨난 국가 내부 및 국가 간의 불평등은 그것이 소외된 사람들에게 직접 상처를 입히지는 않았다고 하더라도 모든 사람에게 공평하게 다가가는 경우란 거의 없다.

오늘날 미국에서 가장 부유한 사람들은 아마존, 마이크로소프트, 구글, 페이스북, 테슬라, 애플 등 빅테크 기업에서 돈을 벌었다. 월마트의 재고 관리, 블룸버그의 금융 정보 및 소프트웨어 등에서 보듯 사무엘 월튼(Samuel Walton)과 마이클 블룸버그(Michael Bloomberg)처럼 새롭고 더 나은 방식을 개척한 사람도 있다. 한 세기 전 도금시대(Gilded Age)의 부는 석유, 철강, 철도 등 당시로서는 혁신적인 산업에서 창출되었다. 그때나

---

24   Kenneth Pomeranz, 2000, *The great divergence: China, Europe, and the making of the modern world economy*, Princeton University Press. Sidney W. Mintz, 1985, *Sweetness and power: The place of sugar in modern history*, Viking. Sven Beckert, 2014, *Empire of cotton: A global history*, Knopf.

지금이나 부는 적어도 '초기에는' 사회 전반에 가져다주는 혜택에 대한 정당한 보상처럼 보였다. 문제는 나중에 혁신가들이 혁신을 멈추고 제공자에서 강탈자로, '만드는 자'에서 '빼앗는 자'로 변할 때 발생한다. 이들은 자신의 지위와 부를 이용해 다음 혁신가를 가로막을 수 있다. 자신들에게 유리한 규칙을 만들도록 정부를 회유(또는 자금 지원)하기도 한다.

이것이 자본주의가 작동하는 방식의 하나다. 새로운 기업가들은 엄청난 부를 쌓을 가능성을 엿보며 컴퓨터와 인터넷 등 범용 기술의 새로운 응용법을 개발하면서 혁신적이고 막대한 수익을 창출하는 회사를 설립한다. 창조적 파괴의 물결은 여전히 마지막 물결을 타고 있는 많은 기존 기업을 휩쓸어버린다. 신생 기업들이 일단 지배적 지위를 확보하면 그들로서는 혁신을 지속할 유인이 사라진다. 대신 조용한 삶을 살면서 자신들의 부를 이용해 젊은 경쟁업체들이 무서운 상대가 되기 전에 인수하거나 공격적으로 특허를 매수하거나 로비 활동을 벌이거나 해서 위협을 미리 없애는 선택을 할 수 있다.[25] 2021년에 메타(페이스북)는 로비 활동에 2000만 달러 이상을 지출하여 전체 순위로 7위였다. 기업협회(조합)가 아닌 개별 기업으로는 그 어느 곳보다 많은 지출이다. 다음으로는 아마존이 두 단계 밑이고, 알파벳(구글)이 한참 떨어진 것은 아니지만 그 뒤 어딘가에 있다.[26] 초창기 구글은 워싱턴에서 전혀 존재감이 없었다.

불평등이 사회적으로 유익한 혁신에서 비롯된 것이라면 좋은 것

---

25 Philippe Aghion and Peter Howitt, 2022, "Creative destruction and US economic growth," *Capitalism and Society*, 16(1), article 2.

26 Open Secrets.org, "Lobbying, top spenders," 2021, https://www.opensecrets.org/federal-lobbying/top-spenders?cycle=2021, 2022년 7월 28일 확인.

이고, 혁신가들이 인센티브를 필요로 한다는 것이 사실이라면 우리는 황금알을 낳는 거위를 죽이지 않도록 주의해야 한다. 이에 대해서는 물론 많은 논란이 있다. 창출되는 대부분의 부가 정부로 돌아갈 것이 미리부터 명확했더라도 과연 일론 머스크가 테슬라를 만들고 제프 베이조스가 아마존을 만들었을까? 사람마다 생각이 다를 수 있다. 하지만 공적인 제재 여부와 상관없이 '도둑질'로 인해 생긴 불평등이 나쁘다는 것은 완전히 다른 이야기다. 여기에는 아무런 이견이 없다.

기업이나 기업협회─예를 들면 제약협회, 부동산협회, 상공회의소, 병원협회─가 정부에 특혜를 압박하는 경우 이는 상대적으로 부유한 경영진과 이해관계자들이 다른 사람들의 이익을 사실상 훔쳐 가는 것이다. 일부 국가에서는 정부가 국민을 보호하거나 평등을 증진하기보다는 기업 및 이익단체와 공모하여 자원을 빼내는 데 더 관심이 있다. 경찰이 노상강도와 협력하는 셈이다.

부유한 소수 계층은 자신과 가족에게 필요하지 않으며 이를 위해 세금을 내고 싶지 않기 때문에 공적 연금이나 의료서비스와 같은 공공재 제공을 종종 막기도 한다. 제약회사들은 높은 약값을 유지하기 위해 특허 보호기간 연장을 로비하고 사모펀드의 부자 파트너들은 그들의 소득을 자본이득으로 분류하여 세금감면 혜택을 얻으려고 로비한다. 은행은 이익은 자신들이 유지하고 손실은 사회와 공유할 수 있는 규정을 만들기 위해 로비를 벌인다. 미국 의사협회는 의과대학의 수를 제한하고 외국인 의사의 미국 취업을 막는 방식으로 의사들의 급여를 경쟁시장보다 높게 유지하고 있다. 신용카드 회사는 대법원 판결로 소매업체가 현금을 지불하는 사람들에게 할인 혜택을 제공하지 못하도록 하였다. 카드를 사용하지 않는 저소득층이 신용카드 회사가 회원에게 제공하는 무료 항공권 및 기타 혜택을 지불하고 있는 셈이다. 주정부들은 딜러가 아닌 다른 사람이 자동차를 판매하는 것을 불법으로 규정해 제조업체가 직접 판매할 수 없도록 했다. 사례는 이것 말고도 많다.

이런 종류의 로비와 특혜 제공을 제한할 수 있다면—선거자금 개혁이 도움을 줄 것이다—설령 조세제도를 바꾸지 않더라도 불평등은 줄어들 것이다.

미국의 1인당 국민소득은 1971년부터 2021년까지 연평균 1.8%씩 증가하면서 지난 50년 동안 실질 기준으로 두 배 이상 늘었다. 그러나 소득 분배의 중간층 실질 임금을 살펴보면 1970년 이후 정체되어 있다. 그리고 대학 학위가 없는 남성의 실질 임금 수준을 보면 50년 전보다 지금이 오히려 '낮다'. 왜 이렇게 일반적인 성장과 번영이 일하는 사람들 사이에서는 공유되지 못하고 있을까?

세계화와 기술변화와 같은 비인간적이지만 멈출 수 없는 과정이 저숙련 노동의 가치를 떨어뜨리고 고학력자를 선호하게 했다고 비난하는 설명도 있다. 또 다른 설명은 더 음울한데, 대다수의 정체는 늘어난 최상위층 소득과 부의 직접적인 결과라는 것이다. 이 설명에 따르면 부유층은 다른 모든 사람의 희생으로 더 부유해지고 있다. 경제가 점점 더 금융화되고 있다는 것도 중요한 요인이다. 은행, 헤지펀드, 기타 금융회사가 경제의 약 5분의 1을 차지할 정도로 규모가 커졌다. 2차 세계대전 후만 해도 10분의 1에 불과하였으나 이렇게 달라졌다. 그러나 자본 배분의 효율성에서 뚜렷한 개선은 없었다. 더 직접적으로 산업이 집중화되면서 공급 독점과 수요 독점이 일반화하였고 적정 수준보다 물가는 더 높아지고 임금은 더 낮아졌다. 그 결과 돈은 노동자와 소비자에서 경영자와 자본 소유자에게로 이전되고 있다.

　세계화와 기술변화―중국과 로봇들―가 전통적인 일들을 파괴하고 있지만 경제학자들은 올바른 정책, 즉 패자를 보상하는 '올바른 정책이 뒷받침된다면' 세계화와 기술변화 모두 잠재적으로 유익하다고 강조하고 있다. 그러나 우리는 올바른 정책을 가지고 있지 않다. 이는 정치가 세계화의 혜택을 본 사람들과 그에 따른 대가를 지불해야 하는 측의 입장에 더 얽매여 있기 때문이다. 텍사스주 상원의원 필 그램(Phil Gram)은 패자를 보상하는 정책은 사회주의 국가에서나 하는 일이며 사회주의 국가조차 이러한 정책을 중단하려고 노력하고 있다고 주장했다. 심지어 보상 없이도 없어진 일자리는 비록 다른 곳이지만 더 나은 다른 일자리로 대체되고는 한다고 설명하였다. 하지만 우리가 완전히 이해하지 못하는 이유로, 어쩌면 지금 미국인들의 주거지 이주 경향이 줄어들고 있는 이유로―실제로 이동성이 현저히 떨어졌다―일자리 파괴와 대체의 과정은 더 느려지고 고통스러워졌다.

　임금은 다른 잘못된 사회 제도로 인해 억제되고 있다. 하나는 의료비용이 임금과 일자리에 미치는 재앙적 수준의 영향이다. 대부분 미국인 근로자의 건강보험은 고용주가 제공하는데 이는 원래 임금으로 사용될 수 있는 돈이다. 이런 구조에서 근로자들의 임금은 필요 이상으로 큰 의료시스템을 유지하는 비용은 물론이고 의료 산업의 이윤과 높은 연봉을 위해서도 지불되고 있다. 매년 미국은 과도한 의료비용으로 다른 부유한 국가들보다 1조 달러―한 가구당 약 8000달러―를 더 '낭비하고' 있는데도 거의 모든 국가보다 건강지표에서 더 나쁜 결과를 보여주고 있다. 유럽의 여러 대안 시스템 중 어느 것을 도입하더라도 이러한 자금을 회수할 수 있을 것이다. 하지만 그 대안 중 어느 것이라도 채택한다면 현재 상태에서 이익을 얻는 사람들의 격렬한 저항을 불러올 것이 분명하다. 선거자금 개혁과 마찬가지로 단일 보험자 시스템(single-payer system)은 그 자체로 좋은 것이며 채택만 한다면 세전 소득 불평등을 줄일 수 있다.

경제의 여러 부문에서 증가하는 시장 합병에 대해서도 비슷한 논리가 적용된다. 예를 들어 병원 합병의 결과로 병원 가격은 급격히 상승했지만, 간호사의 경우 수십 년 동안의 인력부족 현상에도 불구하고 임금이 오르지 않았다. 유럽보다 미국에서 더 저렴했던 전화기는 이제 더 비싸다.[27] 시장 집중도가 높아지면 생산성 성장도 둔화할 수 있다. 혁신과 투자보다 지대추구와 독점화를 통해 이익을 얻기가 더 쉽다. 단일 보험자 의료보험과 선거자금 개혁 같은 더 나은 반독점법 집행은 경제를 더 잘 작동하게 하고 '동시에' 불평등을 줄이는 데 도움이 될 것이다.

비슷한 효과를 낼 수 있는 많은 개선책을 나열할 수도 있다. 최저임금 인상, 저숙련 직종에서의 반경쟁 조항 및 강제중재 금지, 반노조법 폐지, 법원의 기업편향 해소, 그리고 아마도—많은 경제학자가 동의하지 않겠지만—이민 축소 등이 그렇다. 2021년 기준으로 미국 인구의 13.6%는 해외에서 태어났지만 1970년에는 4.7%였다. 미국 인구에서 외국 태생의 비중이 지금처럼 높았던 시기는 한 세기 전의 도금시대가 마지막이었다. 많은 미국인 노동자 계층은 이민자가 적다면 임금이 더

---

27 Thomas Philippon, 2019, *The great reversal: How America gave up on free markets*, Belknap Press of Harvard University Press.

높아질 것이며, 오늘날 상대적 고학력의 외국 태생 인구가 처음 도금시대와 마찬가지로 불평등을 끌어올리고 있다고 믿는다. 대다수 경제학자의 연구는 그러한 연관성을 발견하지 못했지만, 모두가 이 연구들이 정확하다고 확신하는 것은 아니다.

올바른 정책이 있다면 자본가 민주주의(capitalist democracy)가 부유층만이 아니라 모두에게 더 나은 결과를 가져올 수 있다. 자본주의를 버리거나 생산 수단을 선별적으로 국유화할 필요는 없다. 그러나 경쟁의 힘이 중산층과 노동계층을 위해 작동하도록 다시 돌려놓을 필요는 분명히 있다. 소수가 다수의 것을 빼앗아 가는 경제로 계속 질주하면 그 앞에는 끔찍한 위험이 기다리고 있을 것이다. 돈을 버는 사람들에게 세금을 부과하는 것은 좋은 일이며 분명해야 할 일이다. 하지만 핵심은 강탈을 멈추게 하는 것이다.

6장

돈을 넘어선 불평등

ECONOMICS IN AMERICA

부와 소득 불평등이 넓게 퍼져 있다는 것 자체가 큰 문제이고 종종 정의롭지 못한 현상이지만 이는 인종, 종족, 혹은 성(gender) 등이 다르다는 이유만으로 차별당하는 사람들의 상황에는 비할 바가 못 된다. 사회가 일부 구성원에 대하여 시민으로서 당연히 누려야 할 존엄성을 인정하지 않고 존중을 거부한다면, 그 사회 구성원 모두가 진정한 시민이라고 말할 수 없을 것이다. 억만장자의 출현을 허용해야 하는지, 또는 그들의 부가 우리 모두에게 혜택이 되어야 하는지를 놓고 논쟁할 수 있고 또 해야 한다. 그러나 짐크로법(Jim Crow Law, 공공시설에서 백인과 유색 인종을 분리하도록 한 법으로 남북전쟁 이후부터 1965년까지 미국 남부 11개주에서 시행되었다-옮긴이)은 도저히 정당화할 수 없다.

　온전한 시민권의 전제가 돈이 되면 부가 독재의 원천이 될 수도 있다. 만약 가난한 사람들에게 정치적 발언권이 허용되지 않는 가운데 돈이 입법권을 좌지우지한다면, 혹은 공직(예를 들면 정치에서)이 부자나 부자들이 지지하는 사람들에게만 허용된다면 민주주의는 작동하지 못할 것이다. 부자만이 제대로 된 의료복지를 누릴 수 있는 사회도 마찬가지이다. 그러나 이게 전부가 아니다. 돈이 아닌 다른 이유로 인한 차별도 무수히 많다. 이 장에서는 이러한 불평등의 사례를 이야기하고자 한다.

첫 번째 글은 시민권을 가지지 않은 이민자의 이야기이다. 바로 나 자신이 30년간 겪은 일이기도 하다. 나와 같은 이민자들은 시민권을 획득하기까지 일정 기간을 보내야 하고 그때까지 마이클 왈저(Michael Walzer)가 말한 대로 '입주 하인(live-in-servants)'으로 생활해야 한다.[1] 두 번째는 미국 내 인종에 관한 것이다. 흑인과 백인 사이의 건강 격차에 대해 다루고 있으며, 이러한 격차는 우리가 관련 데이터를 가진 이래 계속 존재해왔다. 소득 격차와 인종 차별의 상관관계를 분석해보기로 한다. 세 번째 글은 기후변화와 관련된 문제로서 우리가 미래 세대에 어떠한 빚을 떠넘기고 있는지를 다룬다. 여기서 불평등은 바로 우리 세대와 미래 세대 간의 불평등을 말한다. 마지막 주제는 우리 사회의 골칫거리인 이른바 능력주의(meritocracy)이다. 나 자신이 항상 스스로를 첫 번째 능력주의자 세대의 일원으로 여겨왔고 능력주의야말로 더 나은 새로운 세상을 만들 것으로 믿은 적도 있다. 그러나 그 생각은 옳지 않았던 것 같다.

미국의 이민자들

합법적 이민자라고 하더라도 시민권이 없으면 미국 생활이 불안한 경우가 왕왕 있다. 도널드 트럼프는 선거운동 초기부터 이민자를 악마화하였고 그의 행정부는 때때로 가혹한 반이민 정책을 추진하기도 하였다. 1장

---

1 Michael Waltzer, 1983, *Spheres of justice: A defense of Pluralism and equality*, Basic Books.

에서 언급했듯이 그는 이슬람 국가나 테러 위험이 있는 국가에서 온 방문객들의 입국을 금지하려 하였고, 이로 인해 미국의 오늘을 만든 많은 뛰어난 과학자와 작가의 미국 유입을 제한하는 결과를 초래하였다.

우파 정치인 사이에서는 1965년 이후 대규모 이민 유입을 대재앙으로 보는 경향이 있다. 1965년 이후 그 어느 때보다 많은 이민자가 미국으로 왔으며, 이들은 백인 노동자들을 궁지로 몰았을 뿐 아니라 초기 이민자들(대부분 유럽인)과 달리 미국이라는 국가의 성격을 바꾸고 초기 자유주의 헌법 정신을 훼손하였다고 트럼프의 반이민 정책 지지자들은 주장하고 있다.[2] 이런 대재앙을 뒤집고자 하는 그들 중 누가 입국 제한으로 부모와 자식을 강제 격리하거나 아이들을 철창에 가두는 것에 대해 걱정이나 하겠는가?

트럼프가 이민자를 학대한 최초의 대통령은 아니다. 안타깝게도 프랭클린 루스벨트(Franklin D. Roosevelt) 대통령은 1942년에서 1945년 기간 중 미국 시민을 포함한 10만 명 이상의 일본계 이민자를 집단 시설에 강제 수용했다. 그중 한 사람이 1929년 LA에서 태어난 월터 오이(Walter Oi)였다. 그는 앞에서 언급한 경제학자로서 군대에 시장시스템을 도입해야 한다고 주장한 바 있다. 그 사건이 일어난 후 반세기가 지난 뒤 발발한 야만적인 9·11 테러 사건 이후, 몇 가지 반이민 정책이 추진되었다. 2001년의 애국자법(USA Patriot Act)은 납세의무를 다한 2000만 명 이상의 합법적인 이민자라고 하더라도 시민권이 없고 테러 혐의가 있다면 미국 정부가 재판이나 심리 없이도 무기한 강제 구금할 수 있

2　Christopher Caldwell, 2020, *The age of entitlement: America since the sixties*, Simon and Schuster.

도록 하였다. 미국 내 대학교의 경제학과는 지난 수년간 비(非)미국인들이 다수를 차지해왔다. 내가 속한 프린스턴대학교의 경우 2001년 교수진의 반이 외국 태생이었고 종신재직권(테뉴어)을 받지 못한 젊은 교수의 경우에는 외국 출생자가 4분의 3 이상을 차지하였다. 대학원 학생의 대부분은 외국 출생자이며, 최근 경제학 입문강좌의 경우 강의 시작 전 토론이 종종 중국어로 진행되기도 할 정도였다. 미국의 애국자법에 따라 대학 및 다른 고용주들은 FBI로부터 비시민권자의 인사파일(또는 서적, 기록, 서류, 문서) 제출을 명령받을 수 있었다. 법률적으로 서류 제출에 대해 당사자 허락을 받을 필요가 없는 것을 넘어 자료제출 요구 및 제출 사실을 관련 당사자를 포함한 누구에게도 공개하지 못하도록 하였다. 그러한 조치와 함께 비시민권자에 대해서는 구속영장심사(habeas corpus) 적용을 중지한 데 대해 그때 미국 시민들의 지지는 매우 높았다. 당시 시위는 이적행위로 간주하였다. 조지 W. 부시 행정부의 법무장관 존 애쉬크로프트(John Ashcroft)는 테러리스트는 보호받을 자격이 없다고 말하기도 하였다. 많은 이민자에게 그것은 마치 이민자는 보호받을 자격이 없다는 말로 들렸다.

트럼프 행정부는 2020년 인구조사 때 시민권 여부를 묻는 문항을 추가하려고 시도했지만 결국 실패했다. 이미 다른 대규모 공식 조사가 시민권자의 지리적 분포에 대한 정보를 제공하고 있었기 때문에 많은 사람은 이 문항의 목적이 2차 세계대전 당시 미국 정부가 일본인들에게 했던 것처럼 이민 및 관세기관이 특정 개인을 표적으로 삼거나 심지어 체포할 수 있도록 하기 위한 것이라고 생각했다. 비시민권자들은 이러한 인구조사 문항에 답하는 것을 두려워했을 것이고 이는 그들이 사는 지역의 인구 대표성을 떨어뜨리고 결과적으로 해당 지역에 대한 연방 재정지원을 줄이는 결과를 초래했을 것이다. 또한 헌법 개정의 근거로도 활용될 수 있다.

부분적으로는 이러한 태도들 때문에, 나는 2012년까지 영국 시민권을 포기하지 않았고 미국 시민이 되지 않았다. 또 부분적으로는 오바마가 대통령이 되기 전에는 미국과 그 지도층에 충성을 맹세하고 싶지 않았다. 하지만 몇 년이 지나면서 나의 자녀와 손자, 손녀들이 시카고와 뉴욕에서 각기 삶을 꾸려가고 있는 상황에서 내가 살 곳이 미국이라는 것을 인정하지 않을 수 없었다.

내가 애국자법 때문에 고통받은 적은 없지만, 비시민권자는 불편할 수밖에 없다. 한 무례한 이민국 직원은 내가 캐나다에서 미국으로 재입국할 때 매직펜으로 내 영주권 증명서를 훼손해 다시 사용할 수 없게 만들며 반감을 표시했다. 영주권이 없는 이민자는 사실상 범죄자 취급을 받을 수 있다. 영주권을 잃은 후 1년 이상 내 삶은 관료주의 지옥을 견뎌야 했다. 예약이 안 되고 전화도 없는 대기실에서 마냥 기다리는 일이 계속됐다. 뉴어크(Newark) 공항의 대기실에서 한 관리는 눈물을 흘리는 민원인에게 마이애미로 돌아가라고 명령했다. "하지만 마이애미에서는 여기로 가야 한다고 했다." "내 알 바 아니니 마이애미로 돌아가라." 또 다른 관리는 수십 명이 지켜보는 사무실에서 한 남자에게 마지막으로 동성애를 한 게 언제냐고 큰 소리로 다그쳤다. 이민자들은 오바마 대통령이 자서전에 쓴 대로 "그렇게 열심히 일한 삶이 한순간에 무너질 수 있다는 것을 항상 두려워한다."[3] 나도 거의 비슷한 경험이 있지만, 지난 30년간의 모든 해외여행 기록을 제출해야 한다는, 엄두가

나지 않는 조건 때문에 시민권 신청을 망설였다. 결국 나는 적어도 지난 30년 중 초기 여행의 경우 이민국 기록이 나보다 나을 수 없다는 걸 깨달았다. 아내 앤(Anne)이 지하실에서 옛 여권을 찾았기 때문이다.

시민권 신청을 결정하자 내가 두려워하고 박해자로 여겨졌던 기관이 친근하게 바뀌었다. 그 무뢰한들이 겸손해지고 악당들은 천사로 변했다. 관료주의가 이보다 더 큰 도움이 될 수는 없었다. 결국 유권자가 가진 투표권 때문인 듯했다. 나에게는 고령자에 대한 특례로서 20개 문항 중 12개 정답 요건(100개 문항 중 60개 요건 대신)이 적용되었다. 질문도 대부분 정답이 같은 것이었다. (미국의 수도는 어딘가? 미국의 초대 대통령은 누구인가? 델라웨어강을 영웅적으로 건넌 사람은 누구인가?) 마지막 장애물인 시민 선서 행사 당일, 준비할 틈도 없이 문 앞에 있던 경찰관이 시민권 시험에 합격한 후 2주 동안 매춘을 한 적(동성애 또는 이성애에 대한 특정 없이)이 있느냐고 물었다. 이 질문에 대해 고인이 된 동료 우베 라인하르트(Uwe Reinhardt)는 "오랫동안 그 일을 찾고 있었지만 아직도 성공하지 못했다"라고 대답했다고 주장했다. 시민권 행사 중 새로운 미국인들에 대한 환영사에서 이민국 관계자는 시민권의 중요성은 투표권에 있는 것이 아니라고 했지만, 나는 그게 사실이 아니라는 것을 이미 알고 있었다. 질문 시간에 손을 들어 질문하고 싶었지만 참았다.

내가 시민권 신청을 미룬 것은 바로 이 책 전반에 나타나 있는 시민권에 대한 나의 상반된 이중적 인식 때문이기도 하였다.

---

3   Barack Obama, 2020. *A promised land*, Crown, 610.

의료, 사회적 분리, 인종

미국은 영국과 달리 계급이 없는 사회지만, 계급에 기반을 둔 영국 사회의 불평등이 미국에서는 인종, 민족 간 불평등으로 나타난다고 주장하는 이도 있다.

미국 흑인은 백인보다 다양한 불이익을 경험하고 있으며, 이러한 불평등은 전반적인 소득 불평등으로 이어졌다. 2022년 말, 흑인 남성의 중위소득은 백인 남성의 중위소득보다 19% 낮다.[4] 2020년 백인 남성의 39%가 관리직 또는 전문직을 가진 데 비해 흑인 남성의 경우 그 비율이 29%에 불과하다. (아시아계 남성의 경우 60%가 관리직 혹은 전문직이다.[5]) 2020년 빈곤 통계에 의하면 흑인 가구의 19.5%가 빈곤층에 속하여 백인 가구(히스패닉계 제외)의 8.2%보다 훨씬 높다.[6] 백인 가정의 중위 순자산은 18만 200달러로 흑인 가구의 중위 순자산 2만 4100달러의 거의 '8배'에 달한다.[7] 이러한 놀라운 격차는 오늘날 미국에서 사회문제 해결을 위한 논

---

4 US Bureau of Labor Statistics, 2023, "Usual weekly earnings of wage and salary workers fourth quarter 2022," Jan 19. https://www.bls.gov/news.release/pdf/wkyeng.pdf, 2023년 3월 10일 확인.

5 US Bureau of Labor Statistics, 2021, "Labor force characteristics by race and ethnicity, 2020," November. https://www.bls.gov/opub/reports/race-and-ethnicity/2020/home.htm, 2022년 8월 8일 확인.

6 US Bureau of the Census, 2021, "Income and poverty in the United States: 2020," Sep. 14. https://www.census.gov/library/publications/2021/demo/p60-273.html#:~:text=Among%20non%2DHispanic%20Whites%2C%208.2,a%20significant%20change%20from%202019, 2022년 8월 8일 확인.

7 Board of Governors of the Federal Reserve System, 2020, "Disparities in wealth by race and ethnicity in the 2019 Survey of Consumer Finances," September 28. https://www.federalreserve.gov/econres/notes/feds-notes/disparities-in-wealth-by-race-and-ethnicity-in-the-2019-survey-of-consumer-finances-20200928.htm, 2022년 8월 8일 확인.

의의 핵심 과제이다. 읽기 및 수학시험 성적은 흑인이 백인에 크게 뒤진다.[8] 2020년 미혼 여성의 출산율은 비히스패닉 백인의 경우 10만 명당 27.6명인데 비해 비히스패닉 흑인은 10만 명당 54.9 명이다.[9] 흑인은 백인보다 살해당할 확률이 5배 높고, 살인범이 될 확률도 5배 높다.[10] 미국 법무부에 따르면 흑인 인구의 1.1%가 연방 혹은 주교도소에 수감되어 있는 데 비해 백인 인구의 재소자 비율은 0.2%에 불과하다.[11]

이러한 인종 간 불평등에서 가장 심각한 사회적 문제는 흑백 간의 건강 및 수명 차이다. 2020년 출생 기준 기대수명은 흑인 남성이 백인 남성보다 7년 짧았고(68.0세 대 75.0세), 흑인 여성은 4.5년 짧았다(75.7세 대 80.2세).[12] 이러한 격차는 2020년에 확대되었다. 팬데믹으로 인해 흑인의 평균 기대수명이 2.9년 감소한 데 비해 백인의 경우 '단지' 1.2년 줄었다. 환자는 이민이 어렵거나 불가능하기 때문에 이민은 당사자의 건

8 Ember Smith and Richard V. Reeves, 2020, "SAT math scores mirror and maintain racial inequity," Dec. 1. https://www.brookings.edu/blog/up-front/2020/12/01/sat-math-scores-mirror-and-maintain-racial-inequity/#:~:text=Portion%20of%20test%20takers%20meeting%20college%20readiness%20benchmarks&-text=Of%20those%20scoring%20above%20700,or%20Latino%20and%2026%25%20Black, 2022년 8월 8일 확인.

9 Michele J. K. Osterman, Brady E. Hamilton, Joyce A. Martin, Anne K. Driscoll, and Claudia P Valenzuela, "Births: Final data for 2020," *National Vital Statistical Reports*, 70(17), Feb 7, https://www.cdc.gov/nchs/data/nvsr/nvsr70/nvsr70-17.pdf.

10 Federal Bureau of Investigation, 2016, Crime in the US, Expanded homicide data Table3, https://ucr.fbi.gov/crime-in-the-u.s/2016/crime-in-the-u.s.-2016/tables/expanded-homicide-data-table-3.xls, 2022년 8월 8일 확인.

11 E. Ann Carson, 2020, "Prisoners in 2019," U.S. Department of Justice, October, https://bjs.ojp.gov/content/pub/pdf/p19.pdf.

12 Elizabeth Arias, Betzaida Tejada-Vera,Farida Ahmad, and Kenneth D. Kochanek,2021, *Provisional life expectancy estimates for 2020*, Centers for Disease Control, NVSS Vital Statistics Rapid Release, Report 015, July, https://stacks.cdc.gov/view/cdc/118999.

강 상태와 관련이 많을 수밖에 없다. 히스패닉계의 경우 대부분 이민자이거나 이민자의 자녀이기 때문에 다른 이민자들의 경우와 마찬가지로 백인보다 평균 수명이 긴 것으로 나타난다. 그러나 이러한 차이도 팬데믹 기간 중 없어지고 말았다. 팬데믹의 타격이 백인보다 흑인과 히스패닉계에 더 심하게 나타났기 때문이다.

많은 사람은 경제적 불평등은 참더라도 이러한 인종 간 건강 격차는 용납할 수 없다고 생각한다. 예를 들어 '경제적' 불평등 해소를 정책 우선순위로 삼지 않았던 조지 H. W. 부시 행정부에서도 소수 민족의 건강 문제를 보건복지부(HHS)의 핵심 연구과제로 지정하여 1990년에 관련 연구센터를 설립하였다. 이 센터는 2010년 국립보건원 산하 연구기관인 소수자 건강 및 건강격차 연구소(NIHMD)로 확대 개편되었다.

인종 간 건강 격차의 원인이 부분적으로는 보건복지 정책에서 비롯되었다는 연구 결과도 있다. 2003년 미국 국립과학원(NAS) 산하 의학원의 위원회가 작성한 보고서 〈불공평한 진료(Unequal Treatment)〉[13]에 따르면 대부분 백인인 의사들은 명백한 인종주의를 통해, 또는 인종 간의 각기 다른 질병 패턴을 바탕으로 한 통계 식별을 통해 소수 인종을 차별한다. 〈불공평한 진료〉 보고서는 이러한 행태를 '편견, 고정관념, 그리고 의심'에 따른 것으로 규정했다. 의사들이 흑인 환자의 일부 질환을 덜 심각하게 취급한다는 증거도 있다. 통증 치료가 한 예로 1990년대 말과 2000년대 초 의사들이 흑인 환자의 통증을 등한시해 마약성

---

13 Institute of Medicine (U.S.) Committee on Understanding and Eliminating Racial and Ethnic Disparities in Health Care, 2003, *Unequal treatment: Confronting racial and ethnic disparities in health care*, ed. B. D. Smedley, A. Y. Stith, and A. R. Nelson, National Academies Press, PMID: 25032386.

진통제인 오피오이드 처방을 하지 않았고, 이것이 역설적으로 흑인을 마약 피해로부터 구하는 결과로 나타났다. 미국에서 통증 치료는 환자가 누구냐에 따라 달랐고 이러한 현상을 역사학자 키스 와일루(Keith Wailoo)는 '통증의 정치학(Politics of pain)'이라고 일컫는다.[14] 보고서는 또 흑인들은 예방 치료 혹은 심혈관 우회 수술 같은 (바람직한) 치료를 받을 가능성은 낮은 반면, 하지 절단이나 양측 고환 절제술과 같은 (매우 바람직하지 않은) 치료를 받을 가능성은 백인보다 훨씬 높다(검색해보라)고 기술하였다. 와일루에 따르면 한때 의료계는 흑인은 암에 대한 면역을 타고났다고 믿으면서 암을 단지 백인 여성의 질병으로 여겼다.[15]

이러한 건강 불평등은 몇 가지 이야기를 통해 소득 불평등과 연결된다. 한 가지 명백한 설명은 돈이 많으면 더 나은 의료서비스를 받을 수 있다는 것으로, 돈이 의료서비스 접근에 큰 역할을 하는 미국에서는 특히 더 그러하다. 따라서 부와 소득 격차가 큰 사회 혹은 시대의 경우 부유층과 빈곤층 간 건강 격차가 심하게 나타난다. 이러한 격차는 보건 서비스뿐 아니라 돈으로 살 수 있는 모든 것에서 나타난다. 주택, 식품, 헬스장 회원권 등이 그렇다. 하지만 영국의 역학자이자 사회운동가 리처드 윌킨슨(Richard Wilkinson)과 케이트 피켓(Kate Pickett)이 오랫동안 주장해 온 또 다른 흥미로운 메커니즘이 있다.[16] 이들 견해에 따르면 불평등은 대기오염처럼 빈자와 부자 '모두를' 병들게 하는 일종의 사회

---

14 Keith Wailoo, 2014, *Pain: A political history*, Johns Hopkins University Press.

15 Keith Wailoo, 2011, *How cancer crossed the color line*, Oxford University Press.

16 Richard G. Wilkinson and Kate Pickett, 2009, *The spirit level: Why greater equality makes societies stronger*, Bloomsbury.

적 독극물이라는 것이다. 앞의 '명백한 설명'에서 본대로 돈이 건강에 영향을 미치고, 그래서 소득과 부의 '불평등'은 건강의 '불평등'을 야기한다. 소득 불평등은 사회의 건강 '수준'에 큰 영향을 미친다는 것이 윌킨슨의 견해이다. 소득 불평등으로 인해 피해를 보는 것은 비단 병들고 가난한 사람뿐이 아니며 미국이 불평등 사회가 아니라면 머스크, 베이조스, 게이츠도 더 긴 수명을 누릴 수 있다는 것이다. 윌킨슨은 재미있는 진화론적 논거를 제시하고 있다. 인간의 거의 모든 진화의 역사는 수렵채집 부족 사회에서 일어났다. 당시 인간들은 하루에 십수 마일을 먹을 것을 찾아 걸었고 지방과 당분이 낮은 과일과 야채 등을 주식으로 했다. 바로 의사가 우리에게 권하는 그대로이다. 이러한 수렵채집 사회는 철저하게 평등주의적이었고 모든 것을 공유했다. 그리고 그렇게 살도록 우리 몸도 진화했다는 것이다.[17] 따라서 비건(완전 채식주의-옮긴이)을 시작하고 체육관에 더 자주 간다면, 소득이 더 평등하게 분배되는 주나 마을로 이사하는 것을 고려해야 한다.

물질적 불평등은 건강 불평등과 같은 관계적 불평등과는 다르지만, 이 두 가지 현상이 상호 연결되어 있다는 것은 놀라운 일이 아니다. 그리고 실제로 미국의 소득 격차가 큰 주와 작은 주를 비교해 보면 소득 불평등이 심한 주의 기대수명이 그렇지 않은 주보다 낮을 것으로 예상할 수 있다. 실제로 한때는 그랬다. 이러한 상관관계는 1980년대와 1990년대에는 분명했다. 하지만 2000년을 기점으로 상관관계가 약화하기 시작했고, 나의 계산에 따르면 2018년에는 거의 완전히 사라졌다.

---

17   Richard G. Wilkinson, 2000, *Mind the gap: An evolutionary view of health and inequality*, Orion.

단순한 예측과는 반대로 지난 40년 동안 소득 불평등이 가장 심해진 뉴욕, 캘리포니아, 코네티컷주의 기대수명이 가장 많이 증가했다.

불평등이 우리를 병들게 한다는 주장은 소득 불균형을 교정하는 데 있어서 매우 강력한 논리적 기반이 될 수 있으나 사실에 부합하는 주장은 아니다. 그보다 미국 전역에서 불평등과 건강의 상관관계 패턴은 대부분 인종과 인종 정책에 의해 좌우된다. 1980년에 인종 정책 등이 가장 불평등한 주들은 남부에 있었고 그중에서도 미시시피가 가장 불평등한 주였다. 당시 미시시피주 인구의 3분의 1 이상이 오늘날과 마찬가지로 흑인이었다. 흑인은 백인보다 소득과 기대수명이 모두 낮다. 따라서 흑인 인구가 많은 주는 과거에도 그랬고 지금도 그렇지만 소득과 평균 기대수명이 낮다. 반대로 1980년 기대수명이 가장 길었던 주는 북부 미네소타, 아이오와, 유타, 노스다코타 등으로 흑인 인구 비율이 각각 1.3%, 1.4%, 0.6%, 0.4%로 매우 낮은 평야 지대의 주였다. 거기에다 미국의 인종차별 역사로 인해 흑인 인구가 많은 주는 공공보건, 교육, 복지 등 공공 서비스가 좋지 않고 현재도 그 영향이 계속되고 있다. 간단히 말하자면, 일부 주의 다수 백인 주민들은 자신과 외모가 다른 사람들을 지원하기 위해 세금을 내는 것을 좋아하지 않는다. 미국 주별로 나타나는 이러한 패턴은 미국과 유럽국가들 사이에 나타나는 패턴의 내부 버전이라 할 수 있다. 미국은 인종과 인종차별의 역사 때문에 유럽식 복지국가가 될 수 없다.[18] 유럽과 비교한 미국 전체와 미국 내 다른 지역과 비교한 미국 남부에서의 낮은 수준의 헬스케어 및 복

---

18   Alberto Alesina and Edward L. Glaeser, 2004, *Fighting poverty in the US and Europe: A world of difference*, Oxford University Press.

지 서비스는 흑백을 막론하고 주민 모두에게 해를 끼친다. 소득 불평등이 아닌 인종차별이야말로 모든 사람의 건강을 해치는 오염 요인이다.

극심한 소득 불평등과 열악한 건강 상태는 오늘날까지 미국 남부에서 그대로 지속되고 있다. 그런데 다른 곳에서 변화가 생기고 있다. 금융과 빅테크 기업이 특히 뉴욕, 코네티컷, 뉴저지, 그리고 캘리포니아에서의 소득 불평등을 심화시켰다. 이들 주는 미국 남부와 달리 주정부의 건강 및 복지증진 정책 덕분에 주민건강 수준이 가장 많이 개선된 지역이기도 하다. 담뱃세는 그러한 정책 중에 눈에 띄는 사례로서, 뉴욕주가 한 갑에 4.35달러의 담뱃세를 부과하는 데 비해 미시시피주는 1.04달러에 불과하다. 2019년에 이르면서 매우 불평등하지만, 매우 건강한 주(州)가 생기게 된 것이다.[19]

미국에서 흑인과 백인은 따돌림과 인종차별의 전통 속에 서로 떨어져 살고 있다. 사람들은 자기가 사는 곳에서 의사와 병원을 찾기 마련이어서 기본적으로 백인을 위한 의사와 병원, 그리고 흑인을 위한 의사와 병원이 따로 있을 수밖에 없다. 슬론-케터링(Sloan-Kettering) 암센터의 피터 바흐(Peter Bach)가 이끄는 연구팀은 흑인 환자를 담당하는 의사는 백인 환자를 거의 보지 않는다는 조사결과를 〈뉴잉글랜드의학저널(New England Journal of Medicine)〉에 발표했다.[20] 아미타브 챈드라(Amitabh Chandra)와 조나단 스키너(Johnathan Skinner)의 보건의료 체계의 지리적

---

19 Jennifer Karas Montez, 2020, "US state polarization, policymaking, power, and population health," *Millbank Quarterly*, 98(4), 1033—52.

20 Peter B. Bach, Hongmai H. Pham, Deborah Schrag, Ramsey Tate, and J. Lee Hargraves, 2004, "Primary care physicians who treat blacks and whites," *New England Journal of Medicine*, 351, 575—84.

구조에 대한 조사에 의하면 흑인을 주로 치료하는 병원의 경우 흑인과 백인 환자 모두에게서 진료의 질이 상대적으로 낮았다.[21] 이러한 조사 결과는 연령에 따라 거의 무료에 가까운 치료를 받을 자격이 있는 메디케어 대상 노년층 환자에게도 마찬가지다. 슬론-케터링 연구에서도 흑인 환자를 담당하는 의사의 경우 대개 전문성이 상대적으로 낮은 데다 더 나은 치료에 필요한 자원 접근성도 떨어지는 것으로 나타난다.

이러한 연구에 따라 보건의료가 건강의 중요한 결정요소라면―적어도 어떤 상황에서는 확실히 그렇다―보건의료 체계 속에서 백인 의사의 차별적 치료 행위보다 인종차별이 더 문제가 된다. 이는 히스패닉과 아시아계가 백인보다 기대수명이 길다는 사실과도 부합한다. 이 두 연구 결과가 환자에게 때때로 같은 인종 또는 같은 민족 그룹의 의사에게 치료받는 '맞춤(matched)' 의료시스템을 옹호하는 주장을 뒷받침하는 것은 아니다. 하지만 놀라운 점은 미국 의료시스템은 흑백 간 분리되어 있을 뿐 아니라 차별화된 의료시설 등 거의 인종차별주의에 기반하고 있다는 것이다. 미국 도시의 인종적 분리로 이러한 체제가 형성되었고 따라서 흑인 집중 지역의 경우 보건의료의 질이 상대적으로 떨어지고 의사의 질적 수준과 병원에 대한 재정지원도 뒤지는 상황이다. 이러한 열악한 의료시설은 그 지역의 흑인과 백인 모두의 건강을 해치게 된다.

주별, 도시별 소득 불평등은 건강의 기본적인 결정요인이 아니지만, 소득 불평등과 사망률의 상관관계는 미국의 뿌리 깊은 인종 분리와 불평등의 결과이다. 적어도 팬데믹 기간까지 수년 동안 인종 간 건강 차

---

21   Amitabh Chandra and Jonathan Skinner, 2003, "Geography and racial health disparities," NBER Working Paper No. 9513, February.

이가 줄었는데 이는 당연히 좋은 현상이다. 물론 이것이 백인 건강 저하의 결과가 아니라면 더욱 좋은 소식일 것이다. 이 외에도 이미 언급한 대로 교육 격차는 인종 간 격차에 점점 더 영향을 미치고 있다. 흑인과 백인 모두 대학 학위를 가진 사람들의 사망률은 감소하고 있지만, 대학 학위가 없는 사람들의 경우는 그렇지 않다. 대학 졸업 여부와 관계없이 흑인 사망률은 항상 그렇듯이 백인 사망률보다 높다. 하지만 대학 학위를 가진 경우 흑인과 백인 간의 사망률 차이는 과거보다 훨씬 줄어들었고 대학 학위가 없는 사람도 마찬가지다. 20년 전 흑인의 사망률은 대학 학위 소지 여부와 관계없이 비슷하였지만 이제 그렇지 않다. 건강에 있어서 교육 불평등이 인종차별의 영향보다 더 중요해지고 있다는 것이다.[22]

세대 간 불평등

기후 정책이 불평등과 어떠한 관련이 있는가를 곧바로 이해하기는 쉽지 않다. 지구 온난화를 막는다는 것은 전기자동차로 바꾸거나 재생 에너지를 쓰거나 저지대 도시를 보호하려고 조치하거나 비용이 많이 드는 일들을 현재 세대가 해야 하는 것으로, 자녀와 손자손녀 세대를 위해 희생하는 것이다. 태어나지 않은 세대에게 살아갈 수 없는 지구를 물려주는 것은 매우 이기적인 일이다. 하지만 아직 태어나지 않은 미래 세대는 우리가 우리 조상들보다 훨씬 더 잘살듯이 우리보다 훨씬 더 부유할 수 있고, 또 그들은 우리가 꿈에서나 상상할 수 있는 기술을 활용할 수도 있다. 이

---

22   Anne Case and Angus Deaton, 2021, "Life expectancy in adulthood is falling for those without a BA degree, but as educational gaps have widened, racial gaps have narrowed," *Proceedings of the National Academy of Sciences of the United States of America*, 118(11), https://doi.org/10.1073/pnas.2024777118.

경우 우리보다 훨씬 부유하게 살 미래 세대를 위해 우리가 너무 많은 것을 희생하지 않아도 될 것이다. 물론 이 모든 것이 불확실하지만 한 가지 근본적인 질문은, 우리가 어떻게 자원을 현재 세대와 미래 세대 사이에 배분해야 하는가이다. 그것은 그들이냐, 우리냐의 문제이다.

오래 살다 보면 누구나 오랫동안 혹은 대학 시절부터 알고 지내던 사람들이 유명해지기도 하고 세계적으로 중요한 일을 하기도 할 것이다. 친구 닉 스턴(Nick Stern)과 나는 영국의 케임브리지대학교 학부를 같이 다녔다. 우리 둘 다 경제학을 전공했고 인도 뱅갈로에서 열린 크리켓 대회를 통해 매우 친해져 평생 친구로 지내고 있다. 경기 중 선수들 위로 독수리가 위협적으로 빙빙 돌고 있는 상황에서 우리가 할 수 있는 일은 별로 없었고 그냥 떠들면서 우정을 키웠다. 스턴은 공직에서 두 번째 훌륭한 경력을 쌓았다. 2006년에는 영국 정부 의뢰로 작성한 〈경제학적 관점에서 본 기후변화에 대한 스턴 보고서(Stern Review on the Economics of Climate Change)〉를 2006년에 발표했다.[23] 이 보고서에 대한 미국과 유럽의 매우 다른 반응은 불평등에 대한 인식 차이와 함께 기후변화와 관련한 시장 역할에 대한 인식 차이를 반영하는 것이었다.

보고서가 발표되자 영국과 세계 여러 나라에서 논쟁을 불러일으켰지만, 미국에서는 그렇게 큰 주목을 받지 못했다. 스턴은 윔블던 저택 덤불에 숨어 있던 파파라치들에게 시달리고 세계 각국의 지도자와 국립아카데미들로부터 구애를 받았다. 또 여러 대학에서 명예 학위를

---

23 Nicholas Stern, 2007, *The economics of climate change: The Stern review*, Cambridge University Press. (원래 영국 정부의 의뢰를 받아 2006년 10월에 다음의 제목으로 발표되었다. *Stern Review on the economics of climate change.*)

수여받고 남작 작위(Baron Stern of Brentford)도 받았지만 미국 언론은 그다지 주목하지 않았다. 〈뉴욕타임스〉는 보고서 발표에 대한 두 번의 간략한 사실 보도, 한 번의 사설, 그리고 가끔 뉴스섹션이 아닌 지면에서 토론 자료로 다루는 정도였고 〈월스트리트저널〉은 예상대로 적대적이었다. 물론 이 주제에 대한 관심은 몇 년 사이 크게 증가했고 바이든 행정부는 2022년 인플레이션 감축법(IRA, Inflation Reduction Act)을 통해 관련한 정책조치를 취하고 있다. 그 명칭과 달리 인플레이션 감축법은 대부분의 내용이 기후변화와 관련되어 있다. 기후 변화는 미래를 어떻게 계획해야 할지, 어떻게 비용(cost)과 편익(benefit)의 균형점을 찾아야 할지, 그리고 윤리적 이슈에 이르기까지 여러 어려운 문제를 안고 있고 영국과 미국의 경제학자 간 견해는 이 모든 점에서 엇갈려왔다.

2007년 미국경제학회(AEA)의 〈경제학문헌저널(Journal of Economic Literature)〉은 스턴 보고서에 대해 예외적으로 호의적인 리뷰 논문 두 편을 게재했다. 그중 하나는 2018년 기후관련 연구로 노벨상을 받은 예일대 윌리엄 노드하우스(William Nordhaus) 교수의 것이고, 다른 하나는 하버드대의 고(故) 마티 웨이츠먼(Marty Weitzman) 교수가 게재한 것이다. 이들은 다른 많은 논평자들과 마찬가지로 미래 비용과 편익을 현재 비용과 편익으로 환산하기 위한 할인율에 초점을 맞추었다. 미래 가치를 크게 할인한다는 것은 미래 세대에 일어날 일이 현재 세대에 그다지 중요하지 않다는 의미이다. 할인율 1%라면 1년 뒤의 100달러는 현재가치 99달러로 그 차이가 크지 않아 보이지만, 지금으로부터 100년 후의 100달러는 현재가치 37달러에 불과하다. 만약 할인율이 3%라면 그 숫자는 각각 97달러, 5달러로 크게 줄어든다. 할인율이 높을수록 미래 세대를 배려할 필요가 없다는 것으로, 우리 세대와 미래 세대 간의 불평등에 대해 거의 주의를 기울이지 않아도 된다는 의미이다.

스턴 보고서는 0(제로)에 가까운 할인율을 적용한다. 모든 사람이 동등하게 대우받아야 한다는 주장이며, 그들이 언제 태어났느냐는 도덕적으로 아무런 중요성이 없다는 것이다. 사실 할인을 해야 하는 유일한 이유는 행성이 소멸할 가능성 때문이다. 예를 들어 지구가 큰 혜성과 충돌하거나 우리가 스스로를 파괴하는 경우 오늘의 희생은 무의미할 것이다. 아무도 살지 않을 미래를 배려할 필요는 없다. 다만 스턴이 할인율 자체를 매우 낮게 선택한 것은 비록 먼 미래이더라도 그 재앙을 막을 수 있다면 오늘 상당한 희생을 감수할 가치가 있다는 의미이다. 미국에서의 토론에서 많은 이들은 주식, 채권에 적용되는 이자율, 즉 '시장' 이자율이 보통 0%보다 훨씬 높기 때문에 스턴의 할인율은 현실적으로 맞지 않다는 의견을 내놓았다. 관련 논쟁의 다른 주장에서는 사람들이 진정으로 미래 세대에 대해 걱정한다면 나타날 국가 저축률을 우리가 관찰할 수 없다는 이유로 스턴의 할인율이 옳지 않다고 지적했다.

노드하우스와 웨이츠먼[24]은 공히 우리 세대가 아직 태어나지도 않은 미래 세대에 빚지고 있다는 '스턴'의 윤리적 입장에 대해 불편한 심기를 드러냈다. 스턴이 그러한 윤리적 기준을 다른 사람들에게 강요할 권리가 없다는 것이다. 노드하우스와 웨이츠먼 모두 0(제로)에 가까운 할인율을 이론적으로는 방어할 수 있을지 몰라도 그것에 대한 옹호는 전형적인 영국 경제학자와 철학자들에 의해서만 이루어질 것으로 보

24　Martin L. Weitzman, 2007, "A review of the Stern review on the economics of climate change," *Journal of Economic Literature*, XLV, Sep. 704—24.

았다. 우월성 관점에서 영국 사고방식을 인정할 생각이 조금도 없었다. 실제로 노드하우스는 지배층 엘리트가 전체 구성원의 선호는 무시하고 사회를 운영하는 '총독관저(Government House)'의 윤리라고 지적하면서 스턴이 "꺼져가는 대영제국의 불씨에 다시 불을 붙이고 있다"고 평했다.[25] 크리켓 대회가 열린 인도 뱅갈로 얘기로 다시 돌아가면, 이미 일부 선수가 무기력해 보였던 영국은 결국 패하고 말았다.

　윤리적 판단에서 가부장주의는 문제가 되고, 그런 만큼 기후 정책의 윤리에 대해 민주적인 논의와 결정을 요구하는 것은 당연하다. 하나의 판단에는 어떤 것이든 근거가 필요하며 웨이츠먼과 노드하우스, 그리고 다른 이들은 시장에서 일부 근거를 찾을 수 있다고 주장한다. 웨이츠먼은 '일상의 저축과 투자 행태로부터 사람들은 미래의 효용보다는 현재의 효용을 더 선호하는 경향을 드러낸다'라고 기술하였다.[26] 비록 시장이 우리가 알아야 할 현재와 미래에 대한 '모든 것'을 보여주지 않는다고 하더라도, 우리의 윤리적 선택이 무엇이든 일반 사람들이 이러한 문제에 대해 어떻게 생각하는지를 보여주는 시장 행동(market behavior)과 일치해야 한다는 것이다. 노드하우스와 웨이츠먼에 의하면 스턴이 생각한 할인율보다 시장 이자율이 높기 때문에 '스턴'이 선택한 윤리적 매개변수들(parameters)은 잘못된 것이다.

　기후변화는 세계가 직면한 다른 문제들에 비해 중요하지 않다

25　William D. Nordhaus, 2007, "A review of the Stern review on the economics of climate change," *Journal of Economic Literature*, XLV, Sep. 686—702.

26　Martin L. Weitzman, 2007, "A review of the Stern review on the economics of climate change," *Journal of Economic Literature*, XLV, Sep. 707.

는 2004년 '코펜하겐 컨센서스(Copenhagen Consensus)'에 서명한 대부분의 미국(그리고 모든 비영국) 경제학자들[토머스 셸링(Tom Schelling), 로버트 포겔(Robert Fogel), 더글러스 노스(Douglas North), 버논 스미스(Vernon Smith), 낸시 스토키(Nancy Stokey), 자그디시 바그와티(Jagdish Bhagwati), 저스틴 린(Justin Lin), 브루노 프레이(Bruno Frey)—이 중 네 사람이 노벨상 수상자이다]은 분명한 적대감을 나타냈다.[27] 이들은 채권시장에서 일반적으로 통용되는 이자율을 기준으로 보면—이 그룹은 5%대로 보았는데 스토키는 이에 대해 "다양한 시장이자율 변동 범위에 속하는 합리적인 수치"라고 하였다—기후변화는 심각한 문제가 아니라고 평가하였다. 할인율 5%를 적용하면 100년 뒤 100달러의 현재 가치는 60센트에 불과하므로 우리는 여력을 가지고 대처할 수 있을 때까지 기후변화에 대한 중요한 대응조치를 미루어야 한다. 그 과정에서는 돌이킬 수 없는 대응 중단이 우리를 파멸로 몰지 않기를 바라야 하지만 어떤 종류든 그런 상황은 발생할 수 있다. 기후변화가 순조롭게 서서히 진행된다는 보장이 없기 때문에 기다리라는 것은 매우 위험한 권고일 수밖에 없다.

제로 할인율(아마도 가부장주의가 반영된)이 영국의 악덕이라면, 윤리적 질문들을 직접 고민하는 대신 그 해결을 시장에 맡기는 것은 분명 미국의 악덕이다. 태어나지도 않은 세대의 선호가 채권시장에서 어떻게 나타날까? 현재 세대가 소비는 너무 많이 하고 저축은 너무 적게 한다면, 우리 자녀나 손자손녀들이 비록 다르게 생각할지라도 우리 견해만이 중요하다고 여기는 것이 윤리적으로 용인될 수 있을까? 우리는 정말

---

27 Bjorn Lømborg, editor, 2006, *How to spend $50 billion to make the world a better place*, Cambridge University Press.

　　　　　　　　　　　　　　좋은 경제학 나쁜 경제학

사람들을 출생 시기에 따라 차별하기를 원하는가? 그리고 우리는 정말 개인이든 정부든 저축률이 신중한 판단의 결과라고 생각하는가? 자신의 삶은 말할 것도 없이, 조지 3세(1776년 미국 독립전쟁 당시 영국 국왕—옮긴이)나 조지 워싱턴 대통령이 과거에 살았던 만큼이나 멀리 떨어진 미래를 살게 될 후손들의 삶에 대해서도 그렇게 생각하는가? 시장이 오늘날의 소득 분배보다 미래 세대를 위해 더 효율적으로 작동할 것이라고 생각하는가? 우리는 시장이 결정하는 가격과 임금이 '공정하다'고 믿는가? 혹은 사람들이 벌어들이는 돈이 그들의 도덕적 가치를 반영한다고 생각하는가?

시장 행동(market behavior)을 만들어내는 것이 무엇이든 간에, 그것은 윤리 행동과도 일치하면서 의사결정 및 정책의 완벽한 지침이 될 수 있는 선견지명을 가진 '대표들'의 결정은 아니다. 일부에서는 정부가 우리를 대신해 우리의 집단적 실수를 바로 잡을 것이라고 하지만, 문제를 미루기만 하는 의회나 행정부가 과연 그 일을 할 수 있을까?

미래를 할인하지 않는 것이 잘못이라면 이는 사소한 잘못이다. 하지만 윤리를 시장 결정에 기대어 가르치려고 하는 것은 매우 큰 잘못이다. 대영제국에 대해 스턴(Stern)은 대단한 애정을 갖고 있지 않을 것이다. 대영제국은 2차 대전 중에 그의 부친을 독일에서 온 유태인, 즉 적국에서 온 이민자라는 이유로 호주의 수용소로 보냈었다.

미래 할인에 대한 나의 과도한 논리적 단순화를 동료 경제학자들이 비난할 수도 있다. 하지만 그것은 경제학계가 기후변화에 대해 충분히 고민하지도, 연구논문을 쓰지도 않고 있다는 이슈와 연결된다. 2019년 기준으로 보면 '경제학 분야에서 가장 인용도가 높은 하버드대학의 〈계간 경제학저널(Quarterly Journal of Economics)〉은 기후변화에 대한 논문을 한 번도 게재한 적이 없다.'[28] 다른 주요 저널들의 경우는 이보다 조금 나은 편이다. 문제는 오늘날 최고 수준의 경제학자들조차 세계가 당면한 가장 시급한 문제에 소홀하더라도, 가장 중요한 저널이 관심 갖는 주제를 연구하는 것이 더 이득이 된다고 생각한다는 것이다. 물리학자, 사회학자, 행동과학자들과 더불어 경제학자들도 우리를 구해낼 정책에 대해 고민하고 기여할 부분이 많이 있다.

능력주의와 불평등

2차 세계대전 직후에 영국에서 태어난 나 같은 세대에게는 시험 합격이 곧 기회의 통로였다. 능력주의(meritocracy)는 우리 시대를 그 이전 특권과 불평등의 시대와 구분되도록 해주었다. 능력 있는 사람이 좋은 직업을 갖는 능력주의는 경제적으로도 타당했다. 특권의 기회는 모든 사람에게 부여되어야 하고 특권은 상속되는 것이 아니라 획득하는 것으로 생각했기에 능력주의는 윤리적으로도 정당했다. 나는 이전 시스템에 대한 향수는 없지만, 능력주의 자체에 대해 이제 더는 열광하지 않는다. 옛 불평등이 제거되자 새롭고 다른 형태의 불평등이 나타나고 있기 때문이다.

영국에서는 1944년 버틀러교육법(Butler Education Act)이 시행되면서 돈이 없어도 대학에 진학할 수 있게 되었다. 교육은 우리가 재능을

---

28 Nicholas Stern and Andrew Oswald, 2019, "Why are economists letting down the world on climate change?," VOXEU, Sept. 17, https://cepr.org/voxeu/columns/why-are-economists-letting-down-world-climate-change.

키울 수 있도록 하였고 부모님 세대에는 허용되지 않았던 지위에 오를 수 있게 하였다. 내 아버지는 초등학교 교육만 받았고 요크셔의 탄광에서 직장생활을 시작했다. 아버지는 어떻게든 내가 에든버러의 사립학교인 페테스(Fettes)에 가서 장학금을 받을 수 있게 도와주었고(나의 첫 시험 관문), 그 뒤 케임브리지대학교에서 장학금을 받았을 때(두 번째 시험 관문) 나는 앞서가기 위해 모든 시험에 합격하는 것을 당연하게 여겼고 그것을 정상적인 것처럼 느꼈다. 당시 우리 또래 중 대학 진학자는 7% 정도로 다른 친구들은 공립학교에서 바로 대학에 입학했다. 케임브리지대학교의 학생 중 여학생은 10명 중 1명에 불과했다.

새로운 능력주의자들은 케임브리지의 오래된 문화에 적응하기 어려웠다. 1960년대 중반 런던 남부의 공립학교에서 케임브리지 킹스칼리지(Kings College Cambridge)로 진학한 역사학자 토니 주트(Tony Judt)는 자기 지역의 한 어머니는 아들이 간 곳을 동네 사람들에게 설명하기 어려웠다고 전했다. 그녀가 생각해낸 유일한 설득력 있는 답변은 당시 젊은 범법자들을 가두던 구금시설(Borstal)이라는 것이었다고 술회하기도 했다.[29] 킹스칼리지의 젊은 수학 강사는 버밍엄 근처의 공업도시인 월솔(Wallshall)의 부모에게 정기적으로 전화를 걸었는데 교환원은 매번 '워소(Warsaw, 바르샤바의 영어 발음-옮긴이)' 회선이 통화 중이라고 양해를 구했다고 한다. 여름학기 연구 조교는 급여를 받으려면 미카엘 축일(Michaelmas)—매년 9월에 열리는 성 미카엘 축제로 케임브리지는 가을학기 학사 일정에 반영한다—까지 기다려야 한다고 해서 그날이 언제이며

---

29   Tony Judt, 2010, "Meritocrats," *New York Review of Books*, Aug. 10.

생활비는 어떻게 조달해야 할지를 물었더니 주식을 팔든지 하라는 답변을 듣기도 했다.

케임브리지 입학을 위한 장학생 선발시험의 채점을 도우면서 나는 우리의 개방적이면서 능력주의적인 선발 절차에 자부심을 느꼈다. 우리는 응시자들이 누구인지, 그들이 어디서 왔는지 몰랐다. '경제학자처럼 생각할 수 있는 사람'을 선발하기 위한 시험도 그 못지않게 자랑스러웠다. 즉 단순한 지식의 축적을 넘어 그것들이 어떻게 서로 연결되고 결합되어 의미를 만들어 내는지를 이해하는 지원자를 뽑기 위한 시험이었다. 하지만 합격자 명단이 공개되었을 때 우리는 최고 득점자가 모두 같은 사립학교 출신이라는 사실에 괴로웠지만 놀라지는 말았어야 했다. 능력주의 사회를 만들고자 한 우리의 시도는 돈에 의해 좌절되고 말았다. 최근 케임브리지에서 경제학을 전공한 최우등 스타 졸업생이 그 대학에 임용되었는데, 그는 부모의 많은 학비 부담이 헛되지 않도록 무엇을 해야 하는지 잘 알고 있었다.

우리는 기존 시스템의 수혜자들이 기득권을 지키려 할 것으로 예상했지만 새로운 능력주의자 스스로가 곧바로 기득권의 수호자가 될 줄은 몰랐다. 특권을 그토록 싫어하던 우리들 자신이 그러한 특권의 조력자가 되었다. 영국과 마찬가지로 미국에서도 대학들은 여성, 유대인, 흑인을 포함한 다양한 배경을 가진 우수 학생을 선발하기 위해 노력해왔다. 대학들은 이를 위해 기금을 활용해 가정 배경이나 운동 특기와 같은 요소를 배제하고 수학능력을 중심으로 신입생을 선발하고 있다. 1940년대 하버드대학교 총장이었던 제임스 브라이언트 코넌트(James Bryant Conant)가 이러한 전환을 주도한 인물이다. 그는 사회적인 배경이 아니라 수학능력 위주로 우수 학생을 뽑기 위해 SAT(Scholastic Aptitude Test) 점수를 선발 기준으로 삼았다. 다른 많은 사람들도 이러한 시험 점수가 모든 사람에게 기회를 열어주는 균형자 역할을 한다고 보았다.

최고 명문대학 동문회는 이러한 기회 확대가 자신들과 매우 다른 사람들에게 자리를 내주기 위해 자기 자녀들의 입학 기회를 제한한다고 생각해 분노하기도 했다. 물론 자신들을 뒤따라 그들의 딸들도 명문대에 입학할 수 있는 문호가 넓어졌다는 점은 환영했다.

그 후 수십 년 동안 전문 분야 구조가 달라지고, 계급을 기반으로 했던 특권은 의학, 법학, 금융 그리고 유통 분야의 재능 중심으로 바뀌었다. 새로운 사람들은 그들이 대체한 이전 사람들보다 더 똑똑했고 그러한 변화는 정말 잘된 일이었다. 해부학을 공부한 외과 의사, 무너지지 않는 건물을 설계할 수 있는 건축가, 법을 아는 변호사, 그리고 비행기를 조종할 수 있는 조종사를 갖는다는 것은 정말 좋은 일이다.

새롭게 힘을 가지게 된 인재들은 돈을 벌기 시작했고, 특히 세계화와 기술변화 속도가 빠른 세상에서 매우 성공하면서 그러한 시험에서 실패한 사람들과의 격차를 계속 벌렸다. 철학자 마이클 샌델(Michael Sandel)은 승자들은 능력으로 자신이 성공했다고 생각하고—그것이 결국 능력주의다—기회를 놓친 실패자들에 대해 일말의 동정심도 없다고 지적한다.[30] 그들은 재능이 부족한 사람들에게 좋은 게 무엇인지 자신들이 알고 있을 뿐 아니라, 자신들의 전문적인 역량으로 민주주의도 뒷받침할 수 있다고 믿고 있다. 합법적 혹은 불법적으로 가장 많은 돈을 번 사람들

---

30   Michael Sandel, 2020, *The tyranny of merit: Can we find the common good?*, Macmillan.

은 자선재단을 설립하여 다른 사람의 행동도 바꾸려 한다. 반면에 그러한 실력주의 경쟁에서 밀려난 사람들은 자신의 능력을 의심하거나 시스템이 자신에게 불리하게 돌아간다고 믿을지도 모른다.

이런 종류의 능력주의는 평등주의에 입각한 민주주의와는 거리가 먼 제도이다. 그리고 능력주의 사회가 어쩌면 사람들이 최소한 자기 위치를 알고 받아들였던 세습 특권 사회보다 안정성이 더 떨어질지도 모른다. 내가 어렸을 때 스코틀랜드의 학교와 교회에서는 다음과 같은 알렉산더(Alexander) 부인의 어린이 찬송가를 불렀다. "성에 사는 부자 / 문 앞의 가난한 자 / 하나님이 그들을 귀하게 하시고 천하게 하시어 / 그들의 처지를 정하셨네."

은행가나 기업 임원이 되지 못한 사람들에게 엄청난 연봉을 받는 다른 사람에 대해 일자리 창출과 고액 납세, 삶을 변화시키는 상품 및 서비스 제공 또는 놀라운 발명 등을 통해 모두에게 도움이 된다고 일시적으로 설득할 수도 있다. 이러한 '낙수 효과(trickle-down)' 주장에는 표면적인 타당성이 있지만 2008년의 금융위기는 이것이 사기극임을 여실히 보여주었다. 금융위기가 발생한 뒤 은행가들은 엄청난 부를 가지고 떠나갔지만, 많은 보통 사람들은 직장과 집을 잃었다. 나는 이제 낙수효과 논리가 치명상을 입을 것이라는 헛된 희망을 가지기도 했다. 2022년 10월 리즈 트러스(Liz Truss)가 이끈 영국의 과도 정부는 확실히 낙수효과 논리를 믿은 것으로 보였다.[31]

소득 불평등이 극심한 사회에서는 종신재직권(테뉴어)을 얻는 것,

---

31 트러스 총리는 감세 정책의 역풍으로 재정 위기설이 불거지자 취임 50일 만에 사임했다-옮긴이.

파트너가 되는 것, 최고 병원에서 치료받는 것, 그리고 무엇보다 자녀가 일류 대학에 입학하는 것을 비롯한 모든 것에서 심각한 이해관계가 걸린 일종의 시험을 거치게 된다.[32] 불평등한 능력주의 사회에서는 부정 행위도 보상을 받을 수 있고, 더 불평등할수록 더 많은 보상을 받는다. 모든 사람이 부정행위를 한다고 여길 때는 누구도 그 유혹을 뿌리칠 수 없다. 우리는 최근 대학에서의 입학 부정 스캔들을 확인한 바 있다. 학부모들이 수만에서 수십만 달러의 돈을 주고 시험성적을 조작하거나 학생 선발권이 있는 운동 코치에게 뇌물을 주어 자녀들을 원하는 대학에 입학시키려 한 것이다. 예일대도 그러한 사건과 관련된 곳 중 한 곳이며, 내가 초빙교수로 재직했던 USC(University of Southern California)도 운동 코치 관련은 아니지만 연루되었다.

미국 최고의 학교들은 여전히 부모가 동문 졸업생인 지원자에 대해 '특례입학(legacy admission)' 제도를 시행하고 있는데 이 제도는 기금 출연, 건물 약정, 유산 증여 등을 통해 대학 재정에 중요한 역할을 한다. 하지만 많은 외부인의 눈에는 코치에게 뇌물을 준 부모와 이러한 동문 부모가 달라 보이지 않는다. 물론 코치의 경우 지금 징역형을 받고 구속되어 있다. 샌델은 그의 저서 《공정하다는 착각(Tyranny of Merit)》에서 수학능력에서 강의 계획을 따라올 수 없는 학생을 걸러낸 뒤에 상위권 대학들이 나머지 학생 중에서 무작위로 입학생을 뽑아야 한다고 주장한다.[33] 이 방법의 부수적인 이점은 막강한 권력을 휘두르고도 책임을 거의 지지 않는 대학 관계자들의 사회공학(social engineering)을 배제할

---

32   Chris Hayes, 2012, *The twilight of the elites: America after meritocracy*, Crown.
33   Sandel, *The tyranny of merit*.

수 있다는 것이다. 미국 성인의 절반만이 대학이 국가에 긍정적인 영향을 미치고 있다고 보고 있다. 59%의 공화당원들은 대학이 국가에 '부정적인' 영향을 미치고 있다고 생각한다.[34]

전문가들이 지나치게 개입할 때, 빌 이스털리(Bill Easterly)가 말하는 '전문가 독재(Tyranny of Experts)'의 의미를 이해하게 되고 전문 지식은 전문가와 함께 평가 절하된다.[35] 어떤 사람들은 경제학자들이 최악의 범죄자 중 하나라고 주장한다. 분노한 하층민 입장에서 보면 과학은 가짜이고 거짓과 진실 중 무엇을 신뢰해야 할지 알 수 없게 되었다. '분명한 것'은 재능 있는 사람에게만 주어지는 기회가 계급이나 자산을 바탕으로 한 기회보다 이제는 더 공평하다고 할 수 없다는 점이다. 지금 영리한 사람들은 구시대의 엘리트 제도와 다를 바 없는 영구적인 엘리트가 되는 방법을 알고 있다. 다만 새로운 시대에는 엘리트가 되지 못한 책임이 출생 배경이나 부모의 재산에 있는 것이 아니라 자신의 재능 부족에 있다고 말할 뿐이다.

---

34 Pew Research Center, 2019, "The growing partisan divide in views of higher education," Aug. 19. https://www.pewresearch.org/social-trends/2019/08/19/the-growing-partisan-divide-in-views-of-higher-education-2/.

35 William Easterly, 2014, *The tyranny of experts: Economists, dictators, and the forgotten rights of the poor*, Basic Books.

좋은 경제학 나쁜 경제학

7장

은퇴, 연금, 그리고 주식시장

ECONOMICS IN AMERICA

연금과 불평등

연금을 주제로 이야기를 하면 사람들은 졸려 한다. 적어도 젊은이들은 더 그렇다. 젊은 사람들은 연금이 필요할 것이라고 믿지 않고, 또 앞으로 해야 할 연금에 관한 재미없는 선택에 대해 생각하기도 싫어한다. 나는 1975년 29세 때 브리스틀대학교에서 당시 멀고 먼 라그나뢰크(Ragnarök, 북유럽 신화에 나오는 종말의 날-옮긴이)처럼 보였던 2011년에 수령이 시작될 연금에 관해 결정하라고 한 것이 기억난다. 2022년 오늘 그 연금을 받을 수 있어 행복하고 연금을 받을 수 있도록 해준 젊은 날의 나 자신, 정부 관료들, 노동조합 그리고 정치인들에게 고마움을 느낀다. 연금 이야기에 젊은이들은 졸지만, 노인들은 걱정이 돼 간혹 잠이 안 온다.

대부분의 인류 역사에서 사람들은 일할 수 있는 한 일을 하였고 일을 더 할 수 없게 되면 가족들이 돌봐주었다. 그런 시절에는 연금이라는 것이 필요하지 않았기 때문에 계획할 필요가 없었다. 설령 연금을 계획하고 싶어도 너무 어려웠다. 재산을 가진 사람이 가족, 특히 주변에 그 재산이 필요한 사람과 나누는 문화도 많이 있다. 공유함으로써 상호보험이 가능해져 연금 역할을 하게 되지만 개인으로서는 설령 따로 저축하고 싶어도 하기 어렵다는 문제가 있다. 노후를 위한 자금을 마련하는 데는 긴 시간이 필요하다. 지난 수 세기 동안 청장년 시절의 저축이 물가 상승, 전쟁 혹은 도난 등으로 사라지지 않고 노후 자금으로 쓸 수 있게 경제적, 정치적 안정을 유지한 나라는 몇 되지도 않는다. 1945년 이후에 태어난 우리는 장기간의 평화와 경제안정이 마치 정상적인 것처럼 여긴다. 그러나 사실 이렇게 긴 정치, 경제적 안정기는 역사상 흔치 않다.

다른 사람과 마찬가지로 경제학자들도 연금 제도가 개인연금과 사회적 연금 중 어느 쪽이어야 하는지, 혼합형이 좋다면 어떤 비율이 좋은지에 대해 의견이 갈리고 있다. 우파 정치인들은 개인이 선택할 수 있는 개인연금 제도를 주로 선호하는 데 반해 좌파 정치인들은 강제성이 가미된 공동연금 제도를 선호한다. 사회적 연금의 경우 현재의 연금 수령자가 젊은 시절에 저축한 기금으로 충당하거나 노인 부양을 위해 현재 일하는 젊은 층에 대한 과세, 즉 세금으로 충당하는 방법이 있다. 후자의 경우 국민 저축률이 감소하고 투자가 줄어 경제성장을 저해하고 미래 세대에 짐을 지우는 것이 된다. 만약 사람들이 아이를 낳지 않거나, 또는 갑자기 출산이 급증해 현재의 노인을 부양할 사람이 없거나 베이비붐 세대가 늙으면서 후손들의 자원까지 당겨쓰는 상황이 되면 어떻게 될까?

사회적 연금이거나 개인연금이거나 연금 제도는 불평등과 매우 깊

좋은 경제학 나쁜 경제학

은 관련이 있는데도 불구하고, 이러한 측면은 논의가 제대로 이루어지지 않고 있다. 여러 대의 조그만 배로 구성된 선단이 있다고 상상해보라. 배들의 위치는 파도와 바람에 따라 달라진다. 시간이 지나면서 배들은 그 모양과 크기, 근처의 기상, 그리고 조종하는 사람의 기술에 따라 각기 흩어지게 된다. 그러나 그 배들이 서로 엮여 있거나 길고 신축성 있는 밧줄로 큰 모선에 연결되어 있다면 그 선단은 외부 충격을 같이 흡수하면서 흩어지지 않을 수 있을 것이다. 그렇게 그 선단은 항해하면서 서로 찢어지지 않고 출발항에서 멀리까지 갈 수 있다. 이것은 사회적 보험에 관한 이야기이다. 이 이야기에 대한 비판은 아무리 조종 기술이 좋아도 배가 서로 묶여 있으면 항해에 한계가 있다는 것이다. 그들은 위험에 공동 대응하고 있지만, 만약 개별적으로 대처하였더라면 더 잘했을 수도 있다는 것이다. 성공적인 개별 항해의 경험은 다음번에 같이 항해하지 않더라도 다른 선단의 배에 좋은 교훈이 될 수도 있다.

건강 보험과 관련한 유사한 이야기도 있다. 단일 보험자 제도(single-payer scheme)와 같은 집단 건강 보험은 어떤 사람은 아프고 다른 사람은 건강하며, 또 어떤 사람은 다른 사람보다 더 오래 사는 운(運)을 없애지는 못하지만, 의료비와 장애인 지원비 등을 모두 공동 부담하기 때문에 건강이 부에 미치는 영향을 줄인다. 어떤 사람은 병에 걸리고 어떤 사람은 건강한 경우 병에 걸린 사람은 근로소득 감소와 의료비 지출로 건강한 사람과의 부(富) 격차가 커질 수 있지만, 단체보험 제도에서는 그 영향이 줄어들기 때문이다. 물론 단체보험은 가입자의 질병 예방을 위한 유인(incentive)을 약화시키기도 한다.

이 모든 것 위에 간혹 놀랍고 엄청난 수익을 내지만 위험 역시 대단한 주식시장이 있다. 연금 투자의 위험은 누가 책임을 지는가? 일반적인 가입자? 그들의 고용주? 아니면 개인을 대신한 국가? 다른 나라와 마찬가지로 미국에서는 한때 고용주가 약정하고 지급을 보증하는 연금제도에서 고용주가 연금 납입금 일부를 책임지고 근로자가 연금 기금을 직접 관리하되 수익에 대한 권한과 함께 손실 책임도 지는 제도로 바뀌었다. 이전의 연금 제도에서도 파산한 항공사나 폐광한 탄광회사의 사례와 같이 고용주가 연금과 관련한 책임을 다할 수 없는 상황이 발생할 수 있어 위험이 전혀 없는 것은 아니었다. 더 심각한 문제는 기업들이 연금 관련 의무에서 벗어나기 위해 파산신청을 선호할 수도 있다는 것이다. 실제 몇몇 투자회사가 파산한 회사를 인수한 다음에 판사에게 연금 지급의무의 해지 필요성을 설득해 회사 수익성을 회복시킨 악명 높은 사례도 있었다. 에번 오스노스(Evan Osnos)는 그의 저서《황무지(Wildland)》에서 웨스트버지니아의 탄광 사례를 바탕으로 이 문제를 극명하게 설명한다.[1] 그러나 이것은 수많은 사례 중 하나에 불과하다.

경제적 혹은 정치적 합의가 없는 가운데 이러한 문제에 대한 인식, 특히 정치적인 입장은 정부가 바뀔 때마다 변해왔다. 연금의 규모는 엄청나다. OECD는 2019년 미국의 연금기금 총액이 국민소득의 1.5배에 가깝다고 추정하였다.[2] 연금 자산의 축적은 미국인이 보유한 자본 축적의 일부이고 자본 축적은 미래 생산과 소득의 기초이다. 따라서 연금

---

1 Evan Osnos, 2021, *Wildland: The making of America's fury*, Farrar, Straus, and Giroux.

2 OECD, Global pension statistics, online database, queried March 11, 2023. https://www.oecd.org/finance/private-pensions/globalpensionstatistics.htm.

수급자뿐만 아니라 미래에 소득 활동을 할 모든 사람은 연금 자산에 관심을 가져야 한다. 연금은 각 세대가 다음 세대에 국부를 넘겨주는 하나의 방식이다. 연금과 관련한 국민, 고용자 그리고 정부의 결정은 우리 모두에게 매우 중요한 영향을 준다.

이 장의 이야기는 연금의 형태, 경제학자에 대한 연금의 영향, 그리고 경제학자의 연금정책에 대한 영향에 관한 것이다.

미사일 방어체계와 노인들(Wrinklies)[3]

2001년 조지 W. 부시 대통령이 감세 조치를 내놨을 때 미국 정부는 당당했다. 세금을 충분히 납부한 사람들은 다년간 감세분의 첫 번째 환급금을 가을에 받았다. 그보다 먼저 국세청(IRS)은 부시 대통령의 배려라는 요지의 글과 함께 곧 환급금이 지급될 것이라는 내용의 편지를 보냈다. 그 후 닷컴 버블로 인해 경제성장이 둔화하였고 세금 환급으로 연방 정부의 세수가 줄었다. 얼마 전까지만 해도 엄청나 보였던 연방정부의 재정 흑자는 없어지고 말았다. 남은 것은 연방정부 경상 예산으로 계상되어 있는 사회보장연금(Social Security) 잉여분이 전부였다.

감세는 2000년 부시 대통령의 여러 선거 공약 중 하나였다. 나머지 공약은 방위비 지출, 특히 미사일 방어체계(Star Wars) 구축, 사회보장 제도 유지, 그리고 노인에 대한 처방약 지원 등의 예산을 늘리는 것이었다. 약값 지원이 보건의료 비용의 큰 부분을 차지하기 때문에 더 큰 예산 부담이 됐다. 제약 분야의 기술적 특성에다 처방약 지원이 제약회

---

3   Wrinklies는 주름이 많은 노인들을 낮잡아 이르는 말이다-옮긴이.

사에 대한 제한 없는 현금지급 효과를 가져왔기 때문이었다.

2022년까지 처방약 지원액은 1110억 달러로서 연방 메디케어 지급액의 15%에 해당했다. 2031년에는 그 두 배인 2240억 달러가 될 것으로 예상된다. 2001년까지 대형 제약사들은 그러한 혜택 도입을 위해 정부에 압력을 가하지 않았다. 이는 정부에 대한 압력이 약값 통제라는 제약회사가 가장 두려워하는 악몽 같은 정책으로 연결될 수 있다는 우려 때문이었다. 그러나 제약회사의 로비력이 강해지면서 약값 통제 없는 처방약 지원제 도입이라는 원대한 목표를 갖게 되었다.[4] 그 뒤 메디케어의 약값 조정 협상을 금지하는 입법이 이뤄졌다. 2020년까지 제약회사들은 워싱턴에 의원 한 명당 세 명의 로비스트를 두었다. (2022년 약값 협상을 금지하는 조항은 일부 삭제됐다.)

그러나 정부라고 해서 뭐든지 할 수 있는 것은 아니다. 당장 2001년에 일어난 국방부와 노인 간 마찰이 그렇다. 그러나 이것은 9·11 테러 이전의 일로 9·11 테러가 일어나면서 행정부의 정책 우선순위는 완전히 바뀌었다.

냉전시대 인물인 도널드 럼스펠트(Donald Rumsfeld) 국방장관은 이라크와 아프가니스탄 전쟁에 뛰어들기 전에는 미사일 방어체계 구축과 함께 다른 분야의 군비 확장을 강하게 추진하고자 했다. 이를 위한 예산은 당초 사회보장 몫의 재정에서 전용하자는 것이었다. 물론 미사일 방어체계가 구축된다면 여러 국가적 이득이 있겠지만 연금 수급자 입장에서는 그 이득이 자신들이 입게 되는 연금 손실에는 미치지 못할 것

---

4   Lee Drutman, 2015, *The business of America is lobbying*, Oxford University Press, 64—65.

으로 보였다. 당시 동료였던 폴 크루그먼(Paul Krugman)은 이에 대해 국방부 사업과 연금 사업을 통합해서 사회보장부(Department of Security) 같은 두루뭉술한 부처를 만들어 문제를 해결하자고 냉소적인 제안을 했다. 다른 이들은 미국 연방정부는 근본적으로 군대를 가진 보험회사라고 꼬집기도 했다.

사회보장제도 개선을 위한 활동도 있었다. 부시 대통령은 제도개혁 권고안 작성을 위해 대니얼 패트릭 모이니한 전 상원의원, 리처드 파슨스 타임워너 CEO를 공동위원장으로 하는 초당적 위원회를 출범시켰다. 위원으로는 경제학자 존 케건(John Cagan), 에스텔 제임스(Estelle James), 올리비아 미첼(Olivia Mitchell), 그리고 토머스 세이빙(Thomas Saving) 등 개인퇴직금계좌 도입 공약을 지지한 사람들이 선임되었다. (케건과 세이빙은 공화당원이고 제임스와 미첼은 민주당원이었다.) 위원회는 출범하자 곧 개인퇴직금 계좌 도입과 관련하여 중대한 문제에 직면하였다. 만약 근로자가 정부가 관리하는 자신의 퇴직저축 연금을 개인계좌로 옮기면 그 돈은 지금의 다른 퇴직자를 위한 연금 재원으로 활용될 수 없기 때문이었다. 젊은이들이 자기들의 연금계좌에 돈을 불입하면서 동시에 현재 노인들의 연금 재원도 충당하는 것을 기대하기 어렵게 되는 것이다. 사람들이 자기 연금펀드를 잘못 투자하거나 운이 나쁠 수 있다는 건 말할 필요도 없다. 이 모든 문제가 감세로 없어진 재정 흑자가 그대로 있었더라면 해결될 수 있었을 것이다.

개인계좌 형태를 검토해 제시하는 것을 임무로 하고 있었던 이 위원회는 세 개의 안을 내놨다. 그리고 입법하기 전에 최소한 1년간의 논의 과정을 가질 것을 권고하였다.[5] 그 입법은 결코 이뤄지지 못했다. 다음에 설명하겠지만 부시 대통령은 두 번째 임기 중 다시 이 문제를 제기했다. 그런데도 2023년 현재 사회보장제도에 개인퇴직금계좌는 없다.

2001년 당시에는 적어도 장기적으로는 개혁을 더 쉽게 이룰 수 있도록 사람들의 행동이 변화하고 있었다. 사회보장연금제도(Social Security)를 조정하는 하나의 방법은 퇴직 연령을 높인 뒤 그만큼의 수명 연장 효과를 일하는 기간과 은퇴 기간이 나눠 가지도록 하는 것이다. (예상 수명이 매년 안정적으로 늘어나는 것으로 예측할 수 있었던 시절에는 이것이 맞다.) 노조는 일반적으로 다음과 같은 이유로 정년 연장을 반대한다. 조합원이 근로를 삶의 긍정적인 부분으로 생각하지 않고 60대에 은퇴하는 것을 사회보장제도의 중요한 약속이라고 여긴다는 것이다.

내가 속해 있는 미국 학계의 은퇴제도로부터 시사점을 얻을 수 있다. 1960년대 후반 베이비붐 세대가 대학에 진학하기 시작했을 때 그들을 가르치기 위해 많은 교수가 고용되었다. 그 세대 교수들은 베이비부머보다 훨씬 먼저 은퇴를 맞게 되었다. 1986년 의회가 나이에 따른 강제 퇴직을 불법화하는 연령차별금지법(Age Discrimination Act)을 통과시켰을 때 대학들은 1994년까지 예외적으로 70세 정년을 유지할 수 있도록 인정받았다. 이러한 예외를 허용한 것은 어떻게든 정년제도가 있어야 젊은 교수, 특히 여성과 소수 인종 교수의 일자리 확보에 도움이 된다는 주장에 근거한다. 그러나 필요도 없는 강의를 계속하고 싶어 하는 교수는 없기 때문에 그러한 정년 철폐가 실제 은퇴에 미치는 영향은 미미할

---

5   The President's Commission to Strengthen Social Security, 2001, *Strengthening social security and creating personal wealth for all Americans*, December, https://www.ssa.gov/history/reports/pcsss/Finalreport.pdf.

것이라는 조사결과에 따라 대학에 적용되었던 예외도 삭제되었다.[6]

그러나 국립과학원(National Academy of Sciences, NAS)[7]의 비슷한 조사를 포함해 이 같은 예측은 맞지 않은 것으로 드러났으며 많은 교수가 은퇴하지 않았다. 올리 애션펠터(Orley Ashenfelter)와 데이비드 카드(David Card)의 분석에 의하면 제도가 변하기 전에는 대부분의 교수가 70세 생일이 가까워지면 은퇴하였으나 제도가 바뀐 후에는 겨우 30%만 70세 이전에 은퇴한 것으로 나타났다.[8] 결과적으로 70세 교수가 72세에도 강의하는 비율이 그전에는 10%밖에 되지 않았으나(몇몇 주의 경우 원래 정년제도가 불법이었다) 정년제도가 없어지자 50%로 늘어났다.

한 젊은 교수는 그의 테뉴어 심사위원회 위원장이 대학은 물론 세상을 이미 떠났을 것으로 생각되는 연령이라는 사실을 알고 경악했다. 일부 대학에서는 행정 관리자들이 경제적인 이유로 은퇴가 힘든 경우에 유연한 시간제 강의 프로그램 제공이나 연금을 보충해주는 방안 등을 통해 나이 많은 교수의 은퇴를 촉진하고 있다. 애션펠터와 카드의 조사에서 사립 연구중심 대학의 교수가 강의 부담이 상대적으로 많은 대학의 교수에 비해 은퇴할 확률이 낮은 것으로 나타났다. 마찬가지로 현재 연봉이 상대적으로 많은 교수나 퇴직연금 적립액이 적은 교수들

---

6   Albert Rees and Sharon P. Smith, 1991, *Faculty retirement in the arts and sciences*, Princeton University Press.

7   National Research Council, 1991, *Ending mandatory retirement for tenured faculty: The consequences for higher education*, National Academies Press, https://nap.nationalacademies.org/read/1795/chapter/1.

8   Orley Ashenfelter and David Card, 2002, "Did the elimination of mandatory retirement affect faculty retirement?" *American Economic Review*, 92(4), 957—80.

의 은퇴 가능성도 작았다.[9] 흥미로운 사실은 재산이나 연봉의 절대 수준에 따라 다를 수 있겠지만, 직장 내 다른 사람보다 연봉이 많으면 은퇴를 미루는 경향이 있다. 권력이나 지위의 높고 낮음도 이러한 은퇴 예측에 적용될 수 있는 것으로 나타났다. 이들의 조사에서 미사일 방어는 퇴직 가능성과 무관한 것으로 나타났다.

많은 교수들이 은퇴할 의사가 없다는 것은 단순히 보면 학교생활이 쉽다는 의미이다. 몇 과목을 강의하는 것이 하위직에서 일하는 것은 물론 회사를 경영하는 것처럼 힘들지 않다는 것이다. 그렇다면 국가 연금 문제를 해결하는 가장 좋은 방법은 모든 직장을 대학 교수직처럼 즐겁고 보람 있게 만드는 것 아닐까.

사회보장국 사무소에서, 그리고 DB형과 DC형

지난 50년 동안 미국인들이 연금을 확보하고 받는 방식에는 큰 변화가 있었다.[10] 옛날에는 대부분의 근로자가 '확정 급여형(defined benefit, DB형)' 연금을 받았다. 이것은 문자 그대로 연금의 액수와 수령 시기가 사전 혹은 합의된 규칙(예를 들어 최종 연봉과 연계된다)에 따라 정해지는 연금을 말한다. 연금 지급은 고용주가 책임을 지거나 고용주가 폐업하는 경우 정부 기관인 연금지급보증공사(Pension Benefit Guaranty Corporation, PBGC)가 최소한 당초 정해진 연금지급 의무의 일부에 대한 책임을 진

---

9 Orley Ashenfelter and David Card, 2002.

10 Congressional Research Service, 2021, "A visual depiction of the shift from Defined Benefit(DB) to Defined Contribution(DC) pension plans in the private sector," https://crsreports.congress.gov/product/pdf/IF/IF12007.

다. 연금기금은 고용기간 동안 고용주와 근로자가 함께 납입한다. 민간 부문의 경우 DB형 연금은 '확정 기여형(defined contribution, DC형)' 연금으로 대체되었다. 고용기간 동안 확정된 금액을 고용주와 근로자가 같이 연금펀드에 적립하지만, 그 기금은 근로자가 운용하며 투자수익을 합쳐 퇴직 후 월정액으로 받게 된다.

나를 포함하는 많은 대학교수는 DC형 연금이 적용된다. 이러한 제도는 나이 많은 교수의 은퇴를 늦추는 요인이지만 앞에서 본대로 대학은 퇴직을 강요할 수 없다. 연금을 어느 정도 축적했더라도 매달 받던 월급을 못 받는다는 것은 사실 끔찍한 일이기 때문이다. DB형의 경우 (대개) 시간이 지나면서 수령액이 감액되지만 그렇다고 급격하게 줄어드는 것은 아니다. 많은 학자들이 높은 보수를 받고 있지만 세상은 힘든 곳이다. 내 또래 친구들은 경제적으로 불안정하거나 현재 또는 미래에 부모 지원에 의존하는 성인 자녀들을 가진 경우가 많다. 강의를 그만두고 연금을 누리고 싶어도 연봉을 대체할 수입이 없다면 결정이 힘들다는 것이다.

프린스턴대학교의 한 학장은 세 가지 일, 즉 소수민족 교수 채용과 신임 교수 배우자를 위한 일자리 알선, 그리고 고령 교수가 은퇴하도록 설득하는 것에 대부분의 시간을 쓴다고 내게 얘기한 적이 있다. 그와 그의 보좌진은 오랫동안 집요하게 비협조적인 85세 교수에게 은퇴 서류 내용을 (큰소리로 반복해서) 설명하였지만, 그들의 노력은 노교수의 떨리는 손에서 펜이 떨어진 순간 수포로 돌아가 버렸다. 그 교수는 "제기랄, 나는 90세까지 갈 거요"라고 말했다.

나는 2015년 10월 70세 생일이 되기 전에 퇴직 서류에 서명하고 반년 치 연봉을 보너스로 받기로 했다. 만약 4일 뒤에 스톡홀름에서 전화가 올 줄 알았더라면(노벨경제학상 수상-옮긴이) 은퇴 결정을 더 일찍 했을 수도 있었을 것이다. 그러나 나와 아내(앤 케이스 교수)는 전혀 걱정을 안 한 것은 아니나 내가 경제적으로는 충분히 은퇴할 준비가 되어 있다고 생각했다. 아내는 그때 은퇴할 생각이 없었고 다행히 우리가 지원해야 할 자녀도 없었다. 동시에 나는 미국, 영국 양국으로부터 연금을 받을 수 있을 것으로 생각했는데 이 때문에 두 나라의 연금당국과 필요한 절차를 거쳐야 했다. 이러한 국가 간 거래들이 수행되는 방식은 재정 규칙만큼이나 중요한 국가 운영의 안전장치라고 할 수 있다.

누구나 관료를 상대하는 것을 좋아하지 않는다. 그래도 나는 국가를 친구로 여기던 복지 국가의 초기에 영국인으로 태어나 다행이었다. 반세기가 지난 오늘에 와서도 그 생각에는 변함이 없다. 연금 신청을 위한 온라인 서식은 쉽지 않았다. 요구하는 내용이 왜 필요한지 분명하지 않았고 보통 그렇듯이 설명란도 충분하지 않았다. 그래도 최선을 다해서 제출 버튼을 눌렀다. 그 후 나는 그들로부터 편지를 받았다. 심지어 미국 세무당국과 영국 연금당국 간 믿기 어려울 정도로 성공적인 협의가 이루어지기도 했다. 나는 영국 담당 공무원과 두 번의 전화 통화를 했다. 그 공무원은 상상컨대 카디건을 입고 차를 마시고 있는 중년 아주머니로 친절할 뿐 아니라 업무 내용을 확실히 알고 있었다. 그 후 나는 매월 영국으로부터 두 개의, 많지는 않지만 반가운 DB형 연금을 받게 되었다. 하나는 대학 퇴직연금(University Superannuation)이고 다른 하나는 국가로부터 받는 것이다. 그 연금은 매번 아무 문제 없이 정확하게 내 은행 계좌로 입금되고 있다.

한편 미국 연방 사회보장국(Social Security Administration, SSA)은 온라인 신청만 하면 된다고 했지만 그렇게 간단하지 않았다. 처음에는 모든 게 순조로웠으나 나의 이중 국적이 문제가 되었는지 직접 사회보장국 사무소로 오라고 하였다. 마치 가장 가까운 주 교도소에 가는 것만큼이나 유쾌하지 않았다. 인터넷으로 발급받은 방문증을 가지고 사무소에 갔을 때 유리문 뒤에는 매우 불친절한 직원이 있었다. 나는 발급받은 방문 번호를 제시하였으나 그는 컴퓨터에 기록이 없다고 했다. 그는 나에게 기다리면 호출할 거라고 해서 그저 디킨스(Dickens)나 카프카(Kafka)를 떠올리지 않으려고 애쓰면서 앉아 있었다(디킨스와 카프카는 모두 사회 부조리를 강하게 비판하는 작품을 썼다-옮긴이). 내 주변에는 대부분 불만스러운 표정의 흑인 혹은 히스패닉계 민원인들이 있었는데, 그중 어떤 이는 신체 또는 정신 장애인이었다. 대부분 힘든 표정이 역력했다. 서류를 분실했거나 지원이 중단된 그들은 결정권도 없으면서 제대로 된 응대도 도움도 주지 못하는 관리들과 다투고 있었다. 어느 쪽을 더 동정해야 할지 알 수 없었다.

아마도 디킨스와 카프카의 소설에 너무 열중했는지 나는 생각보다 빨리 보안 검색을 거친 후 다른 사무실로 안내되었다. 거기는 유리막이 없었고 좀 더 성능이 좋은 컴퓨터를 사용하는 젊은 여자 직원이 이것저것 질문하였다. 그녀는 "올해 소득이 얼마나 될까요?"라고 물었다. 사회보장 규정에 의하면 이건 적절한 질문이 아니지만 그런 문제를 제기할 상황이 아니었다. 노벨상 상금이 소득으로 포함되고, 또 반년 치의 퇴직 보너스, 그리고 아내와 나의 연봉에다 강연 수입, 자문료 등 터무니없다 싶을 정도의 소득을 신고하면서 백만장자들이 그냥 돌아가는 것처럼 이제 연금은 어렵겠다고 생각했다. 그 직원은 얼마간 아무 반응이 없다가 잠시 어디론가 갔다가 돌아와서는 내 소득은 연금과는 무관하다면서 연금을 보낼 은행이 어디냐고 물었다.

내가 일어서 나가려고 하는데 직원 중 한 사람이 일어서서 내가 노벨상을 받은 것이 사실이냐고 물었다. 그렇다고 대답했더니 그는 "원더풀"이라고 하면서 상기된 얼굴로 내 손을 잡고 악수했다. 그러자 주변 직원들이 모였고 그는 "우리 사무소에 노벨상 수상자가 온 적이 없다"라고 말했다.

연금과 증권시장

1983년 영국에서 미국 프린스턴대학교으로 옮겨왔을 때부터 나는 연금을 납입하기 시작했다. 당시에는 2016년까지 교수직에서 은퇴할 계획이 없었기 때문에 30년 이상 연금을 납입해야 했다. 프린스턴대학교와 내가 비용을 분담해 연금을 비축했다. 연금 납입금은 투자대상(portfolio) 선정과 증권시장의 상황에 따라 결정됐다. 연금 투자대상을 선택할 필요가 없고 연금 수급액이 퇴직 때까지의 근무 기간과 마지막 연봉을 기준으로 물가 상승률로 조정하여 결정되는 영국의 연금 제도와는 전혀 달랐다. 나는 젊어서 승진하였기 때문에 퇴직이 임박해 승진한 사람보다 연금 납입을 더 많이 하였으나 연금 급여액은 같았다. 그러나 이에 대한 불만은 없다. 지난 십 년간 매월 상당한 액수의 연금을 받아왔기 때문이다.

사립대학에 재직하는 대부분의 미국 교수들은 프린스턴대학교와 비슷한 연금 제도의 적용을 받는다. 그러나 공립대학, 특히 캘리포니아 주립대학교와 같은 대형 공립대학의 경우 영국과 비슷한 연금 제도를 따른다. 연금 제도의 선택은 철학적, 정치적 입장 차이를 반영한다. 캘리포니아주와 영국은 집단책임을 바탕으로 중앙에서 연금기금을 투자하며 이윤 배분은 개인 역량이나 증권시장에서의 운이 아닌 개인 납입금과 근무 기간에 따라 결정한다. 대학에서의 근무 기간에 따라 연금이 결정된다는 점에서 이러한 방식은 '필요에 따른 배분' 혹은 '상황에 따른 배분'과 유사한 반면 '카지노에서의 운에 따른 배분'과는 다르다. 개인 중심 연금 제도는 개인의 선택과 증권시장의 상황에 따라 수익률이 결정되고 선택의 책임도 개인에 있다. 물론 투자에 따른 위험을 배제할 수 없고 누군가는 위험을 감수해야 한다. 집단연금 제도의 성공 여부는 중앙 투자당국이 얼마나 잘하느냐에 달려 있다. 최근 영국에서도 상황이 달라지고 있다. 이와 관련한 고민과 다툼, 그리고 대학 교원들의 파업 등이 일어나고 있다. 기본적으로 정부 역량을 의심하는 보수주의자들은 집단연금 제도는 운용에서 정치의 개입을 막기 어렵다는 점을 우려하고 있다. 이러한 개입 우려는 재원만 있다면 세상을 더 좋게 만들겠다는 선의의 정치가라도 예외는 아니다.

많은 젊은 사람이 그렇듯이 나는 먼 훗날에 일어날 일에 대해 많이 생각하지 않았다. 하지만 곧 두려움보다 기쁨이 가득했다. 내가 프린스턴에서 교수직을 시작했을 때 오랫동안 1000을 넘지 못했던 미국 다우지수(Dow Jones Industrial Average)가 1200이 되었다. 지수가 1997년 7000을 돌파했을 때 연평균 상승률은 17%, 물가 상승률을 감안하더라도 13%나 올랐다. 2022년 봄에 보니 1983년 이후 20년간 다우지수는 연평균 9%, 물가 상승률을 제외하더라도 연평균 6% 상승하였다. 다른 주식 보유자들과 마찬가지로 팬데믹 기간에도 최소한 푸틴이 우크라이

나를 침공하기 전까지는 투자 성과가 좋았다. 1990년대 미국 여러 지역의 주택 가격이 거의 침체상태였기 때문에 교수들의 자산축적 수단으로써 주택의 몫을 증권시장에서의 연금 투자가 보완해준 셈이다.

미국의 중산층 중 교수들만 증권시장에 개인적 이해가 걸려 있는 것은 아니다. 미국 기업들은 한때 표준이었던 확정급여형(DB형) 연금에서 확정기여형(DC형) 근로자 주도 연금운용제도로 옮겨 갔다. 그 결과 많은 사무직 근로자들은 월가의 움직임에 즉각적이고도 눈에 띄는 관심을 갖게 되었다. 1980년대와 90년대 DC형 연금 제도 때문에 증권시장에 관심을 갖기 시작한 많은 미국인에게는 증권시장이 마치 마법을 부리는 요정 같았다. 시장 상황이 좋으면 기업과 정치인들도 덕을 본다. 1994년 주(州) 소득세를 내리겠다는 공약으로 당선된 크리스틴 위트먼(Christin Whitman) 뉴저지 주지사가 그 공약을 이행할 수 있었던 것도 뉴저지주 공무원 연금기금(당시 DB형 연금이 초과 납입 상황이었다)의 주식투자 수익 덕분이었다. 일시적이었지만 그 성공으로 그녀는 공화당의 떠오르는 별이 되었다. 그 인기는 그러나 동북부의 공화당이 다른 중도 성향의 공화당원과 함께 존재감을 잃으면서 끝나고 말았다.

증권시장과 개인연금은 붐을 탔지만 연방 연금, 즉 사회보장제도(Social Security)는 자금고갈 상황에 직면하고 있었다. 그러한 현상이 일어나자 전문가들은 문제해결 방안을 모색하기 위한 위원회를 구성하였다. 미시간대학교의 에드워드 그램리치(Edward Gramlich)가 위원장으로 있던 사회보장자문위원회의 1997년 보고서는 수급자 급여가 25년 이내에 연금 납입금을 초과하고 다시 10년 후인 2032년이면 연금기금이 고갈될 것으로 예측했다. 일반의 인식과 달리, 문제는 오랫동안 예견된

베이비붐 세대의 고령화와 이에 따른 퇴직 급증이 아니라 기대에 못 미치는 고용과 근로소득 증가율이었다. 이러한 상황에서 현재의 사회보장 급여 수준을 향후 75년간 유지하기 위해서는 현재 12.4%인 사회보장세율을 14.6%로 상향 조정해야 하는 것으로 분석됐다. 이는 보편적 건강보험(universal health insurance), 총기 통제 또는 사형제 폐지만큼이나 해결하기 어려운 과제이다. 실제 2023년에도 사회보장세율은 변함없이 12.4% 그대로다. 그래서 위원회는 사회보험도 개인연금처럼 마법의 해결사에게 의지할 것을 권고하면서 사회보장연금의 일부를 월가에 투자하는 방안을 제안했다.

이러한 전환을 어떻게, 어느 수준까지 하느냐에 대해서는 위원회 내부 의견이 엇갈렸다. 소수(위원장과 1명의 지지자)는 중도 입장을 취했고, 나머지 위원들은 양극단으로 갈렸다. 노동조합 입장을 대변하는 위원들과 전임 사회보장국(SSA) 국장 및 프린스턴대학교의 대학기금 운용사인 TIAA/CREF(현재는 TIAA) 회장은 증권시장의 역할에 대해 우려를 표하면서 연방 사회보장국을 매우 성공적 모델로 평가했다. 이들은 예상되는 기금 고갈 문제를 해결하기 위해 부분적으로는 정부 재정 잉여분을 시장에 투자하고 이와 함께 세율을 2045년에 가서 상향 조정하는 방안을 제시하였다! 모두의 지지를 받을 수 있는 방안이다.

이 방안이 사회보장연금 자체를 반대해온 사람들의 주장대로 무책임하고 시대착오적인 것이라면, 그 반대편의 방안은 개인들이 은퇴를 계획하는 데 있어서 시장 활용 능력을 갖추고 있다고 극단적으로 가정하는 것이다. 위원회는 결국 사회보장연금 납입금의 50%까지는 투자 종목 선택에 통제가 없는 개인저축계좌에 투자하도록 하고, 원하면 은퇴 시 투자금 전액을 인출할 수 있도록 허용하는 방안을 권고하였다. 작고한 경제학자 제임스 토빈(James Tobin)은 이를 두고 주식과 채권 세일즈맨이 '늙은 영감의 연금기금'을 서로 따먹으려고 경쟁하는 '무질서의 장터(madhouse)' 같다고 비판했다.[11] 위원회에서 한쪽은 '시장의 높은 수익률'만을 강조한 반면, 그 반대편은 때와 사람에 따라 달라지는 '투자 위험의 가변성'만을 지적한 셈이다.

앞서 설명한 대로 조지 W. 부시 대통령은 실패한 개인퇴직금계좌를 권고한 대통령 직속 위원회를 2001년에 설치한 바 있다. 2005년 부시 대통령은 대법원 개입 없이 재선에 성공(2000년 미국 대선은 연방대법원이 재검표 중단을 명령할 때까지 당선 확정이 35일이나 늦춰졌다–옮긴이)한 정치적 자산을 활용하여 연금 제도 민영화를 다시 시도하였으나 민주당이 2006년 상원과 하원을 동시에 장악하면서 실패하고 말았다. 그 후 2007년 금융위기가 일어나고 2009년 다우지수가 반토막 나면서 '마법의 해결사'도 빛을 잃었고 민영화 논의도 잠잠해졌다. 그리고 증권시장이 팬데믹 기간 중 사상 최고의 정점을 찍었지만 사회보장연금기금은 증권시장에 전혀 투입되지 않았다. 이 연금 제도가 미래의 언제인가는 재난에 봉착할 게 확실하지만 사회보장연금 지급 연령, 즉 퇴직 연령을 조금씩 높이면서 어렵사리 유지되고 있다.

교수들의 경우는 어떤가? 1980년대 교수들은 퇴직연금 투자종목에 대한 선택권이 전혀 없었다. 다만 신규 납입분에 한해 주식과 채권

11 David Fertig, 1996, "Interview with James Tobin," Federal Reserve Bank of Minneapolis, Dec 1. https://www.minneapolisfed.org/article/1996/interview-with-james-tobin.

중에서 어디에 투자할 것인지를 선택할 수 있었다. 사회의 개인주의화 경향과 시장에 대한 신뢰 확산으로 중앙집중적 가부장주의는 쇠퇴하였다. 교수들도 이제 훨씬 다양한 투자 선택지를 마주하게 되었다. 여기에는 최근 등장한 녹색펀드와 같은 이색적인 옵션뿐만 아니라 일반적인 펀드, 혹은 구식이지만 현금도 포함되어 있다. 증권시장을 불신하는 교수(물론 경제학자들은 아니다!)는 퇴직연금을 국채에 투자할 수도 있다. 스탠퍼드대학교의 존 쇼븐(John Shoven) 교수는 한때 이러한 투자 선택에 대해 지하철을 타고 뉴욕에서 LA로 여행하려는 것 같다고 비유했다. 《넛지(Nudge)》의 저자로 유명한 리처드 탈러(Richard Thaler)가 사람들이 어떻게 연금 투자를 결정하는지 조사한 적이 있다. 대개는 주어진 기본 투자 종목을 선택한다고 대답했다. 문제는 기본 종목이라는 것이 없기 때문에 재차 물었더니, 처음 취업 당시 신청서 교부 담당자에게 물어서 선택했다는 답이 나왔다. 이에 대해 담당자들은 대개 신임 교수들에게 다른 사람들은 어떤 선택을 했는지를 말해주었을 뿐이라고 했다. 이러한 우연한 과정을 통해 수백만 달러의 연금 투자가 이익을 보기도 하고 손해를 입기도 한다는 것이 조사의 결과이다.

이러한 상황은 통상 카지노에서 일어나는 일보다 더 한심한 것으로, 마치 카지노에서 눈을 가린 채 음료를 갖다주는 웨이터에게 물어보고 판돈을 거는 것과 다를 바 없다. 그렇게 하고서는 어떤 사람들은 만족해하며 돌아간다. 카지노에 들어올 때는 모든 사람이 동등하지만 나갈 때는 돈을 딴 사람, 잃은 사람 등 그야말로 천차만별이다. 이것이 바로 카지노에서 일어나는 일이다.

프린스턴 등 조사에 참여했던 대학들은 교수들의 노후생활 안정에 도움을 주려면 선택의 자유를 보장해야 한다는 기존의 믿음을 버려야 했다. 오히려 대학의 투자결정 참여와 개인 투자의 범위 제한이 바로 노후생활 안정을 확보하는 장치였다. 그러한 제한은 개인 결정권이 없는 확정급여제(DB형)와 개인이 결정하는 확정기여제(DC형)의 중간쯤 되는 제도라고 할 수 있다. 덕분에 프린스턴대학교의 유명한 나소홀(Nassau Hall) 출입구가 집 없는 늙은 노벨상 수상자의 쉼터가 될 위험은 사라졌다. 매우 신중했던 그들은 장기 투자에 가장 '안전'한 자산이 현금이라고 생각하거나 아니면 마법 해결사가 항상 웃을 것(투자 성과가 항상 좋을 것-옮긴이)이라고 믿었다.

그러나 그것이 대학이나 국가에 문제가 되지는 않을 것이다. 사회보장자문위원회 보고서에 의하면 많은 미국인은 자신의 소득과 증권투자 성공(혹은 실패)은 자기 노력의 결과이며 누구에게나 그러한 기회가 주어져 있다고 믿는다. 시장에서의 성공이 실패한 사람들 덕분은 아니다. 아인 랜드(Ayn Rand)의 주장이 다시 떠오른다. 좌우파의 분배 논쟁은 누진세제와 같은 오랜 정태적인 문제에서, 보험제도 그리고 운 좋은 사람이 운 나쁜 사람에 대해 어느 정도 책임을 져야 하느냐는 조금 더 동태적인 이슈로 나아갔다. 그 과정에서 책임의 주체가 기업과 투자운영회사에서 위험관리 역량도, 실패 보호장치도 없는 개인에게로 옮겨갔다. 위험관리 책임이 집단에서 개인으로 옮겨 가기 시작한 1975년 이후 이 문제는 사람들을 승자와 패자로 나누고 불평등을 심화시킨 원인이 되었다.[12]

---

12 Jacob S. Hacker, 2019, *The great risk shift: The new economic insecurity and the decline of the American dream*, 2nd ed. Oxford University Press.

금융위기와 연금의 명암

달밤에 댈러스(Dallas) 공원의 벤치에 앉아 있는 두 여성에 관한 재미있는 농담이 있다.

"어느 게 더 가까이 있는 거야?" 그중 한 여성이 물었다. "달(moon)이야 휴스턴(Houston)이야?"

"뻔하지 뭐."

"뻔하다니. 무슨 뜻이야?"

"뻔하지, 여기서 휴스턴이 보여?"

오바마 대통령은 2009년 미국의 회복과 재투자법(American Recovery and Reinvestment Act, ARRA)에 따라 경제 활성화를 위해 8000억 달러 이상을 투입했다. 그런데 그 결과로 실업률이 줄어들었다고 '보는' 미국 국민은 10%도 되지 않았다.[13] 그러한 재정지출이 실업률을 줄일 것이라는 논리는 1930년대 케인스(Keynes)의 논문에서 비롯되었으며 대부분의 경제학자가 지지한다. 정부가 지출을 늘리면 새로운 고용이 창출되거나 없어졌던 일자리가 다시 살아나고, 이에 따라 소득이 그 이전보다 더 늘어난다는 것이다.

고위직에 출마하는 공화당 후보자들(그중 당선되는 사람도 있지만)의 생각은 달랐다. 그들의 공약은 연방정부 적자를 '해소'해서 실업 문제를 해결한다는 것이었다. 이는 넘치는 물을 잠그도록 해서 불을 끄자는 말과 같다. 더 심각한 것은 많은 사람이 소비를 소득에 맞추어야 하는 가정경제의 원칙이 정부에도 그대로 적용되어야 한다고 믿고 있다는 것

---

13   CBO, 2012, "Actual ARRA spending over the 2009—2011 period quite close to CBO's original estimate," Blog, Jan. 5, https://www.cbo.gov/publication/42682.

이다. 이러한 믿음은 1930년대 대공황 시대에 퍼졌고, 그것이 잘못된 것임에도 지금도 그렇게 믿는 사람이 많다. 이 논리의 강점은 간단명료하다는 데 있다. 그러나 정부는 개인처럼 돈이 마르지 않는다. 정부는 필요하면 화폐를 발행할 수 있고, 경제가 침체상태이면 화폐 공급을 늘려도 인플레이션이 일어나지 않는다. 경제 침체기에 정부 지출을 줄이는 것은 기근 상황에서 식품 수입을 줄이는 것과 같다.

케인스 경제학을 배운 우리는 적자재정 반대론자(antideficit dragon)는 다 죽었다고 생각한 지 오래다. 그러한 무지는 미국 교육의 문제로 치부할 수 있지만, 거시경제학적 인과관계에 대한 논란을 잠재울 합의된 논리를 제시하지 못한 경제학자들의 분열과 무능도 비난을 피하기 어렵다. 우리가 휴스턴, 댈러스와 달의 상대적인 위치를 두고 천체물리학을 비난할 수는 없다. 분명한 것은 경제학의 경제구조에 대한 설명보다 천체물리학의 태양계 구조에 대한 설명이 훨씬 일관성이 있다.

마치 다윈(Darwin)의 진화론 같은 경제학에서 사람들이 무엇을 믿느냐는 그들의 정치적 이념으로 충분히 예측할 수 있다. 텍사스와 플로리다의 주정부나 학교 이사회들이 휴스턴과 달의 상대적 위치나 비판적 인종 이론에 대해서는 아무 관심이 없으면서, 케인스 경제학 교육을 막는 입법을 하려는 건 상상만 해도 한심한 일이 아닐 수 없다. 나는 경제학이 정치와 분리될 수 있는 과학적 이론을 갖고 있다고 생각할 정도로 순진하지 않다. 하지만 외부에서 볼 때는 경제학이 도대체 지난 80년간 뭘 했는지 의아할 것이다. 경제학은 성장 촉진이나 완전고용 유지와 같은 근본적인 거시경제학 질문에서조차 내부 합의를 만들어내지 못했다. 따라서 이러한 문제에 대해 일반 국민을 설득하지 못하는 것은 놀라운 일도 아니다.

2008년 금융위기로 대학도 피해를 입었지만, 그 피해가 보통의 미국 국민이 생각한 정도는 아니었다. 일반의 실업률은 높은데 반해 교수는 테뉴어(종신재직권) 제도에 따라 평생 고용을 보장받는 데 대한 불만과 교수들이 왜 근로시간 대비 높은 연봉 받아야 하는지, 그리고 교수들은 금융위기 예측과 관리 방안을 제시하지 못했는데도 다른 사람들과 달리 경제적 안정을 누린다는 데 대한 비판이 상당했다(지금도 그렇다). 그러한 분노는 대학 교육비가 물가보다 더 빨리 뛰거나 학자금 대출 규모가 신용카드 부채보다 더 불어난다고 해서 누그러지지 않는다. 그래서 테뉴어 교수들은 은행가만큼이나 인기가 없다. 최근 버지니아 백인 유권자의 불만을 다룬 신문 기사는 "외부인들(outsiders)들의 멸시에 대한 분노"와 "지역 명문인 버지니아공과대학교(버지니아텍)가 배출하는 '박사학위 공해(Ph.D. pollution)'에 대한 통탄"을 다루었다.[14]

금융위기 이후 대학들도 구조조정을 하였다. 특히 지원 인력을 많이 줄였다. 지원 인력이 특별히 비난받았기 때문이 아니라 그들은 테뉴어 신분이 아니고 노동조합도 없어 쉽게 해고할 수 있었기 때문이었다. 특히 상위권이 아닌 대학들은 테뉴어 교수를 강의 부담은 크지만 연구 부담과 연봉 수준이 낮은 겸임교수(adjunct professor)로 대체함으로써 예산을 줄였다. 이러한 대학의 경우 대략 현재 강의의 3분의 2 이상을 비종신 트랙의 겸임교수가 담당하는 것으로 추정되고 있다.

---

14 Michael H. Keller and David D. Kirkpatrick, 2022, "Their Americais vanishing: Like Trump, they insist they were cheated," *New York Times*, Oct. 27, https://www.ny-times.com/2022/10/23/us/politics/republican-election-objectors-demographics.html.

대학은 이제 과거에 비해 시장 변화에 훨씬 더 많이 노출되어 있다. 대학들이 투자 대상을 채권에서 주식으로 전환하는 데 거의 100년(20세기의 대부분)이 걸렸다. 그러나 그로부터 20년도 채 되지 않아 대학들은 예일대에서 시작한 더 공격적인 투자 전략으로 전환하고 있다. 사모펀드, 벤처투자, 헤지펀드, 그리고 상품시장 투자 등이 그 사례이다. 이러한 전환으로 1986년부터 금융위기가 일어나기 직전까지 이들 기금은 500억 달러에서 3500억 달러로 급증했다. 2000년에서 2003년에 약간 주춤했던 시기도 있었다. 또 2008년 5월에서 2009년 3월 사이에 S&P500 지수가 45%나 떨어졌고 이것이 대학기금에 직접 반영되었다고 하더라도 손실은 단지 2년분의 수익이 사라지는 정도였다. 따라서 위기 '이후'에도 '절대 수익'을 추구한 것은 큰 성과를 거두었다.

그러한 수익이라면 대학들은 금융 충격에서 충분히 회복될 수 있었을 것이다. 그런데 어떻게 하버드대학교는 2008년 370억 달러를 보유하고 '있었'는데 금융위기 후에 기금이 250억 달러로 줄었을까? 하버드대 경영진은 대학을 위해 기금을 활용하기보다는 기금을 보호하기 위해 대학을 활용하는 것처럼 보이기도 한다. 당시 프린스턴대학교에 재직 중이던 벤 버냉키(Ben Bernanke)는 대학 행정당국은 기금을 '태양만큼 크게', 심지어 달보다 더 크게 불리는 데만 관심이 있다고 불평했다. (버냉키는 프린스턴대 경제학과장 일이 Fed 의장보다도 더 어렵다고 불평하고는 했었다. 물론 그것은 금융위기 이전이었고 금융위기 이후 생애에서 가장 어려웠던 공직은 그가 거주하던 프린스턴 교외의 몽고메리학교 이사회 의장이었다고 했다.)

금융시장이 요동치는 상황에서 대학 운영자들이 어떻게 대응해야 '하는지'는 분명하지 않다. 기금은 계속 줄어들고 다시 복원하기 힘들 것이라고 보는 것이 합리적일 것이다. 그런데도 대학들은 일반적으로 지난 몇 년간 평균 기금의 일정 비율(대체로 5%)을 지출하는 공식을 가지고 있다. 이러한 규칙은 보수적이지만 2000년대 초 주가가 급등하자 새로운 지출을 대규모로 늘리기도 했다. 예를 들어 대학들은 인기를 얻고 있는 분야와 관련한 프로그램을 신설하였다. 이 중에는 내실이 없지만 일단 만들어지면 없애기 어려운 것도 있다. 결과적으로 대학이 금융위기 이후 그 직전 수년과 비교할 때 재정적으로 부유해졌지만, 지출 규칙을 안정적으로 지키기 위해서는 예산 삭감이 불가피했다. 관리자(그리고 이사회 이사들)는 일시적인 것 외에는 규칙을 넘어서는 지출을 허용하려 하지 않았다. 기금이 줄어든 상황에서 지출을 유지한다는 것은 기금대비 지출비율을 높이는 것인데 이것은 대학 운영자들이 가장 두려워하는 일이다. 제프 브라운(Jeff Brown)과 그의 동료의 연구에 의하면 기금을 재건하기 위한 일반적인 행동은 지출 비율을 '줄이는 것'이었으며 이로 인해 대학기금이 구명장치가 아니라 짐이 되었다.[15] 그래서 대학들은 신입생 규모를 줄였고 장학금을 축소하였으며 행정 요원을 '제외'한 모든 것을 삭감하였다. 어떤 대학은 사모펀드와 벤처투자 등으로 인한 전혀 예측할 수 없는 유동성 부족 사태에 대응하기 위해 거액의 대출을 일으키기도 하였다.

프린스턴대학교가 위치한 뉴저지주도 다른 주들과 마찬가지로 심각한 문제를 안고 있다. 대부분 주는 헌법에 따라 재정 균형을 지켜야

---

15   Jeffrey R. Brown, Stephen G. Dimmock, Jun-Koo Kang, and Scott J. Weisbenner, 2014, "How university endowments respond to financial market shocks: Evidence and implications," *American Economic Review*, 104(3), 931—62.

하기 때문에 재정 문제가 일어나면 공무원을 해고하는 것 외에 달리 수단이 없다. 단기적으로는 연방정부의 부양정책이 도움을 주었다. 현금이 절실히 필요해지면 주정부도 대학과 마찬가지로 대체투자, 특히 은퇴 근로자들의 (여전히 대부분 확정급여형인) 연금을 지원하는 퇴직연금기금을 통해 '절대 수익'을 얻고자 하였다.

많은 주정부 연금은 헌법으로 보장하고 있어 제도 개혁이 거의 불가능하다. 그러나 모두 그런 것은 아니지만, 어떤 주의 경우 연금 지급의무를 다하기 힘든 실정이다. (그리고 주정부 공무원은 사회보장제도 수혜 대상이 아니므로 다른 연금 소득원이 없다.) 연금 재원이 바닥나면 해결책이라고는 성공 확률은 없지만 큰 포커 게임에 기대는 수밖에 다른 방법이 없다. 따라서 주정부도 대학과 마찬가지로 연금기금을 고위험 투자를 통해 운용하고 있다.

금융위기는 모든 것을 바꿔놓고 말았다. 한때는 연금기금 투자 수익 덕에 감세했던 주정부들은 연금기금이 고갈될 위기에 놓였고 법에 정해진 연금 지급의무를 다할 수 없는 상황에 이르게 되었다. 그래서 포커 게임에서 반드시 이겨야 했다. 하지만 금융위기로 인해 이러한 문제를 제대로 해결할 수 없었다. 거기에다 정치인들은 뒤에 더 큰 고통이 초래되더라도 지금의 고통을 피하고 보려는 경향이 일반인에 비해 훨씬 강하다. 일리노이주는 연방 정부가 규정한 연간 연금기금 부담분을 자체 연금기금에서 차입해 충당하였다. 2010년 증권거래위원회(SEC)는 연금기금의 지급능력을 허위보고한 혐의로 뉴저지주를 고발한 바 있다. 다른 주들도 같은 혐의로 조사받았다.

프린스턴대학교나 하버드대학교는 단기간에 파산할 가능성이 없다. 최소한 대학의 관점에서는 교직원들의 연금기금이 '안전하다'고 보고 있다. 물론 팬데믹 동안 이자율이 거의 '0%'이었고, 일시적이기는 하지만 주식시장이 신고가를 형성하면서 연금기금은 기대 이상으로 불어났다. 주정부 연금기금도 연금 납입 증가와 '마법의 해결사'의 도움으로 일시적이지만 가파르게 회복되었다.

고통 혹은 위험이 없는 방식으로 연금기금을 안정적으로 확보하기는 힘들다. 사람들은 대개 근시안적이고, 특히 정치생명은 인간수명보다 짧기 때문에 정치인들은 더 그렇다. 증권시장이 매혹적이기는 하지만 일반 사람들의 운명을 증권시장의 변화에 맡겨두는 것은 어리석은 짓이다. 세상에 '마법의 해결사'는 없기 때문이다. 개인이 경제성장의 덕을 일정 부분 볼 수 있지만, 연금관리는 집단 체제하에 두어야 한다. 그래야 사악하지만 정보가 더 많은 정치인과 관리 전문가들이 모든 위험을 은퇴 후 생활이 불안한 개인에게 전가할 수 없을 것이기 때문이다. 최근 증권보다 훨씬 위험한 비트코인이 신기루처럼 나타났다. 업계 부추김에 못 이겨[16] 바이든 행정부의 경고에도 불구하고[17] 버지니아 페어팩스카운티의 퇴직연금은 2022년 비트코인에 투자되었다.[18]

---

16 Mickey Koss, 2022, "Pension funds must adopt bitcoin or risk insolvency," *Bitcoin Magazine*, Nov 18, https://bitcoinmagazine.com/markets/pension-funds-must-adopt-bitcoin.

17 US Department of Labor, 2022, Compliance assistance release No. 2022—01, "401(k) plan investments in 'cryptocurrencies'," Mar 10. https://www.dol.gov/agencies/ebsa/employers-and-advisers/plan-administration-and-compliance/compliance-assistance-releases/2022-01.

18 Josephine Cumbo and Joshua Franklin, 2022, "Virginiapension fund invests in crypto lending to boost returns," *Financial Times*, Aug. 4. https://www.ft.com/content/7cb3f87d-7cb3-4429-952a-ba122efdda3b.

화장실에서 쓴 베이비부머의 편지

경제학 연구 결과가 정책으로 연결된다고 하더라도 그 과정은 시간이 오래 걸리고 결과를 예측하기도 어렵다. 학술적인 아이디어가 장기적으로 큰 영향을 미치며 워싱턴의 경제학자가 정책담론 형성에 중요한 역할을 한다는 것은 의심의 여지가 없다. 그러나 최근 수년 이내에 발표되었거나 정식 논문으로 공개되기 이전의 학술 연구 결과가 입법에 적용된 사례는 찾기 어렵다. 1996년 봄에 그런 일이 일어났다.

미국의 경제학계는 아주 개방적이다. 20대 젊은 경제학자도 일류 대학의 정교수가 될 수 있고 학문적 성과는 단순한 승진에 그치지 않고 경제적 보상으로 연결된다. 경영대학과의 경쟁은 금융 전공이 아닌 경제학자의 몸값까지 올려놓았다. 높은 초봉에다 긴 정년, 그리고 증권 시장 호황까지 겹치면 연금은 크게 불어난다. 결코 실현 불가능한 것이 아닌 최고의 상황을 예로 들어보자. 1993년 연봉이 20만 달러인 60세 고참 경제학 교수의 경우이다. 당시 그는 35년 동안 근무하였으며 연봉은 연평균 5% 증가하였고 대학이 연봉의 12%에 해당하는 연금 납입금을 지원하였다고 하자. 만약 그 연금기금을 S&P500지수에 투자하였다면 그의 연금은 1998년 가격으로 230만 달러, 2022년 가격으로는 400만 달러로 늘어났을 것이다. 같은 시나리오를 25세의 젊은 스타 경제학 교수에 적용하면 그의 연금기금은 1998년 가격으로 2400만 달러(2022년 가격으로는 4135만 달러)가 된다. 이는 세전 금액이지만 당시 미국의 세제는 진짜 부자에게만 적용되어 세금은 큰 문제가 아니다.

1996년 11월에 발표된 스탠퍼드대 존 쇼븐(John Shoven)과 하버드대 데이비드 와이즈(David Wise)의 '초과축적(excess accumulation)' 및 '초과배분(excess distribution)'세금 효과에 대한 워킹페이퍼(working paper)가 학계는 물론 정책 입안자, 그리고 언론의 큰 관심을 끌었다.[19] 이 세제는 연금이 부자들의 과세 도피의 수단으로 악용되는 것을 방지하기 위해 1986년 세제개혁법(Tax Reform Act)에 규정된 것이다. 세제개혁법의 주요 목적 중 하나가 과세 도피처를 제거하는 것이었다. 이에 따라 연금 축적에 대한 다양한 면세 혜택이 제거되었고, 특히 축적된 연금이 부동산 형태로 상속되었을 경우 과거 적용되었던 다양한 면세 혜택을 없앴다. '초과'세(excess tax)는 주 및 연방 소득세, 그리고 부동산세에 추가하여 부과되었으므로 은퇴를 앞둔 사람이 과세 대상인 연금을 유산으로 남기고 사망하면 피상속자는 상속재산 1달러당 10센트 미만만을 가져갈 수 있었다. 더 불행한 경우는 뉴욕에서 살다가 사망하였다면 세후 상속액이 1달러당 0.25센트로 줄어들었을 것이다. 큰 부자만 과세 대상이 되는 것도 아니었다. 복리 이자는 심지어 평범한 수입을 가진 사람이 오랜 직장 생활 동안 꾸준히 저축한 경우에도 과세 대상이 될 만큼의 목돈으로 만드는 마법을 부릴 수 있다.

쇼븐과 와이즈의 페이퍼는 세무사와 부동산 회사는 물론 일반 언론의 큰 주목을 받았다. 이 세제는 중산층 베이비부머에게 큰 분노의 대상이 되었다. 잘못한 것이라고는 절약한 것뿐인 중산층 베이비부머들이 증권시장에 투자를 잘해 모은 재산에 대해 거의 압수에 가까운 '성공'세(success tax)를 내야 할 처지였기 때문이다. 이것은 밀턴 프리드먼이 오랫동안 주장해 온 부동산세 철폐와 맥을 같이 하는 것이다.

---

19 John B. Shoven and David A. Wise, 1996, "The taxation of pensions: A shelter can become a trap," NBER Working Paper No. 5815, November.

1997년 여름 쇼븐과 와이즈가 애리조나의 골프리조트에서 학술 발표에 나섰을 때 집채만 한 크기의 리조트 객실들은 소노라(Sonora) 사막의 거대한 바위처럼 꾸며져 있었고 거대한 선인장이 경비병처럼 그 방들을 둘러싸고 있었다. 객실 화장실에는 〈워스(Worth)〉 매거진을 포함한 여러 읽을거리를 비치해 세심한 서비스를 엿볼 수 있었다. 〈워스〉 표지는 그곳에 온 골퍼들과 식도락가(그리고 경제학자들)에게 그들의 재산에 곧 닥칠 위험에 대해 경고하고 있었다. 〈에스콰이어(Esquire)〉 잡지는 '미국의 새로운 차상위 부자(under-rich)는 진짜 최상위 부자들이 대대로 누려온 상속 계획을 감당할 수 없을 것'이라는 기사를 게재했다. 그러면서 당장 연필을 들고 '이런 세제는 없애야 한다'는 솔직 과감한 편지를 써서 세법을 담당하는 빌 로스(Bill Roth) 상원의원과 빌 아처(Bill Archer) 하원의원에게 보내라고 했다.[20]

만약 어제 못했다면 내일이라도 없애야 한다는 요구에 따라 '초과'세는 1997년 과세경감법(Taxpayer Relief Act)에 따라 폐기되었다. 과세경감법은 초과세 폐기로 연금계좌 인출을 촉진하고 이에 따라 유예된 세금을 징수함으로써 정부 세수도 늘어난다는 점을 강조하였다. 화장실 휴지에 연필로 쓴 것이라도 부유한 베이비부머의 요구를 워싱턴(의회, 행정부)은 거의 외면하는 법이 없다. 입법 효과를 높이기 위해 1997년 예산은 소유자가 거주하던 주택을 매도할 때 발생하는 양도차익에 대한 과세를 폐지하였다. 그때까지만 하더라도 양도소득세는 계속 유예되어 마지막 주택 매도 때 발생한 차액에 대해서 과세하였다. 여기서도

---

20 Christopher Byron, 1997, "The tax time bomb," *Esquire*, 128(1), July, 88—9.

주택양도에 따른 자본소득세를 내야 할 시기가 다가오고 있었던 베이비부머 세대의 요구가 반영된 것이라고 볼 수 있다. 하지만 무엇보다도 해결하기 어려운 큰 과제는 사회보장제, 특히 메디케어를 위한 재정 확보이다. 그러나 '차상위 부자(under-rich)'의 요구를 해결하는데 몰두하면서 그런 것은 중요하지 않은 분위기가 되어버렸다.

연금과 사회보장을 연구하는 경제학자

종종 경제학자들은 과도하게 평등보다 효율을 강조하고 가난한 사람보다 부자들의 요구에 더 부응한다는 비경제학자, 언론인 그리고 정책 입안자의 비난에 공감하기도 한다. 경제학자들은 과도한 연봉을 받으면서 과도하게 전문화, 형식화된 방법론과 이론(팩트가 아니라), 그리고 신뢰할 수 없는 통계를 이용한 '세밀한' 분석에 집착한다. 경제학 방법론의 최고 학술지인 〈이코노메트리카(Econometrica)〉를 'Esoterica(신비하지만 쓸모없는 것)'와 'Trivia(하찮은 것)'의 두 파트로 나눠야 하는 것 아니냐고 한 사람이 다름 아닌 그 학술지의 편집장을 지낸 휴고 소넨샤인(Hugo Sonnenschein)이었으니 충분히 알 만하다.

미국 밖에서 바라본 미국 경제학은 종종 무의미한 것을 넘어 그보다 더 나쁜 것으로 여겨진다. 케임브리지대학교의 조앤 로빈슨(Joan Robinson) 교수와 그의 동료 교수, 그리고 케인스의 제자들은 신고전학파 경제학자(neoclassical economist)를 '자본주의 변론자'라고 비판하였고 그러한 비판을 받을 만한 사례도 많다. 그러나 그 반대의 사례도 있다. 다음이 그중 하나다.

20년 전 나는 미국경제연구소(National Bureau of Economic Research,

NBER)에서 열린 제3회 사회보장의 날(Social Security Day) 연차대회에 참석했다. NBER는 매사추세츠주 케임브리지에 있는 하버드대학교에서 MIT로 가는 도로에 접해 있는 초당파적 민간 연구조직으로 많은 다양한 연구 프로젝트와 워크숍을 관장한다. 매년 NBER는 거의 모든 응용경제학 분야를 망라하는 학술 행사인 '하계 학술제(Summer Institute)'를 개최한다. '사회보장의 날'은 학술제 기간에 진행되는 하루 일정의 워크숍으로 NBER 소장을 지내며 오늘날의 연구소가 되도록 이끈 고(故) 마틴 펠드스타인(Martin Feldstein)이 준비하였다. (앞 장에서 소개한 애리조나 학술대회도 NBER가 주최한 것이다.)

우리가 아는 대로 미국의 사회보장제도(Social Security system)는 지속적인 개혁 요구에 직면해 있다. 논의되고 있는 개선 방안은 정말 다양하다. 은퇴연령 상향, 연금 수혜자가 납입액을 정하는 시스템(pay-as-you-go system)의 부분적인 개인연금계좌 전환, 사회보장 신탁기금(trust fund)의 부분적인 증권시장 투자, 사회보장 세율 인상 및 지급액 감축 등이 그것이다. 이러한 방안은 제각각 어떤 사람들에게는 유리하고 어떤 사람들에게는 불리한 측면이 있어 심각한 정치적 위험성을 안고 있다. 따라서 방안에 따라 정치적으로 이해가 첨예하게 엇갈린다. 펠드스타인과 같은 보수주의자는 시장원리에 입각한 개선책을 선호한다. 정부 개입이 최소화되는 개인연금계좌 도입을 주장하면서 동시에 정부 역할은 최소한의 사회안전망 제공에만 국한되어야 한다고 말한다. 보수주의자들은 정치인이 신탁기금 투자에 개입하는 것을 깊이 우려하면서 그 같은 합법적 도둑질을 막기 위한 시스템 구축은 어렵다고 지적한다. 이러한 우려는 충분한 근거를 가지고 있다. 보수주의자들은 또 어떠한 합리적인 기간을 잡더라도 주식 시장이 다른 투자보다 더 높은 성과를 거두었다는 사실을 강조한다.

시장원리에 기반한 제도개혁에 의구심을 갖는 사람들은 개인에게 연금 투자를 맡기면 개인 간 투자 성과 차이가 불가피하고 이것이 불평등 심화로 연결된다고 우려한다. 그들은 가입자 모두가 이익과 손실을 공유하는 상호보험회사(mutual insurance) 방식을 선호한다. 금융회사에 자금 운용을 위탁할 경우 운영 비용과 함께 엄청난 숫자의 개인계좌를 맡을 금융권의 사고나 비리도 문제가 되기 때문이다. 매년 운용 수수료로 기금의 1%를 요구하는 투자자문사에 대한 질문을 여러 번 받았다. 연수익률 3%의 30년간 투자 수익은 연 4% 수익률의 같은 기간 투자 수익의 75%이다. 따라서 1% 수수료는 투자자문 회사가 수익의 4분의 1을 가져가는 셈이라고 하면 그들은 못 믿겠다는 듯이 놀란다.

내가 참석했던 그 '사회보장의 날' 학술 행사에서 가장 주목할 만한 사실은 각기 다른 정치적 입장, 다양한 전문 분야에도 불구하고 경제학자들이 그들의 역량을 문제 해결을 위해 결집할 수 있다는 것이었다. 펠드스타인은 개인연금계좌 제도를 선호하였고 그의 연구 역시 그러한 방향의 제도개혁을 뒷받침했다. 그렇더라도 그와 NBER는 광범위한 전문가에게 다양한 주장과 의견을 제시할 수 있는 장을 마련한다는 연구소 본래의 기능을 하는 데 전혀 장애가 되지 않았다. 펠드스타인도 그의 주장에 대한 비판과 질문 공세에 직면해야 했다. 그날 질문 중에서 기억에 남는 것은 스탠퍼드대 로버트 홀(Robert Hall)의 것이었다. 만약 증권시장 수익률이 그렇게 좋다면, 왜 정부의 '모든' 재정을 국채를 발행하여 얻은 수익과 그것을 시장에 투자해서 얻는 수익으로 충당하지 않는가? 당신의 방대한 경제학 지식, 자료, 정책 역량을 다른 사람들에게 혜택이 되도록 활용하는 것은 어떤가? 펠드스타인은 레이건 행정부의 대통령 경제자문위원회(CEA) 위원장직을 수행하던 중 연방정부 재정적자에 대한 비판적 입장이 다른 자문위원들의 감세 주장과 충돌하면서 사임하였다.

민영화 주장의 반대편에서는 그 후에 노벨 경제학상을 수상한 피터 다이아몬드(Peter Diamond)가 잠재적 연금 개혁이 가져올 새로운 분배 효과에 대한 우려와 함께 겉보기에 작아 보이는 관리 비용이 개인계좌 최종 적립금에 미칠 영향에 주목하며 오랫동안 효과적인 공공의 목소리를 내왔다. 다이아몬드의 근본적인 거시경제학 연구는 거의 모든 사회보장제도에 대한 진지한 논의 틀을 제공하고 있다.

펠드스타인과 다이아몬드는 재정학(public finance, 재정학은 최근에는 공공경제학으로 불린다)을 주로 연구하였고 이 그룹의 대부분은 그렇게 분류된다. 그러나 그중에는 보건경제학자, 인구학자, 그리고 기대수명 예측이나 사망률과 소득 관계를 분석하는 보험계리사도 있다. 금융을 전공한 경제학 교수와 경영대 교수들은 투자 배분과 위험 공유, 시장 비용, 그리고 포트폴리오 구성 등을 그곳에서 논의했다. 거시경제와 일반균형 이론을 전문으로 하는 경제학자들은 세대 간 형평성에 대한 무한히 많은 의견을 나누었고, 미시경제 학자들과 복지경제 학자들은 인센티브 제도와 도덕적 해이, 아직 태어나지 않은 미래 세대의 권리에 대해 상기시켜주었다. 그리고 정치경제학자와 게임이론가들은 매력적인 경제학 해법의 정치적 실행 가능성를 논의하며 우려를 나타냈다. 응용경제학자들은 저축과 사망률 요인, 그리고 포트폴리오 선택에서의 결정요인을 놓고 논쟁을 거듭했고 빅데이터를 이용한 실증분석도 제시하였다.

우리는 표본조사 자료와 정부 데이터를 결합한 인구조사국(Census Bureau) 자료분석센터의 새로운 분석 결과도 접할 수 있었다. 학술행사 참석자는 경제학, 경영학, 법학, 공공보건학 전공 학자들과 정부, 국제기구 소속의 경제학자가 대부분이었다. 토론 자료는 전문적인 데다 수리경제학 혹은 계량경제학 등의 관점에서 최고 수준이어서 〈이코노메트리카〉 편집자도 좋아할 정도였다. 참석자 중 많은 사람, 심지어는 경제학자들까지도 토론이 난해한(esoteric) 것으로 생각했을 수 있다. 그러나 그날 워크숍은 하찮은(trivial) 것과는 정반대였고, 분명하고 진지한 사고를 바탕으로 다양한 토론을 벌이면서 복잡한 문제를 여러 측면에서 바라볼 수 있게 하는 중요한 통찰력을 주었다. 경제학자가 그들의 직업에 대해 변명할 필요가 없을 때도 있다.

8장

현장의 경제학자: 콘퍼런스와 학술지

다른 전문 직종과 마찬가지로 경제학자도 전문 연구조직과 연구 방식이 있다. 경제학자가 자주 언론에 등장하지만, 대부분의 사람은 경제학자가 매일 무엇을 하는지, 일의 내용이 무엇인지, 연봉은 얼마인지, 사회적 이익을 위해 일하는지 아니면 벼락부자가 되는 허황한 방안을 제시하는 일을 하는지 알지 못한다. 많은 비평가가 미국과 세계의 음울한 정치, 사회문제에 경제학자야말로 일부 책임이 있다고 하는데, 도대체 경제학자가 무엇을 하는지 먼저 설명할 필요가 있다. 이것이 이 장의 목적이다. 경제학자에 대한 변명이 아니라 경제학이라는 전문 분야에 대해 분명하게 들여다보려고 한다. 이 책의 마지막 장인 제11장에서 나는 경제학이라는 전문 분야의 현재 상황에 대한 최종 평가, 즉 그 분야의 강점과 약점, 공과에 대한 결론을 내릴 것이다. 이 장은 그러한 결론에 도달하기 위한 일종의 과정이라고 보면 된다.

우선 경제학에서 가장 중요한 2대 조직인 미국경제학회(American Economic Association, AEA)와 영국의 왕립경제학회(Royal Economic Society,

RES)에 대해서 보기로 한다. 두 조직은 19세기 후반기 창설되었고 두 조직의 설립자들은 경제학회를 사회적 이익 증대를 위해 움직이는 진보적인 조직으로 인식하였다.

거대 경제학회는 빈번하게 학술 행사를 개최하는데 두 번째 글에서는 그중 가장 큰 행사인 미국경제학회의 연차대회, 그리고 약 50년 전 참석했던 소규모 행사이지만 나에게는 분수령과 같았던 학회에 대해서 살펴보기로 한다. 그 학회는 1970년대 중반 당시의 경제학계의 방향뿐만 아니라 구시대와 신시대의 경계를 이해하는 데 큰 도움을 주었다.

그다음 주제는 경제학 학술지(economics journal)이다. 학술지는 경제학자들의 연구 결과와 새로운 통찰이 빛을 보는 통로로써 경제학자들이 축적한 사고의 총체적 저장고이기도 하다. 학술지 논문으로 선정된다는 것은 학자로서의 성장뿐 아니라 경제학 지식 축적에 크게 이바지한다는 의미이다. 학술지의 논문 선정이 잘못되면 전문 분야의 주제가 궤도를 이탈하는 것이다. 그래서 학술지는 경제학자에게만 중요한 것은 아니다.

이어서 경제학자의 연구 주제를 설명할 것이다. 경제학이 공급과 수요, 시장 그리고 화폐에 관한 학문이라는 설명은 잘못된 것은 아니지만 이는 오늘날 연구 주제의 일부에 지나지 않는다. 여기서 나는 보건경제학자들의 연구성과를 중점적으로 다룬다. 그리고 다음으로 돈에 관해서 이야기하고자 한다. 논의 대상은 화폐에 관한 경제학자의 연구가 아니라, 경제학자는 어떻게 돈을 버는가이다. 경제학자들은 높은 연봉 덕에 돈을 벌기도 하지만 간혹 자신을 곤란한 상황에 처하게 함으로써 돈을 벌기도 한다.

이 장은 구체적인 사례와 함께 다소 긍정적인 결론을 소개한다. 특히 결론에서는 몇 개월 간격으로 사망했다는 사실로 겨우 연결되는 네 명의 아주 다른 경제학자를 간단하게 비교한다. 그들의 공통점은 경제학밖에 없지만, 경제학자에 대해 전혀 모르거나 언론을 통해 경제학자에 대해 편향된 인식을 가진 사람들을 위해 그들을 소개하고자 한다. 전형적인 경제학자를 제쳐두더라도 학계의 경제학자들도 흥미로운 삶을 살고 있다.

미국경제학회와 영국 왕립경제학회

같은 생각을 하는 사람들의 모임이 다 그렇듯이 경제학자들의 모임도 서로 만나 교류하면서 새로운 아이디어를 제시하고 서로 축하 혹은 비판하고 서로에게 상을 주기도 하는 콘퍼런스를 개최한다. 학회는 학술지를 출판하여 창의성을 고취하고 경제학자들에게 연구 성과와 발전을 확인하는 공간을 제공하며 무엇이 좋은 경제학이고 나쁜 경제학인지를 구분한다. 학회는 누가 주류학자인지, 누가 비주류인지도 결정한다. 학회는 포용적이기도 하고 배타적이기도 하다. 주류 바깥에 있는 사람들을 배제함으로써 안에 있는 사람들에게 안주할 수 있는 공간을 제공한다. 어떤 전문 분야가 실제 상황과 무관한, 외부의 도전적 질문을 차단하면서 발전하기 위해서는 이러한 역할이 필요할 것이다. 그렇다고 하더라도 제기되는 근본적인 문제를 완전히 간과하면 학회 자체의 붕괴로 연결될 수 있다. 실제 어떤 분야에서는 많은 경제학자가 자기들이 흥미를 갖는 문제라는 이유로 전혀 쓸모없는 주제에 열을 올리는 경우도 있다.

내가 2010년 미국경제학회(AEA) 회장이었을 때 미국경제학회와 나의 조국인 영국 왕립경제학회(RES)가 어떻게 다른지 비교하고 싶었다. 1660년 영국의 왕립한림원(Royal Society)이 미국의 국립과학원(NAS)보다 약 2세기나 먼저 설립된 것처럼, 영국 왕립경제학회가 미국경제학회보다 훨씬 먼저 시작되었을 것으로 나는 오랫동안 생각했다. 그런데 그렇지 않다. 미국경제학회는 1885년 뉴욕의 사라토가(Saratoga)에서 설립되어 1890년 출범한 영국의 RES보다 5년 먼저 태어났다.

그렇지만 학술지는 영국 왕립경제학회의 〈이코노믹 저널(Economic Journal)〉이 1891년에 창간되어 미국경제학회지 〈아메리칸 이코노믹 리뷰(American Economic Review)〉보다 20년 앞섰다. 〈이코노믹 저널〉 창간호는 편집자 프랜시스 에지워스(Francis Ysidro Edgeworth)가 작성한 학술지 목적 설명에서 "사회주의의 어려움을 1호에서 다루고 개인주의의 어려움은 2호에서 다룰 것"이라고 밝혔다.[1] 광범위하게 여러 주제를 다루겠다는 의미로 해석된다. 그리고 창간호는 에지워스 외에 에드윈 캐넌(Edwin Cannan), 로버트 기펜(Robert Giffen), 존 네빌 케인스(John Neville Keynes, 존 메이너드 케인스의 아버지-옮긴이), 알프레드 마셜(Alfred Marshall) 교수와 그의 부인 메리(Mary), 조지 버나드 쇼(George Bernard Shaw) 등이 참여한 창립회의 내용을 게재하였다. 캐넌은 요즈음 경제학자들에게는 생소한 이름이지만 맬서스(Malthus)의 인구론이 틀렸다고 주장한 경제사 및 인구학 학자이다. 기사 작위를 받은 로버트 기펜은 스코틀랜드

---

1 Martin Cripps, Andrea Galeotti, Rachel Griffith, Morten Ravn, Kjell Salvanes, Frederic Vermuelen, 2015, *Economic Journal 125th special issue*, Mar 29, Economic Journal, 125(583), 203—8.

의 경제학자이자 통계학자로 오늘날 가격이 오르면 수요가 늘어나는 특이한 제품을 지칭하는 '기펜재(Giffen Good)'라는 용어를 만들었다. 이러한 특이한 현상을 유명한 알프레드 마셜이 《경제학 원리(Principles of Economics)》에서 설명한 바 있다.

마셜의 저서는 아직도 매우 큰 영향력을 가지고 있다. 알프레드 마셜과 〈이코노믹 저널〉의 오랜 편집자였던 존 메이너드 케인스(John Maynard Keynes)는 케임브리지 경제학파(Cambridge economics)의 두 거두이다. 최근의 자료에 의하면 마셜은 그의 부인인 메리 마셜(Mary Paley Marshall)의 도움을 많이 받았다. 부인은 케임브리지에서 경제학을 공부한 최초의 여성 중 한 사람으로 시험 성적이 매우 우수하였으나 학위를 받지는 않았다. 그 이유는 여성이 케임브리지의 학위를 받는 것에 대해 남편을 포함해 당시 사회가 강하게 반대했기 때문이었다(남편인 마셜은 처음에는 경제학 공부를 권했었다고 한다). 그녀의 저서인 《산업경제학(The Economics of Industry)》은 마셜은 항상 부인했지만, 뒤에 나온 부부의 공동 저서에 그 내용이 많이 반영되어 있다. 부인의 원래 저서가 공저보다 낫다고 얘기하는 이들도 있다. 오스틴 로빈슨(Austin Robinson)에 의하면 '메리 마셜은 남편 마셜에게 40년 동안 자기를 희생하는 노예처럼 봉사했고 (남편) 마셜은 그의 글이 대중에게 얼마나 이해되는지를 판단하는 판독기, 연구자료 정리를 담당하는 실무자, 온갖 짜증 나는 일로부터 그를 보호해주는 방파제로 (메리를) 활용하였다.'[2] 또한 로빈슨에 따르면 메이너드 케인스는 "왜 마셜은 연구실 연구원이 아닌 자기 부인

---

2 Austin Robinson, 1948, "Review of 'What I remember' by Mary Paley Marshall," *Economic Journal*, 58(229), 122—24.

을 그러한 일을 하는 노예로 활용하는가"라고 질문했다고 한다.[3] 이것이 오늘날 많은 여성 경제학자들의 정서이기도 하다.[4]

버나드 쇼(George Bernard Shaw)는 소개가 필요 없는 인물이지만, 놀랍게도 그는 경제학자들과 교류가 많았다. 그는 지식인들의 점진적 사회주의 단체인 페이비언협회(Fabian Society) 열성 회원이었고, 영국학술협회(British Association)에 정기적으로 참여하였으며 메이너드 케인스를 비롯한 당시 유럽과 미국의 많은 '진보주의자(progressives)'들과 같이 우생학(eugenics)을 지지했다.

〈아메리칸 이코노믹 리뷰〉의 창간호는 웰즐리대학(Wellesley College) 캐서린 코맨(Katharine Coman)의 농업용수에 관한 논문을 게재하였다. 코맨은 당시 웰즐리의 동료 교수이자 〈아메리카 더 뷰티풀(America the Beautiful, 아름다운 미국)〉'의 작곡가로 유명한 캐서린 리 베이츠(Katharine Lee Bates)와 소위 '보스턴 결혼(Boston marriage, 비혼 여성 간 동거를 말하는 것으로 소설가 헨리 제임스의 《보스턴 사람들》에서 유래했다-옮긴이)' 관계였다. 미국경제학회는 1886년 들어 출판을 시작하였고, 〈미국경제학회보(Publications of AEA)〉 창간호는 영국 왕립경제학회보다 더 과감하고 진보적인 학회 설립과 강령에 대한 설명을 리처드 일리(Richard T. Ely)가 작성해 담았다. 이 창간호에서 미국경제학회는 "자유방임주의(laissez-faire) 원칙은 정치적으로 안전하지 않고 도덕적으로도 건전하지 못하다"라고 선언하였

---

3   Robinson, 1948, page 124.

4   Rohini Pande and Helena Roy, 2021, "'If you compete with us, we shan't marry you': The (Mary Paley and) Alfred Marshall lecture," *Journal of the European Economic Association*, 19(6), 2992—3024.

다.[5] 이에 대한 초기 지지자에는 존 베이츠 클라크(John Bates Clarke), 우드로 윌슨(Woodrow Wilson), 그리고 북군의 프랜시스 워커(Francis Walker) 장군 등이 포함된다. 워커는 미국경제학회의 창립 회장, 1870년도 인구조사국장, MIT 총장, 인디언 담당국장, 미국 통계학회장을 역임하였다.

미국의 역사가 그렇듯이 미국경제학회의 창립도 종교와 관련이 있다. 리처드 일리는 독실한 개신교 가정 출신이지만 이른바 예정설(predestination)을 거부하고 성공회로 전향하였다. 그는 예정설과 자유방임주의가 개인과 사회의 발전을 제약하고 있다고 믿었다. 그는 당시 사회복음운동의 평신도 대변인이었고 《정치경제학 개론(An Introduction to Political Economy)》에 이어 《기독교의 사회적 측면(Social Aspect of Christianity)》이라는 책도 냈다. 오랜 기간 위스콘신대학교에서 강의하였으나 그가 파업을 지지하고 사회주의를 옹호한다는 대학 이사회의 비난이 나오는 등 교수 생활이 그리 평탄하지는 못했다. 경제학을 기독교 지원을 위해 활용한다는 미국경제학회의 초기 방향은 181명의 창립 회원 중 23명이 기독교 목사였다는 점이 잘 설명해주고 있다.[6]

프랜시스 워커는 이른바 저급 이민자를 미국이 받아들이는 것에 맹렬히 반대하였다. 1880년대 미국으로의 대규모 이민은 최고조에 달했다. 19세기 말쯤에는 미국 인구의 14% 이상이 외국 출생자였다. 이는 현재의 미국 인구 중 외국 출생인 비율보다 조금 더 높은 수준이다. 워커가 말하는 저급 이민은 전통적인 서북부 유럽국가로부터의 이민이

---

5 Richard T. Ely, 1886, "Report of the organization of the American Economic Association," Publications of the American Economic Association, Mar. 1(1), page 7.

6 Benjamin M. Friedman, 2021, *Religion and the rise of capitalism*, Deckle Edge.

아닌 주로 동남부 유럽으로부터의 이민을 지칭하는 것이었다.[7] 오늘날 '새로운' 이민은 남미와 아시아로부터의 이민을 가리킨다. 과거에 그랬던 것처럼, 이른바 오늘날의 신(新)도금시대에도 새로운 이민자들이 유럽 혈통의 '기존' 미국 국민에게 해를 끼친다고 여긴다. 1947년에 제정되어 5년마다 수여된 워커 메달(Walker Medal)은 미국경제학회가 수여하는 최고의 상이었으나 1969년 노벨 경제학상이 시작되면서 5회 시상을 마지막으로 종료되었다. 경제학자의 수가 늘어나면서 상을 늘려야 한다는 필요에 따라 워커 메달을 부활시키는 것도 고려할 수 있었으나, 워커의 이민과 인종에 대한 부정적 편견을 생각할 때―그는 이민보다 인디언에 대해 더 심한 편견을 가지고 있었다―그의 이름을 오늘날 명예나 포상으로 사용하는 것은 부적절하다고 판단되었다. 오늘날 미국경제학회가 그 비슷한 상을 만든다면 도널드 트럼프 메달이 되겠지만, 수상자가 자신의 명예를 생각하면 과연 받을 것인지 의문이다.

진보의 시기 동안 미국은 연방소득세 도입, 연방준비제도(Fed) 구축, 여성참정권 부여 등의 성과를 거두었고 주지사의 연방 상원의원 지명권 폐지라는 민주주의 발전도 이뤄냈다. 여성 보호를 위한 조치로 인식되었던 금주법(Prohibition)도 이때 도입되었다. 금주법을 제외한다면 이러한 조치들은 오늘날의 기준에서도 진보적이라 할 수 있다. 미국과 영국에서 진보적인 아이디어의 철학적 바탕에는 통계학과 경제학 등 사회과학이 사회 통제와 발전을 위해 적용될 수 있고, 적용되어야 한다는 생각이 깔려 있다. 적어도 비이민 백인 국민 간의 불평등이라도 줄

---

7   Ram Abramitzky and Leah Boustan, 2022, *Streets of gold: America's untold story of immigrant success*, Public Affairs.

이는 것이 하나의 목적이었다. 그래서 진보주의자들은 자유방임주의(laissez-faire)에 적대적이었다.

선택적 번식, 이민 통제와 심약한 사람 혹은 범죄자 등의 강제 거세를 주장한 우생학은 당시 진보 운동의 기본 신념이었고 동시에 좌우를 막론하고 지배적 사고였다.[8] 그러한 생각은 당시 인구 통제를 통한 빈곤 타파를 주장하는 사람들의 주장과 맥을 같이 한다. 이러한 운동이 과거보다는 많이 약화되었지만 소멸하였다고는 할 수 없다.[9] 지금도 기후변화 문제의 해결 방안으로 인구통제를 주장하는 사람이 많다는 것이 그렇다. 경제적 우생학 주창자들은 최저임금에 관해 이 책의 앞부분에서 논의한 것과는 매우 다른 독특한 견해를 가지고 있었다. 오늘날 최저임금 반대자들의 주장과 같이 그들은 높은 최저임금이 실업을 유발한다고 보았지만, 그것이 오히려 초기 이민세대 미국인들의 일자리를 더 낮은 임금에도 일하고자 하는, 그들이 보기에 열등한 인종 및 민족으로부터 보호하는 '좋은' 역할을 할 수도 있다고 생각했다. 이와 같이 최저임금은 백인 노동자들을 '라틴계, 슬라브계, 아시아계, 유대계' 등 '열등한' 이민자로부터 보호하는 이민 및 인구통제의 수단이었다. 이는 미국경제학회 창립회원이자 초기 회장을 지낸 에드워드 로스(Edward Ross)의 설명이다.[10]

오늘날 미국경제학회는 과거 창립 세대의 생각에서 벗어나려고

---

8 Thomas C. Leonard, 2005, "Retrospectives: Eugenics and economics in the Progressive Era," *Journal of Economic Perspectives*, 19(4), 207—24.

9 Matthew Connelly 2010, *Fatal misconception The struggle to control world population* Belmopan Press of Harvard University Press.

10 Leonard, "Retrospectives."

엄청난 노력을 하고 있고 진통을 겪고 있다. 미국경제학회의 연례 학술대회 기조강연은 1962년 이래 리처드 T. 일리(Richard T. Ely) 강연으로 불려왔었다. 기조 강연과 회장 강연은 학술대회의 2대 핵심이다. 2020년 재닛 옐런(현재 재무장관이며, 당시 AEA 회장이었다-옮긴이)이 조직한 한 위원회는 기조 강연의 명칭을 바꿀 것을 권고하였다. 위원회에는 리사 쿡(Lisa Cook, 바이든 대통령이 지명한 Fed 이사 중 한 명이다)도 구성원으로 참여했다. 그 뒤 2022년 프로그램에는 '특별 강연(Distinguished Lecture)'으로 표기되었고, 아마도 원로 회원들의 이해를 돕기 위해 괄호 안에 리처드 T. 일리 강연이라는 설명도 달았다. 위원회는 일리(Ely)가 '경제이론에 지대한 공헌을 하였지만 노예 제도와 우생학을 지지하였으며 이민을 반대하고 인종 분리를 옹호하였다'라고 밝혔다. 또 일리가 펴낸 책이 '미국경제학회의 전문가 행동규범(AEA's code of professional conduct)에 어긋나는 내용을 담고 있다'라고 지적했다.[11] 그 행동규범은 일리가 작고한 지 65년 후인 2018년에 채택된 것이다. 일리의 가장 유명한 제자 중 한 사람이 우드로 윌슨이다. 그의 스승이 미국경제학회에서 당한 것처럼, 앞장에서 소개했듯이 윌슨은 소득 불평등(반대)과 인종 불평등(방관)에 대한 견해 때문에 프린스턴대학교에서 명예에 타격을 입었다.

학술대회

경제학자들은 학술대회(콘퍼런스)에 간다. 학술대회의 할아버지 격인 미

---

11 American Economic Association, "Committee recommendation regarding renaming the Ely lecture series," https://www.aeaweb.org/resources/member-docs/renaming-lecture.

국경제학회 연차 학술대회에 대해서는 이미 논의한 바 있다. 팬데믹 이전에는 1만 2500명이 1월에 열리는 이 학술대회에 참석했다. 학회 모임이 경제학 인력시장의 역할도 하므로 학회 참가자 모두가 학술발표를 듣기 위한 것만은 아니다. 세계 곳곳의 대학 경제학과들이 학술대회 현장에 방을 빌려 초임 교수요원을 선발하기 위한 면접을 진행했다. 그래서 학술발표와 면접을 용이하게 하기 위해 미국경제학회는 학술대회 장소 주변에 회의장과 면접을 할 수 있는 시설을 갖춘 다수의 인접 호텔을 준비해야 했다. 그러한 조건을 갖춘 도시는 시카고(1월에는 좋은 곳이 못 된다), 뉴올리언스, 샌프란시스코, 샌디에이고, 뉴욕, 그리고 보스턴 정도로 몇 안 된다. 그리고 이제 직장을 찾는 대학원생 참가자들을 위한 값싼 호텔도 많이 있어야 한다. 도박 산업을 위해 호텔에 보조금을 지급하고 있는 라스베이거스가 안성맞춤이지만 학회가 호텔 값이 비싼 주말에 열린다는 것이 문제이다.

연례 학술대회는 때에 따라 따분할 수도 있지만, 동료학자와 제자들을 만나 새로운 아이디어를 얻을 좋은 기회이기도 하다.

COVID-19 팬데믹으로 2년간 학회는 비대면 개최가 불가피하였고 비대면 면접도 잘 진행되었다. 따라서 학술대회의 중요한 두 가지 역할인 학술 활동과 인력시장 기능이 앞으로는 분리되고 학술대회 규모도 축소될 것으로 예상된다. 팬데믹 이전에도 가능했었지만 실현되지 못한 발전적 변화의 한 사례이기도 하다. 비대면 회의가 사전 조율에 다소 힘이 들지만 어쩔 수 없는 외부적인 이유로 진행하다 보면 일상적인 방식으로 자리 잡게 될 것이다.

세상에는 수백, 수천 개의 소규모 경제학 관련 학술회의가 있다.

1972년 여름 대학 연구원으로 있을 때 동료들과 함께 부다페스트에서 열린 학회에 갔었다. 당시 공산 국가를 방문한다는 것이 흥미로웠고 헝가리 수도의 풍경에 매료되었지만, 학회의 발표 논문들은 그렇지 못했다. 우리는 응용경제학자였고 계량경제학 방법론에도 익숙했지만, 학회 논문들은 마치 추상적인 수학이론 논문 같았다. 지금 돌이켜 보면 당시 그 논문들은 흥미를 느낄 만한 수준이 못되었던 것 같기도 하다. 젊은 혈기에 머빈 킹(Myrvin King, 영국 중앙은행 전 총재로 기사 작위가 있다)과 매우 논쟁적이면서 강한 인상을 주는 이란계 계량경제학자 하솀 페사란(Hashem Pesaran, 서던캘리포니아대학교에 재직 중이다)을 포함한 우리 그룹은 이보다 더 잘할 수 있겠다고 생각하고 새로운 응용경제학회를 창설하기로 하였다. 술집에서의 객기로 보일 법한 이 논의는 실제 아름답기로 유명한 보로스마티(Vorosmarty) 광장에 있는 제르보 카페(Gerbeaud Cafe)에서 일어났다. 50년이 지난 오늘 그 학회 프로그램보다 그 집의 메뉴가 더 생생하게 기억에 남아 있다.

약속대로 하솀은 국제응용계량경제학회(International Association for Applied Economics)라는 새로운 학회를 만들었다. 그를 제외한 우리는 그저 학술회의를 조직하는 정도로 생각하고 있었다. 우리의 스승이었던 리처드 스톤(Richard Stone) 교수는 새로운 학회를 만들기보다 당시 주로 소규모 학술대회를 지원하던 국제경제협회(International Economic Association, IEA, 유네스코 주도로 1950년에 설립된 비정부 기구-옮긴이)를 활용하는 것이 좋겠다는 제안을 하였다. 스톤 교수도 학술회의 조직 책임자 역할을 하겠다고 수락하였고 1976년 이탈리아 우르비노(Urbino)에서 공공정책에서 계량경제학의 기여를 주제로 학술회의를 개최하였다. 스톤

교수는 유럽 각국과 미국의 경제학자들에 대해 잘 알고 있었고 그들도 우리 학술회의에 참석하기로 하였다. 국제경제협회는 학회가 아니라 각국 경제학 단체의 '연합체' 성격으로 당시 공산국이었던 헝가리와 러시아도 참여하였다. (러시아의 경우 학회 참석을 위한 '출국'이 항상 허용되는 것이 아니어서 그들의 논문이나 토론 내용보다 하와이언 스타일의 셔츠가 더 기억에 남아 있다.)

나이가 사람을 구분하는 하나의 잣대에 불과하지만, 우르비노 학술회의는 참석자의 연령이 워낙 다양해 잠재적으로 의견충돌 소지가 다분했다. 돌이켜 보면, 참석자들은 당시 경제학에서 일어나고 있는 것이 경제학 자체의 변화인 것처럼 포장하고 있었다. 당시 젊었던 '우리'는 자신만만하고 수학적 방법론에 익숙했으며 더 국제적인 시야(더 정확히는 영미계 방식)를 가졌기에 미래는 우리의 것으로 생각하였다. 반면에 당시 '그들'은 대개 자기 국가에서 주도적인 위치에 있는 유럽의 시니어 경제학자들로 수학적 분석보다는 논리적 혹은 법률적인 접근을 중시하였다. 그들은 '우리' 젊은 경제학자들을 오만한 무리로 치부하였고 연장자와 (훨씬) 뛰어난 사람들을 무시하면 안 된다고 생각하고 있었다. 미국 학자들 사이에도 분열이 있었다. 나의 오랜 공저자인 존 뮤엘바우어(John Muellbauer)는 미국의 CPI(소비자물가지수)를 주제로 토론하면서 지수계산 과정의 가중치가 가난한 사람보다 부자들의 비중이 높은 총지출에 의해 결정되기 때문에 CPI는 미국 경제가 그렇듯이 '민주주의적(democratic)'이라기보다 '금권주의적(plutocratic)'이라고 지적하였다. 이에 대해 미국의 한 참석자는 그러한 사회주의적 발언을 회의록에서 삭제할 것을 요구하였다(사실 그런 회의록은 존재하지도 않았다).

지금 보기에 유럽 참석자들은 악명 높은 영미계 스타일의 경제학

세미나에 반감을 가지고 있었다. 논문 발표의 끝이 아니라 중간에 질문이 이뤄지고 보완적인 설명이 종종 괴롭힘으로 변질되거나 심지어 질문자가 발표자보다 우월하게 보이는 상황까지 연출되기 때문이었다. 우르비노 회의에서는 오늘날 미국 경제학계에서 자주 일어나는 그러한 일이 많이 일어나지는 않았지만, 유럽 참석자들은 '모든' 질문에 다소 예민한 모습을 보였다. 그리고 정말 화가 난 일부 사례도 있었다. 국제경제협회(IEA)의 전 회장이자 이 학술회의의 오랜 참여자였던 오스틴 로빈슨(Austin Robinson)은 휴식 시간에 나를 끌어당기면서 만약 미국 참석자들의 이러한 행태를 '중지'시키지 않으면 이 학술회의가 해체될 것이라고 했다.

유럽 학자라고 가시가 없는 것은 아니다. 프랑스의 유명한 경제학자 에드몽 말랭보(Edmond Malinvaud)는 우아하면서도 독창적으로 신·구 경제학을 오가며 거의 혼자서 몇십 년 동안 프랑스의 현대 경제학을 지켜왔다. 1966년 내가 대학생이었을 때 그의 계량경제학 교재와 씨름하던 기억이 뚜렷한데, 그 책은 769쪽으로 프랑스어로만 되어 있었다.

학술회의에서 미국의 한 젊은 경제학자는 경제학의 핵심 문제를 해결한 연구성과에 관해 설명하면서 그럼에도 해결하지 못한 중요한 문제가 몇 개 남아 있다고 다소 겸손하게 끝맺었다. 그는 스스로 평가한 것보다는 덜 영민한 것으로 보였지만, 말랭보는 발표자의 특출한 재능으로 보아 머지않아 그 문제에 대한 해답을 찾을 것을 의심하지 않는다고 평소보다 더 억센 프랑스어 악센트로 말했다. 그 후 며칠간 그 미국 경제학자는 위대한 프랑스 경제학자의 논평이 칭찬인지 모욕인지를 알아내기 위해 우리를 쫓아다녔다. 그는 희망이 없다는 현실을 알면서도 그것이 칭찬이었기를 바랐다.

경제학자들의 공격적인 세미나 방식은 최근 다른 쪽으로도 비판의 대상이 되고 있다. 그것은 여성에 대해 비중립적이라는 것이다. 우르비노 회의에서 유럽 경제학자들처럼 여성 학자들은 남성보다 자기과시 욕심이 적고 겸손하며 남의 이야기에 귀를 기울인다. 그러다 보니 세미나에서 부당한 대우를 받는 경향이 없지 않다. 최근 실증분석에 따르면 '여성 발표자들은 더 많이 질문받고 질문 내용이 공격적이거나 아니면 선심 쓰듯 보살피려는 의도인 경우가 많다'라고 한다.[12] 어떤 경제학 단체는 이러한 문제에 주목하여 세미나 행동규범(codes of conduct)을 만들어 적용하려는 움직임을 보이고 있다. 이에 대해 발표자의 성과를 제대로 이해하기 위해서는 솔직한 질문이 필요하다는 반대 의견도 있다. 경제학 발표 자료가 예를 들어 역사학 논문처럼 논리정연하지 않기 때문에 심층적인 질문이 필요하다는 것이다. 그러나 그것이 과다한 남성 호르몬 표출의 이유가 될 수는 없다. 이러한 문제를 개선할 수 있다면 여성 참여 확대를 통해 경제학을 더 일하기 좋은 분야로 만드는 또하나의 사례가 될 수도 있을 것이다.

경제학 학술지: 운영 방식과 역할

경제학 학술지는 경제학자들이 연구 결과를 발표하는 곳으로, 경제학자들이 무엇을 할 것이며 무엇을 생각할 것인지에 영향을 미친다. '논

---

12 Pascaline Dupas, Alicia Sasser Modestino, Muriel Niederle, Justin Wolfers, and the Seminar Dynamics Collective, 2021, "Gender and the dynamics of economics seminars," page 1, https://web.stanford.edu/~pdupas/Gender&SeminarDynamics.pdf, 2022년 8월 25일 확인.

문을 발표하든가, 아니면 꺼져라(publish or perish)'라는 말은 다른 학문 분야와 마찬가지로 경제학에도 적용된다. 따라서 학술지는 누가 성공하고 실패하는지를 가리는 심판자와도 같다. 누구나 논문을 제출할 수 있지만, 최상급 학술지에 게재되기는 매우 어렵다. 따라서 이들 학술지가 '무엇'을 선택하느냐가 경제학자의 평판과 성패를 결정할 뿐 아니라 경제학 연구의 방향과 내용에도 큰 영향을 미친다. 재능이 있는 젊은 경제학자라 하더라도 그러한 학술지의 방향과는 다른 주제에 연구를 집중하는 것은 매우 위험하다. 대학원에서 공부하는 젊은 연구자들은 거시경제학, 노동경제학, 보건경제학 등 '전문 분야' 선정과 지도받을 교수 및 세부 관심 주제 등에 따라 경제학자로서의 연구 내용과 진로가 결정된다. 내가 경제학자로서의 진로를 시작할 때만 하더라도 영국에는 이런 것이 없었다. 내 전문 분야가 분명하지 않다는 것은, 도대체 어떤 경제학자냐는 질문을 받으면 당황스러울 수밖에 없다.

　　미국에 살지 않는 경제학자와 이야기할 때 내가 자주 듣는 불평 중 하나는 바로 최고 학술지에 관한 것이다. 그들이 케임브리지, 에든버러, 파리, 프라하, 케이프타운 등 어디에 있든지 승진하고 인정받기 위해서는 최고 학술지에 논문을 발표해야 한다. 그런데 미국 밖에 있는 그들에게는 너무나 접근하기 어렵다는 것이다. 이상하게도 젊은 경제학자뿐만 아니라 외부 평가로부터 어느 정도 자유로운 학과장, 학장들도 이런 불평을 한다. 그들의 불평을 수긍하지만(아래에서 더 이야기할 것이다), 예전에는 평가지표와 평가제도가 없이 학과의 겸손한 교수들이 다른 대학의 자문 등을 받아 신임 교수 임용이나 국가직 임명에도 큰 영향력을 행사했다.

1970년대 초 이탈리아의 한 원로 교수가 브루넬로(Brunello) 와인에 잔뜩 취한 채 자신이 제출한 논문을 '익명 평가자'의 논평을 인용해 탈락시킨 학술지에 대해 불같이 화를 냈던 기억이 난다. [그는 실제 증오를 담아 unknown(익명)을 un-keh-noan으로 k를 강하게 발음했었다]. 미국에서조차도 얼마 전까지만 하더라도 미국 국립과학원(NAS) 회원이면 본인은 물론 동료와 학생의 논문을 권위 있는 〈미국 국립과학원회보(Proceedings of the National Academy of Sciences, PNAS)〉에 게재할 수 있었다. 저자의 권위만으로 논문이 게재되는 세상이 완전히 사라진 것은 아닐 것이며 지금도 주변 어디인가에 그런 곳이 있으리라고 생각된다. 그러나 평가가 폭발적으로 증가하면서 그러한 권한은 약화되었다. 내 경우에는 학술지가 친절했다. 영국 케임브리지대학교의 젊은 연구조교 시절 연구 결과를 논문으로 작성했는데 친구가 그것을 학술지에 보내보라고 했다. 나는 그게 가능한지도 알지 못했고 〈이코노메트리카〉가 논문 게재를 수락했을 때 그게 그렇게 놀라운 일인지도 몰랐다(그 학술지의 논문을 읽은 적은 있지만 그렇게 대단한 저널인 줄 알았더라면 논문을 보낼 엄두도 내지 못했을 것이다). 그러나 그 논문이 출판되기까지 4년이나 걸려 또 놀랐다. 당시 그 학술지를 발간한 학회가 수년 동안의 재정관리 부실로 거의 파산 상태였고, 결국에는 당시 동독의 화장지 품질 기준에도 못 미치는 반투명 용지에 인쇄할 수밖에 없었다. 뜻밖에도 〈이코노메트리카〉와 계량경제학회(Econometric Society)의 하계 학술대회가 나를 포함해 당시 막 입문한 신진 학자들에게 전문가로 인정받는 길을 열어주었다. 전문 학회는 커리어를 쌓을 수 있는 사다리를 제공한다. 만약 오늘날의 까다로운 세계 최고 학술지가 원로 교수의 지도를 받을 수 있는 명문 대학 출신이 아닌 유럽의 무명 젊은 학자들에게는 큰 장벽이 되고 있다면 아이러니가 아닐 수 없다.

그래서 무엇이 문제일까? 우리 사회 전반의 현상과 마찬가지로 '능력주의 기반의 평가'는 권장할 만한 이유도 많지만, 불평등과 새로운 문제도 야기한다.

오늘날 경제학의 상위 5대 학술지로는 대개 〈아메리칸 이코노믹 리뷰(American Economic Review)〉, 〈계간 경제학저널(Quarterly Journal of Economics)〉, 〈정치경제학저널(Journal of Political Economy)〉, 〈이코노메트리카(Econometrica)〉, 〈경제학평론(Review of Economic Studies)〉을 꼽는다. 이에 더하여 금융이나 이론 분야의 전문가에게는 해당 분야별 학술지도 이에 못지않게 중요하다. 젊은 경제학자가 성공하기 위해서는 이들 중 하나, 혹은 다수의 학술지에 논문을 발표하여야 한다. 이 가운데서 〈경제학평론〉만 유럽에서 관장(옥스퍼드대학교에서 발행한다-옮긴이)하고 있다. 〈계간 경제학저널〉과 〈정치경제학저널〉은 각각 하버드대학교와 시카고대학교가 발행하는 '교내(house)' 학술지이다. 학술지를 관장하는 학과 혹은 그 학과를 움직이는 한두 명의 실력자(간혹 군대 지도자 같은 역할을 한다)는 막강한 영향력을 행사하면서도 내부 동료 이외에는 누구에게도 책임을 지지 않는다. 어떤 경우에는 단 한 명이 수십 년 동안 편집장을 맡으며 자기와 자기 학생들이 선호하는 주제 혹은 방법론적 접근을 편애하기도 한다. 다만 전문성을 가진 학회가 운영하는 학술지의 편집자는 대개 임기가 있으며 제한된 범위에서 그들이 선호하는 편집권을 행사할 수 있지만, 주류 이론의 틀 안에서 이뤄지는 다른 접근 방식을 자기 의견과 다르다고 해서 장기간 배제하는 경우는 없다.

이것은 격렬하게 논쟁이 벌어지는 영역이고 가끔 피바람이 불기도 하지만, 전문 학회는 대개 이를 잘 관리할 수 있는 역량을 갖고 있다. 학회지 편집자 중 한 명의 재임명을 논의하고 표결에 부치는 동안 당사자를 밖에서 잠시 대기하도록 했던 일이 기억난다. 그 재임명은 잘 끝났지만, 무려 세 시간이나 걸렸다. 피를 흘린 정도는 아니지만 기분이 상했을 것이다.

하버드대학교와 시카고대학교의 편집자는 지난 수년간 많은 획기적이고 중요한 논문을 그들의 학술지에 게재한 실적이 있다. 하버드대학교에서 발간하는 〈계간 경제학저널〉은 상위 5대 학술지 중에서도 인용률이 가장 높으며 편집자들이 자기가 선호하는 주제를 마냥 편애할 수는 없도록 하는 장치들이 있다. 그렇다 하더라도 편집자 혹은 많은 논문을 평가하는 그들의 대학원 지도 학생들(평가자로 엘비스라는 사람을 기대하지만, 사실은 엘비스를 사칭한 사람일 수도 있다)이 왜 그렇게 큰 역할을 하는지는 분명치 않다. 상황은 미국이나 세계 어디나 마찬가지이다. 학술지 중에서도 상위 5대 학술지는 1년에 300편 정도의 논문밖에 게재하지 않으며 20년 전보다 오히려 줄어들었다. 논문의 공저자 수는 늘어났지만, 이들 상위 학술지에 발표할 수 있는 현역 경제학자의 수는 줄어들고 이들 학술지의 문턱은 계속 높아지고 있다. 미국 밖의 경제학자에게는 불가능하다고 생각될 정도로 벽이 높아 보인다.

몇몇 학술지의 과도한 영향력 탓에 오히려 경제학의 시야가 점점 좁아지는 경향이 있다. 경제학의 경우 여성의 참여가 낮을 뿐 아니라 승진 심사에서 남녀 공저 논문을 평가할 때 여성 공저자에게 남성보다 낮은 가중치를 부여한 사례도 있다.[13] 여성 경제학자의 관심 분야도 남성과는 다르다. 남성 경제학자들은 보건경제학, 경제발전론 혹은 경제사 등을 '진짜' 경제학이라고 여기지 않고 소위 중심(마초인가?) 분야인 거시경제학, 계량경제학, 혹은 경제이론을 중시한다. '그녀가 좀 더 경제학자다우면 좋겠다'가 내가 여러 번 접한 여성 경제학자에 대한 남성 경제학자들의 정서이다. '철저한(rigorous)'과 '날카로운(penetrating)' 등이 보건경제학이나 경제발전론, 혹은 경제사 논문보다 중심 분야의 논문을 평가할 때 주로 쓰이는 표현들이다.

특정 분야 연구의 대전환을 가져올 많은 획기적인 논문들도 상위 학술지에서 거절당하기도 하였다. 그런 논문들이 결국 인정받게 되면 다행이지만 어떤 경우에는 사장되어 버리고 연구자는 의기소침한 나머지 커리어 발전에 도움이 덜 되는 '좁은' 분야 연구(예를 들면 경제사)를 비(非)상위 학술지에 게재하려는 경향도 있다. 이미 언급한 대로 기후 변화에 관한 논문이 상위 학술지에 실린 사례는 매우 드물다. 상위 학술지 편집을 해 본 사람이라면 지인의 논문을 게재하라고 압력을 가하는 실력자, 그리고 자기 연구를 비판하는 논문을 게재하지 말라는 압력 등에 대한 많은 이야기를 알고 있을 것이다. 이러한 행위에도 불구하고 처벌은 없다. 이 모든 것은 경제학 학술지는 보기보다 폐쇄적이며 변화의 원천이 되어야 할 젊은 경제학자들에게 주류 학설에서 너무 멀리 벗어나지 못하게 큰 압력을 가하고 있다는 것을 의미한다.

말도 안 되는 논문, 그럴듯하지만 옳지 않은 논문은 배제되는 것이 옳다. 우리는 상위 학술지가 제대로 된 학술지이기를 바란다. 그렇지만

---

13 Heather Sarsons, Klarita Gerxhani, Ernesto Reuben, and Arthur Schram, 2021, "Gender differences in recognition of group work," *Journal of Political Economy*, 129(1), 101—47.

그간 상위 학술지의 배타성은 도가 지나쳤다고 생각한다. 능력주의의 대표적인 문제점은 이미 능력이 있다고 판정받은 사람이 무엇이 능력인지, 아닌지를 결정한다는 점이다.

미국 경제학계의 가장 눈에 띄는 변화 중 하나는 외국 태생 경제학자의 증가이다. 최근 프린스턴대 경제학과에는 한국, 알제리, 멕시코, 벨라루스 등 비전통적 경제 강국을 포함해 20여 개국 출신의 학생, 교수가 있고 미국 태생 교수의 3분의 1은 노년에 접어들었다. 현재 미국 경제학계의 많은 대중적 지식인이 이미 벵골에서 자메이카에 이르는 외국 태생이다. 아마르티아 센(Amartya Sen), 대런 애쓰모글루(Daron Acemoglu), 루이지 진갈레스(Luigi Zingales), 라구람 라잔(Raghuram Rajan), 아비지트 배너지(Abhijit Banerjee), 마커스 브루너마이어(Markus Brunnermeier), 그레고리 클라크(Gregory Clark), 에스테르 뒤플로(Esther Duflo), 사이먼 존슨(Simon Johnson), 대니얼 카너먼(Daniel Kahneman, 2024년 3월 90세의 나이로 사망했다-옮긴이), 조엘 모키어(Joel Mokyr), 엔리코 모레티(Enrico Moretti) 그리고 피터 블레어(Peter Blair) 등이 대표적이다. 저명 학자인 이들은 자신의 아이디어를 대중에게 설명할 수 있고 그렇게 하고 있다.

미국의 경제학을 주도하였던 서부와 중서부 농촌지역 출신의 경제학자와 달리 이 사람들은 각기 다른 배경과 꿈을 안고 미국에 왔다. 이들 덕분에 미국 경제학계는 훨씬 풍요로워졌으며, 만약 이들이 고국에 그대로 있었다면 어떻게 되었을지 궁금하지 않을 수 없다. 몇몇은 미국 밖에서 박사학위를 받았지만, 많은 이들이 미국 최상위권 대학에서 대학원 과정을 마쳤다. 이들 대학은 교수를 세계적으로 공모하고 교과 과정도 서로 비슷하다. 만약 이들이 자기 나라에 그대로 있었더라면 미국 바깥에서 보다 넓은 영역의 대안적 학파(alternative schools of thought)가 나왔을지 모른다. 어쨌든 미국으로의 인재 유입은 인재 유출보다 훨씬 많다.

경제학도 변화의 계기를 만들기 위해서는 생물 종(種)과 마찬가지로 다양성이 필요하다. 그러나 대다수가 소수의 대학에서 똑같은 교육을 받는다면 그런 다양성을 기대할 수 없을 것이다. 소수 상위권 대학의 교육과 상위 5대 학술지의 기준을 해외로 확산시키는 것은 구(舊)세계의 최악의 잘못을 방지하는 데는 도움이 되겠지만, 경제학을 획일화시키고 미래 경제학 발전의 밑거름이 될 수 있는 다양한 접근법을 제한할 위험도 있다. 비정통 경제학은 그 자체로 위기에 처해 있다. 조지 스티글러(George Stigler)는 '좋은 경제학자는 보수적'이라고 주장한 논문에서 노동가치설(상품의 가치는 생산에 필요한 노동시간으로 정해진다는 학설-옮긴이)을 신봉하는 사람이 좋은 직업을 가질 수 없는 이유는, 그의 급진적 생각 때문이 아니라 채용 심사자들이 그 사람이 똑똑하면서 동시에 정직할 수 있다고 믿지 않기 때문이라고 하였다. 지금 미국의 채용위원회라면 그가 노동가치설을 연구해서 무엇인가 배운 것이 있을 것으로 생각하면서도, 경제학에 대한 그런 단선적 사고를 받아들이지는 않을 것이다. 그러나 프랑스, 독일 혹은 영국의 외부 평가위원들은 평가지표, 영향지수, 인용빈도 등을 근거로 무의식적으로 그렇게 할 수도 있을 것 같다.

경제학에서의 보건, 보건에서의 경제학

과학사를 연구하는 학자들은 과학의 발전이 세상을 바꾸지만, 그 발전은 지금 세상의 작품이라는 것을 안다. 경제학자도 마찬가지이다. 놓쳐서는 안 될 미국 경제학에 대한 외부의 영향이 바로 보건(health)과 의료(healthcare)이다. 미국은 현재 국민소득의 약 5분의 1을 보건에 쓰고 있다. 보건경제학자들은 의료산업과 관련하여 얼마나 많은 비용이 들며 경쟁은 이뤄지고 있는지, 또 누가 서비스를 받고 못 받는지 등 다른 산업에서 다루고 있는 것과 비슷한 문제에 대해 조언해왔다. 경제학자들은 보험이 어떻게 작동해야 하는지, 그리고 의료산업을 어떻게 관리해야 하는지에 대해 중요한 기여를 해왔다. 유명한 사례가 약간의 비용분담 제도만으로도 의료 가수요를 막을 수 있다는 것을 파악한 랜드(RAND)연구소의 보험 실험이다. 1974년 시작되었던 대규모 사회정책 실험으로써 수천 명의 미국인을 보장률이 다른 여러 개의 보험제도로 무작위로 나누어 조사하였다.[14]

베이비붐 세대의 노령화는 오늘날 미국 사회에 나타난 가장 근본적인 변화 가운데 하나로 이로 인해 새로운 문제가 나타나고 있다. 베이비부머들이 은퇴하면서 외부 재정 의존이 심화할 조짐이고 질병과 죽음에 점점 가까워짐에 따라 이에 대한 해결책을 요구하는 정치적, 경제적 압력도 거세졌다. 두 가지 큰 위협은 바로 빈곤과 질병이며 최악의 경우는 빈곤과 질병이 겹치는 것이다. 이전까지 돈과 정치적 압력이면 다 해결되었던 만큼 이 문제라고 안 될 게 있을까? 대개 미국인들은 돈으로 생명 연장은 물론 영생 수준까지 살 수 있어야 하는 것 아니냐고 생각한다. 종교가 쇠퇴하면서 달리 기댈 곳이 없기도 하다.

---

14 W. G. Manning, J. P. Newhouse, N. Duan, E. Keeler, A. Leibowitz, M. A. Marquis, and J. Zwanziger, 1987, *Health insurance and the demand for medical care: Evidence from a randomized experiment*, RAND, Santa Monica, CA.

미국에서 질병 및 사망과의 전쟁을 지휘·통제하는 센터가 바로 국립보건원(National Institutes of Health, NIH)이다. 워싱턴 외각, 국방부에서 몇 마일 북쪽의 메릴랜드주 베데스다(Bethesda)에 대부분의 시설이 대학 캠퍼스처럼 자리 잡고 있다. NIH는 국립안연구소(National Eye Institute), 국립심장·폐·혈액연구소(National Heart, Lung, and Blood Institute)처럼 인체명이나 국립알러지·감염병연구소(National Institute of Allergy and Infectious Diseases), 국립신경질환·뇌졸중연구소(National Institute of Neurological Disorders and Stroke)처럼 질병명으로 된 산하 연구소의 연구 활동을 위해 매년 약 420억 달러를 쓴다. 이는 국방예산(7500억 달러)에 비하면 미미하지만, 물리학과 경제학 등 다른 모든 과학분야 연구를 지원하는 국립과학재단(National Science Foundation)의 예산이 90억 달러인 것과 비교하면 엄청난 규모이다.

국립보건원의 예산 요구는 COVID-19 이전에도 간혹 의회에서 '증액'되었다. 국립보건원은 2019년 보도 자료에서 20세기 미국인의 예상 수명이 30년 증가하였는데, 이는 '부분적으로는 연구에 기반한 건강 개선의 성과'[15]라고 하였다. (내가 보기에는 상당한 연구검토를 거쳐 나온 문구 같다.) 최근 팬데믹 기간 중 예상 수명의 '감소'는 오히려 예산 증액의 강력한 이유가 되고 있다! 동전의 앞면이든 뒷면이든 관계없이 이기면 얼마나 좋을까? 의료지출은 바로 그런 게임 같다.

가장 큰 예산은 국립암연구소(National Cancer Institute)와 국립심장·

---

15 government Scientific Source, 2019, Trade show: NIH research festival exhibit, Sep 12. https://resources.govsci.com/event/nih-research-festival-exhibit/, 2023년 3월 11일 확인.

폐·혈액연구소 몫인데, 이는 베이비부머의 생명을 위협하는 고질적 질환과 관련이 있다. 최근에는 알츠하이머(Alzheimer) 퇴치를 주도하고 있는 국립노화연구소(National Institute of Ageing)와 2022년까지 앤서니 파우치(Anthony Fauci) 박사가 이끌었고 COVID-19 연구를 담당한 국립알러지·감염병연구소도 최다 예산기관의 일원이 되었다. 지난 10여년간 사회 및 행동과학 연구에 대한 인식은 지속해서 좋아졌다. 국립노화연구소와 국립아동보건·인간발달연구소(National Institute of Child Health and Human Development)가 경제학계에 연구 문호를 열면서 전통적인 연구비 지원기관인 국립과학재단이 무색해졌다. 2020년 국립과학재단의 사회 및 경제학 관련 연구 예산은 '1억' 달러 수준이다.

경제학자들은 전통적으로 보건 영역에서 연구를 해왔으나, 새로운 연구비가 지원되면서 연구 방향에도 큰 변화가 나타나고 있다. 장수하는 것은 좋지만 살아가는 데는 돈이 든다. 베이비부머들은 그런 이유로 건강만큼이나 재산에도 관심이 많다. 이에 따라 국립노화연구소는 경제학자들에게 사회보장 혜택, 메디케어, 연금, 그리고 은퇴 이후 소비 및 의료비 재원 등과 관련한 연구를 위해 많은 연구비를 지원하였다.

국립보건원의 재원은 경제학자들에게 새로운 지적 협력을 장려하고 있으며 의사, 역학 및 인구 전문가, 심리학자들과의 협력 효과로 경제학에서 새로운 분야가 형성되고 있다. 그 반대의 경우도 마찬가지이다. 많은 의사가 흡연과 음주, 불법 마약, 최근의 예방접종 기피에 이르기까지 다양한 인간 행동에 대한 경제학적 통찰이 없으면 연구비 지원을 받을 수 없을 것으로 염려하면서 경제학자에게 연구팀 참여를 요청하는 일이 일상화되고 있다. 이러한 협력관계는 실질적인 상호 학습의 과정이다. 또 한때 경제학의 일방적인 다른 사회과학 분야 진출과 비교하면 상당히 균형적인 관계라고 할 수 있다. 경제학자들은 이제 상위권 의학 및 과학 학술지에 때로는 의사와 공저로 혹은 독자적으로 논문을 발표한다. 최근 〈뉴잉글랜드 의학저널(New England Journal of Medicine)〉에 게재된 주목할 만한 논문은 긴 대기자 명단에 있는 저소득 오리건 주 주민의 무작위 표본을 대상으로 공공 건강보험 제공의 효과를 분석한 것이었다.[16] 소득과 건강에 대한 라즈 체티(Raj Chetty)와 그의 동료의 연구 결과는 정상급 의학 학술지 〈미국의학협회지(Journal of the American Medical Association, JAMA)〉에 게재되었다.[17] 경제학이 사회과학 분야에서는 600파운드의 거대한 고릴라일 수 있지만, 미국 국립보건원이 있는 의학 연구의 본산인 베데스다 동물원에서는 조그만 동물에 불과하다.

국립노화연구소는 경제학자를 위한 연구기반 구축에 많은 재원을 투입하였다. 이전에 경제적인 현상 측정에 중점을 뒀던 오랜 설문조사에 건강 관련 질문을 추가하도록 했고, 중년부터 사망 시점까지의 경제 및 건강 데이터를 수집하는 새로운 국가패널에 훨씬 더 많은 비용을 투입하였다. 한 서베이에서는 사망 이후까지 조사하면서 고인의 가족과 '생애 마감' 인터뷰를 진행하였는데, 그 결과 미국의 높은 의료비에도

16　Katherine Baicker, Sarah L. Tubman, Heidi Allen, Mira Bernstein, Jonathan H. Gruber, Joseph P. Newhouse, Eric C. Schneider, Bill J. Wright, Alan M. Zaslavsky, and Amy N. Finkelstein, for the Oregon Health Study Group, 2013, "The Oregon experiment—Effects of Medicaid on clinical outcomes," *New England Journal of Medicine*, 368, 1713—22.

17　Raj Chetty, Michael Stepner, Sarah Abraham, Shelby Lin, Benjamin Scuderi, Nicholas Turner, Augustin Bergeron, and David Cutler, 2016, "The association between income and life expectancy in the United States, 2001—2014," *Journal of the American Medical Association*, 315(16), 1750—66.

불구하고 대부분의 미국인이 본인부담 의료비 지출 없이 사망한다는 것을 알게 되었다.

적어도 200년 동안 사회적 조건과 환경이 건강에 영향을 미치는 것으로 알려져 왔으므로 경제학자들은 분자생물학자, 유전학자, 생화학자들과 함께 장수의 비밀을 밝히는 데 도움이 될 수 있을 것이다. 소득과 장수 사이의 관계에 대해서는 많은 관심이 있다. 1980년 무렵의 조사를 보면 가구소득 5000달러 미만인 사람들은 5만 달러 이상인 사람들보다 기대수명이 약 25% 짧은 것으로 나타났다. 이것을 25세의 사람들에게 적용하면 소득 그룹 간에 10년가량의 수명 차이가 난다.[18] 더 최근에는 라즈 체티와 그의 동료들이 세금과 사망 기록을 결합하여 소득 상위 1%와 하위 1% 사이의 기대수명 차이가 14.6년이라는 것을 찾아냈다.[19] (이러한 추정치는 사람들의 소득이나 소득 순위가 나이가 들어도 변하지 않는다고 가정하기 때문에 과장된 것이기는 하다.) 흡연은 이러한 차이와 관련이 있지만 서로 다른 의료서비스로 인한 관계를 확인하기는 쉽지 않다. 건강이 나쁘면 소득 활동 기회가 제한되고, 어린 시절의 나쁜 건강 상태는 평생 소득에 영향을 미칠 수 있어 분명히 건강과 소득 관계의 일부를 설명한다. 소득과 교육을 모두 고려한 연구에서는 두 변수가 거의 동등하게 건강에 영향을 미치는 것으로 나타났다. 팬데믹 이전부터 최근 몇 년간 25세 미국인의 기대수명은 4년제 대학 학위가 없는 사람들은 줄

---

18 E. Rogot, P. D. Sorlie, and N. J. Johnson, 1992, "Life expectancy by employment status, income, and education in the National Longitudinal Mortality Study," *Public Health Reports*, 107(4), 457—61.

19 Chetty et al, 2016.

었지만, 학위를 가진 사람은 계속 늘었다. COVID-19 기간 두 그룹 모두 사망률이 높아졌지만 그 차이는 계속 더 벌어졌다.

우울한 과학(dismal science, 1849년 영국 역사학자 토머스 칼라일이 처음 사용한 말이다-옮긴이)으로 불리는 경제학이 생명과학을 흡수하고, 환자가 의사 대신 경제학자를 찾거나 TV 드라마가 응급실에서 세미나실로 옮겨가는 일은 일어나기 어려울 것이다. 전형적인 베이비붐 세대의 수명에 대한 경제학의 기여는 미미할 수 있지만, 담뱃세와 아동복지에 관한 경제학자들의 연구는 인정받을 만한 후보들이다. 그러나 재정적으로나 정치적으로 강력한 지원을 받은 베이비붐 세대의 영생에 대한 욕구와 그들의 정치적 영향력은 경제학을 확실히 바꾸어놓았다.

하지만 경제학과 보건 사이의 행복한 공생은 정치에 의해 일부 방해를 받았다. 2013년 하원 공화당 의원들이 보건 분야에 배정된 자금을 지원받는 사회과학자들에 대해 불만을 품고 이를 중단하기로 했다. 당시 하원 다수당 원내대표인 에릭 캔터(Eric Cantor)는 "정부가 정치학을 포함해 사회과학에 지출하는 예산은 질병 치료법을 찾는 목적에 사용되는 게 낫다"라고 했다.[20] (자신의 직업에 대한 대중의 혐오를 바탕으로 지지를 끌어낼 수 있는 정치인의 대담함을 칭찬하지 않을 수 없다.) 그가 적시하지는 않았지만 아마도 공화당이 당시 폐지하고자 했던 오바마케어의 효과를 보여 줄 수 있는 모든 연구가 대상이었을 것이다. 장기적으로 이러한 조치의 더 깊은 배경에는 아마도 경제학의 비용효과 분석이 약값 통제로

20　Ezra Klein, 2013, "Eric Cantor's 'make life work' speech," *Washington Post*, Feb 5. https://www.washingtonpost.com/news/wonk/wp/2013/02/05/full-text-eric-cantors-make-life-work-speech/.

이어질 가능성을 두려워하는 제약회사와 의료장비 업체들이 펼친 엄청 난 로비가 자리잡고 있을 수도 있다. 그들은 공적 건강보험이 국민 모 두에게 이롭다는 것을 밝히거나 어떤 치료는 환자에게 도움이 되기는 커녕 의료 공급업자들만 부유하게 한다는 주장을 할 수도 있는 경제학 자를 가장 싫어한다. 특히 경제학자의 연구가 공공재원의 지원을 받았 을 경우 더욱 그렇다. (또 다른 방어 수단이 있는데 그것은 경제학자를 아예 보건의료 산업에 취업시키는 것으로, 이 역시 종종 있는 일이다.)

경제학자들과 다른 사회과학자들은 캔터의 계획에 조직적으로 반 대하며 대응했지만 정치인들의 지지를 얻기는 어려웠다. 결국 캘리포 니아 출신 하원의원 루실 로이볼-알라드(Lucile Roybal-Allard)의 주도로 83명의 민주당 의원이 당시 NIH 소장인 프랜시스 콜린스(Francis Collins) 에게 편지를 보내 '보건경제학'의 중요성을 강조하고 연구비 지원을 계 속하도록 요청했다. 사회 및 행동과학 연구에 대한 NIH의 지원은 계속 되었지만 일부 주제의 연구비는 삭감되었다. 경제학자들은 노년층의 재정 안정과 함께 길어진 은퇴 이후의 삶을 도와주기 위한 제도 설계 에서도 많은 의미 있는 연구를 수행하였다. 그러나 이러한 연구는 지원 대상이 아니거나 자격이 없는 것으로 규정되었다. 경제학자들이 NIH 지원을 받으려면 죽음과 질병, 그리고 신체적으로 편안한 삶에 초점을 맞추어야지 경제적 웰빙이 연구 주제가 되어서는 안 되었다. 그 결과 캔터는 원하는 목표를 일부 달성했지만 그로 인해 우리가 이룰 수 있었 던 많은 중요한 연구들이 사라지게 되었다.

역설적으로 에릭 캔터는 2014년 공화당 예비 선거에서 보수주의 정치 운동인 티파티(Tea Party) 후보에게 패하고 말았다. 승자는 랜돌프-

마콩대학교의 경제학 교수인 데이브 브랫(Dave Brat)이었다. 그의 전문 분야였지만 브랫 의원이 소속된 공화당은 경제학자에 대한 보건연구 지원을 지지하지 않았다.

엔론 스캔들, 대학 그리고 경제학자

1990년대의 기업 스캔들은 신문 경제면을 오랜 시간 장식하면서 과거에는 영웅이었지만 지금은 악당이 되어 버린 그들의 고난이 매일 보도되었다. 한때는 기업에 대한 그들의 선견지명이 이제는 법정에서 기업 회계와 책임에 대한 믿을 수 없을 만큼 근시안적 태도와 몰이해로 비판받는 상황이 다루어졌다. 이런 스캔들은 기업지배구조에 대해 새로운 생각을 하게 하였고 2002년 사베인스-옥슬리법(Sarbanes-Oxley Act, 2002년 제정된 미국의 기업회계 개혁법-옮긴이) 같은 새로운 입법의 계기가 되었다.

대부분의 대학은 이윤을 추구하는 법인이 아니지만, 〈월스트리트 저널〉 사설을 포함해 일부에서는 '탐욕은 월스트리트에 국한되지 않으며 책임성과 관련해서는 산업계가 대학에 가르칠 점이 꽤 있다'라고 지적했다.[21] 그러한 '가르침'은 2000년대 초에 명백해졌고 많은 대학과 대학의 경영진은 곤혹스러운 상황에 놓이게 되었다. 그리고 경제학자들은 이 과정에서 평소와 마찬가지로 최전선에 서 있었다.

미국 대학들과 기타 비영리 기관들은 느슨했던 내부 회계절차를 엄격하게 바꾸었다. 내가 1983년 미국으로 가기 전에 몸담았던 영국의 대학에서는 오후 1시 이전의 모든 전화 통화에 대해 부총장실의 사전

---

21   *The Wall Street Journal*, "Follow the money," July 19, 2002.

승인을 받도록 하였다. 당시 약 80억 달러의 자산을 보유했던 프린스턴대학교는 철도를 포함하여 가장 저렴한 교통수단이 아닌 다른 교통수단으로 여행할 때는 학장의 사전 승인을 받도록 규정하였다. 또 시간 제약이나 편의성과 관계없이 아셀라(Acela) 고속열차의 비즈니스 클래스는 금지되었다.

교수를 암묵적으로 범죄자로 가정하는 대학 관리자들의 태도는 교수가 실제로 규정을 어겼을 때 더는 놀라지 않게 하였지만, 한때는 매우 긍정적이었던 관계는 악화되었다. 예전에는 관리자가 교수의 교육과 연구 활동 증진을 주요 임무로 여겼지만 이제는 경찰 역할을 맡는 상황이 되었다. 이는 연방정부가 대학이 지켜야 하는 규정과 함께 자금 지원도 없이 의무 사항을 일방적으로 하달하는 오랜 과정에서 비롯된 것이다. 그리고 때때로 실제 문제가 발생하기도 하였다.

경제학자들은 외부 활동으로 상당한 수입을 올릴 수 있다. 찰스 퍼거슨(Charles Ferguson) 감독의 영화 〈인사이드 잡(Inside Job)〉은 배우 맷 데이먼이 내레이션을 맡았고 2011년 아카데미 최우수 다큐멘터리상을 수상했다. 이 영화는 저명 경제학자들이 논문이나 신문 기고문을 통해 정책 권고를 하면서 그 대가로 받는 수입을 공개하지 않는 것을 맹비판한다. 나는 영화에 나오는 대부분의 인물들을 알고 있으며, 그 영화가 모호한 표현 또는 완전한 정보를 제공하지 않는 방식으로 많은 작업을 했다고 믿고 있다. 현명한 사람들, 그리고 무언가를 숨기려는 사람들은 영화와 협력하지 않았다. 순진한 사람들 중 일부는 상황을 잘 이해하지 못한 채 영화에 협력했던 것을 후회하고 있다. 컬럼비아대학교 경영대학원 원장인 글렌 허바드(Glenn Hubbard)는 결코 과격한 인물이 아님에도 불구하고, 이 영화에서 누구든지 어떤 주제에 대한 연구를 할 때 이해 충돌을 완전히 공개해야 한다고 주장했다. 이어서 "그렇게 하지 않는 사람이 있다는 것을 상상할 수 없고, 만약 그렇다면 엄격하고 전문적인 제재를 받아야 한다"라고 말해 놀라움을 안겼다.

정확하든 그렇지 않든, 영화는 경제학자들의 대중적 이미지에 큰 타격을 주었다. 경제학자들이 중립적, 과학적으로 연구하고 있다고 주장해온 기관들로부터 큰 혜택을 받는 것으로 비쳤기 때문이다. 영화가 제작된 뒤 경제학자의 회계보고 요건이 강화되었다. 예를 들어 5000달러 이상의 이해관계는 발표 자료에 공개해야 한다. (미국경제학회에서는 일부이지만 5000달러를 5만 달러로 상향해야 한다는 주장도 나왔다.) 나는 투명해야 한다는 원칙에 반대하지 않는다. 그러나 일일이 보고해야 하는 부담이 있고 더 많은 행정 관리자가 필요해진다. 이 모든 것이 좋고 우리가 그것을 감당할 수도 있지만, 이것이 불법 행위를 줄이거나 경제학자가 자본주의 변론자이거나 욕심이 많고 비도덕적인 기업 대변인이라는 대중의 인식을 개선할 것인지는 분명하지 않다. 실제로 정보 공개는 오히려 개방성에 대한 잘못된 인식을 만들고 상황을 더 나쁘게 할 수도 있다. 의학계에서는 환자에게 미리 주의를 당부하는 의사들이 편향된 정보를 표출하는 데 매우 자유로울 수 있는데, 이는 이른바 도덕적 면허 효과 (moral licensing, 스스로 도덕적 행동을 했다고 여기면 다음에 비도덕적 행동을 할 때 마음의 짐을 덜어버리는 경향-옮긴이)로 알려진 행동이다.[22] 많은 경제학자가 기

---

22 George Loewenstein, Sunita Sah, and Daylian M. Cain, 2012, "The unintended consequences of conflict of interest disclosures," *Journal of the American Medical Association*, 307(7), 669—70.

업과 노동자 소송이나 반독점 다툼과 같은 법률적 업무를 통해 큰 수입을 올리는 것은 확실하다. 나는 이해충돌 공개에 있어서 이해관계의 범위를 좁게 봐야 한다고 생각한다. 예를 들어 어느 보건경제학자의 연구가 직접적으로 특정 제약회사의 이익에 기여한 게 아니라면 해당 제약회사의 이사직을 맡을 수 있어야 한다는 것이다. 물론 먹을 것을 주는 손을 나쁘게 생각하기 어렵고 그것으로부터 초래되는 무의식적 편견을 통제하기는 더 어렵지만 말이다.

적어도 상위 사립대학에 재직 중인 경제학자들은 달리 부업을 하지 않아도 될 만큼 매우 좋은 대우를 받는다. 2022년에 교수를 시작하는 경제학 분야의 상위급 신규 박사들은 9개월 동안 18만 달러에서 22만 달러 사이의 초기 연봉을 기대할 수 있다. (경영대학의 경우 4만 달러가 더 많다) 여기에다 연봉의 9분의 2에 해당하는 두 달 치 여름 급여를 받고 대신에 '4년' 동안 '3개' 강의(36시간)를 가르치게 된다. 가장 매력적인 임용 후보자라면 첫해에 연봉이 다소 낮은 박사후 연구원으로 시작해서 '5년' 동안 '3개' 강의를 하도록 하고 있다. 지난 25년 동안 금융 부문의 높은 보상은 기업 이사회뿐만 아니라 많은 경제학자를 고용하고 있는 경영대학의 연봉에도 영향을 미쳤다. 따라서 경영대학에 자리 잡은 경제학자들의 소득도 많이 증가했다. 연봉이 상승함에 따라 교수들의 강의 부담도 줄어들었다. 논란은 있지만 대학 행정당국은 교수 간 소득 불균형 문제를 눈에 덜 띄는 강의 부담의 불균형을 허용하는 방식으로 해소하고자 했다. "당신에게 그만큼 많이 지불할 수 없지만, 대신 역사학이나 영어 교수의 절반만큼만 강의하면 됩니다"라고 제안하는 식이다.

대학들은 이러한 모든 연봉과 성공한 원로 교수들의 높은 연봉을 어떻게 감당할까? 대학들은 재원 충당을 위해 등록금을 인상하고 기금을 확충하였으며 기부금과 연방 보조금뿐만 아니라 제약회사를 포함한 민간 기업과의 기술 협력을 늘려왔다. 하버드대학교와 프린스턴대학교는 가장 기금 규모가 큰 대학이다. 캘리포니아대학교의 한 친구는 캠퍼스에 잠금 장치와 함께 경비원이 있는 건물을 보고 매우 놀랐다고 한다. (수용소 캠퍼스인가?) 이처럼 학제 간 자유로운 아이디어와 경험 교류는 드물게 되었다. 고등 교육기관의 당초 목적과 관계없는 활동으로 돈벌이에 나선 것은 비단 교수들만이 아니다.

경제학자의 생애

나는 1960년대 후반부터 경제학자로 일해 오면서 이제는 우리 곁을 떠난 많은 경제학자를 만나기도 했고 알기도 했다. 그중 어떤 이들은 매우 중요한 역할을 했으며 그들의 이름은 지금도 여전히 잘 알려져 있다. 나는 존 메이너드 케인스(John Maynard Keynes)를 알 만한 나이인데도 그를 직접 만나본 적은 없다. 하지만 그의 놀라운 제자인 리처드 칸 (Richard Ferdinand Kahn), 니콜라스 칼도어(Nicholas Kaldor), 오스틴 로빈슨 (Austin Robinson) 그리고 강인한 조앤 로빈슨(Joan Robinson)은 알고 있다. [다음 장에서는 케인스와 동시대에 같이 활동했던 제임스 미드(James Meade)와 리처드 스톤(Richard Stone)에 대해 이야기한다.] 1972년에는 모스크바에서 매우 연로한 코누스(A. A. Konüs)를 만났다. 그는 1924년에 러시아어로 물가지수를 생활비 측정 지표와 연결하는 방법에 대한 논문을 발표했다. 같은 여행에서 오스트리아 출신의 경제학자인 프리츠 매클럽(Fritz Machlup)과도 조우했다. 그는 매력적이고 지식이 풍부한 사람으로 알려져 있다. 경제학자들 사이의 소문에 의하면 그는 아름다운 영화배우이자 발명가인 헤디 라머(Hedy Lamarr)와 연인 사이였다고 한다. 1980년 프린스턴에서 열린 파티에서 초대한 여성이 아무도 나타나지 않아 의아했는데, 알고 보니 그들은 다른 방에서 78세의 매클럽을 둘러싸고 그의 이야기 한마디 한마디에 귀를 기울이고 있었다. 이것으로 보아 최소한 경제학자 사이의 소문은 신빙성이 있다고 할 수 있겠다.

여기서 내가 하고자 하는 이야기는 유명인의 소문을 전하거나 유명한 경제학자들의 목록을 나열하는 것 이상이었으면 좋겠다. 몇 달 사이에 차례로 세상을 떠난 몇몇 놀라운 경제학자들에 대해 이야기할 것이다. 일부는 알려져 있겠지만 잘 알려지지 않은 부분도 있다. 내가 이렇게 하는 이유는 일단 이들이 나에게는 중요한 인물들이기 때문이고, 경제학자가 회계사처럼 간혹 얼굴 없는 따분한 사람으로 인식되고 있기 때문이다. 하지만 이들은 그렇지 않았다. 더 유명한 사람과 덜 유명한 많은 사람을 포함할 수 있겠지만, 내가 아래에 얘기할 네 명의 경제학자들만으로도 경제학자가 아닌 사람들에게는 다양한 경제학자를 만나볼 기회를 줄 것이다. 오스카 와일드의 냉소적인 비판과 달리 이들은 '가격'뿐만 아니라 '가치'도 알고 있는 경제학자이다.

전혀 지루하지 않은 한 명의 경제학자가 누구냐고 한다면, 나는 2016년 93세에 세상을 떠난 에스라 베나단(Esra Bennathan)을 꼽는다. 그는 경력의 상당 부분을 영국 버밍엄, 케임브리지, 브리스틀에서 보냈지만 베를린에서 태어나 팔레스타인으로 도피한 후 결국 제2차 세계대전에서 롬멜에게 대항하여 북아프리카 전역에서 싸웠다. 독일어의 지역별 악센트를 구분할 수 있었던 그는 이름, 계급, 군번 외에는 대답하지 않는 독일군 포로로부터 유용한 정보를 얻을 수 있었기 때문에 군에서 인정받았다. 그는 오랜 친구인 버밍엄 출신의 앨런 월터스(Alan Walters) 와 함께 수송경제학과 경제발전에 관해 연구했다. [또 다른 재미있는 경제 학자 월터스는 마거릿 대처(Margaret Thatcher)의 보좌관이었고 한때 대처를 '귀엽다 (kittenish)'고 말해 사람들을 놀라게 했다.]

베나단은 방대한 지식(때때로 알기 어려운)을 갖춘 매력적인 지식인이 었다. 그는 깊은 지혜와 유머를 가지고 있었으며 훌륭한 동료이자 친구 였다. 그는 학계에 있을 때나, 나중에 세계은행(World Bank)에서 일할 때 나 사람들이 하기 싫은 일을 하도록 잘 설득할 뿐만 아니라 그들을 즐 겁게 하는 훌륭한 기술을 가지고 있었다. 하루는 그가 케임브리지에서 갓 학위를 취득한 29세의 신참 박사인 나를 두고 훌륭한 계량경제학 교 수가 될 것이라고 브리스틀의 동료 교수들에게 말했는데, 그들 중 많은 이는 내가 태어나기도 전부터 재직 중이었다. 브리스틀에서 그는 '달변 가' 교수로 알려져 있었다. 유창하지만 거의 알아들을 수 없는 영어를 하는 교수 지원자를 실격시키려는 임용위원회 앞에서, 그는 이 지원자 가 치과 수술을 얼마 전에 했는데도 자존심 때문에 말하지 않았다고 말 하기도 했다. (완전히 거짓이지만 어쩔 수 없이 말한다는 투였다.) 그는 영국 데본 (Devon)주 브랜스콤(Branscombe)에 조그만 예쁜 집을 가지고 있었다. 데 본에서 그는 웰링턴 장화에 베레모를 쓰고 영국해협을 따라 오래된 교 회를 지나 걸으면서 도중에 소들과 인사하고 농부들과도 이야기를 나누 곤 했다.

한스 빈스방어-므카이즈(Hans Binswanger-Mkhize)에게도 농부들은 중요했다. 그 역시 베나단과 마찬가지로 세계은행에서 대부분의 경력을 쌓은 경제학자였다. 한스는 영향력 있는 농업경제학자로, 그의 주목받는 업적 중 하나는 농업 위험에 대한 연구였다. 많은 경제이론은 사람들이 위험에 어떻게 반응하고 대처하는가를 다룬다. 산출량이 예측할 수 없는 날씨 변동에 달린 농부가 그 전형적인 예이다. 금융경제학도 시장 위험에 관한 것이다. 한스는 1970년대 인도 농부들과의 현장 실험을 통해 위험에 대한 태도를 측정한 최초의 경제학자 중 한 명이었다. 그 결과값은 농부들의 태도가 경작에 어떤 영향을 미치는지를 확인하는 데 사용되었다.

그는 그 당시에는 사형 선고나 마찬가지였던 HIV(후천성면역결핍증) 양성판정을 받자 동성애자라고 밝혔다. 그는 자산을 처분하고 대부분의 수익금을 기부했지만 새로운 치료법이 개발되어 그 후에도 25년을 더 살았다. 그는 세계은행에서 일하면서 사랑에 빠졌던 짐바브웨로 이사했고 거기서 HIV 고아를 위한 기숙학교를 설립해 운영했다. 그 뒤 절도 행위가 드러나 불만을 가졌던 직원이 그를 성적 변태자로 신고하는 바람에 무가베 정부에 의해 추방당했다. 남아프리카공화국으로 이주한 그는 거기서 남편 빅터와 수일이나 계속된 전통적인 줄루족 전통 방식에 따라 결혼했다. 그는 콰줄루 나탈(Kwa-Zulu Natal)에서 고아원을 계속 운영했다.

경제학자들은 종종 자신들을 조물주는 아니더라도 정책에 관해서는 최고의 영도자쯤 되는, 우월한 종족으로 여긴다고 비난받곤 한다. 노동경제학자인 존 디나르도(John DiNardo)는 그런 사람이 아니었다. 그는 소외계층에 관심을 가졌으며 종종 자신도 소외계층에 속한다고 느꼈다. 그는 2017년 56세라는 무척이나 이른 나이에 세상을 떠났다. 존은 가끔 압도적이고 기분 좋은 유머 감각을 가졌으며 경멸의 유머로 많은 경제학자가 좋아하는 정교한 방법론의 오만과 위선을 비판하였다. 그는 스티브 피슈케(Steve Pischke)와 함께 이전 연구를 조롱하는, 기억에 남는 논문을 썼다. 논문에서 그들이 비판했던 연구는 컴퓨터 능력이 소득 향상에 도움이 되었으며 업무상 컴퓨터를 사용하는 근로자가 그러지 않는 근로자보다 임금이 더 높다는 것이었다. 디나르도와 피슈케는 '연필'로 일하는 근로자도 마찬가지로 더 높은 임금을 받는다는 것을 보여주었으며, 근로자 중에 앉아서 일하는 사람들도 서서 일하는 사람들보다 더 높은 임금을 받는다는 것을 보여주었다. 그들의 논문은 '연필 논문(the Pencil Paper)'이라는 애칭으로 알려져 있다. 그는 또한 스티븐 레빗(Steven Levitt)과 스티븐 더브너(Stephen Dubner)의 베스트셀러 《괴짜경제학(Freakonomics)》에 대한 세 번의 (대부분 격렬하게 부정적인) 서평으로도 유명하다.[23]

그가 프린스턴에서 박사학위 과정을 마쳤을 때, 나는 영국에 두고 왔다고 생각한 계층 간 편견이 미국에도 존재한다는 것을 알았다. 그의 태도는 디트로이트에서 온 이탈리아계 미국 노동자 계층처럼 보였다. 담배를 피우며 옷차림에 크게 신경 쓰지 않았고 꼭 그래야만 한다고 생각할 때만 존경을 표했다. 이 모든 것은 그의 탁월한 박사 논문에 걸맞은 일자리를 구하는 데 장애 요인으로 작용했다. 그러나 결국 그의 재능이 승리했고 승진 사다리를 빠르게 올라갔다.

베나단, 빈스방어 또는 디나르도보다 더 알려진 영국 경제학자는 2017년 72세에 세상을 떠난 토니 앳킨슨(Tony Atkinson)이다. 그는 죽는 날까지 중요한 연구를 이어왔다. 그의 마지막 저서인 《불평등을 넘어

---

23 John DiNardo, n.d., "Reviews of Freakonomics," http://www-personal.umich.edu/~jdinardo/Freak/freak.html, 2023년 3월 11일 확인.

(Inequality: What can be done?)〕는 불평등에 대해 생각하고 그것을 측정해 온 그의 삶의 증표이다. 그가 그 책에서 제기한 주장은 큰 논쟁을 불러 일으켰다. 오늘날에도 그 논쟁은 여전히 유효하다. 그는 혁신(자율주행 자동차나 웨어러블 건강기기를 생각해보자)이 제품으로 허가되기 전에 사회적으로 바람직한지를 검토하자고 제안했다. 그의 주장은 러다이즘(Luddism, 기계화를 반대하는 19세기 러다이트 운동-옮긴이)이 아니다. 기계를 파괴하자는 게 아니라 기계의 작동을 잠시 중단하자는 것이었다. 그러나 이 제안 은 대부분의 경제학자와 역사학자 등 이른바 혁신이 번영의 원천이라 고 보는 사람들에게는 급진적 주장으로 여겨지고 있다. 나는 누가 그것 을 검토할 것이며, 그 검토 과정이 자신의 혁신을 보호하려는 사람들에 의해 통제되는 것을 어떻게 방지할 것인지에 더 관심이 있다. 그러나 토니가 제기한 다른 문제와 마찬가지로, 이 아이디어도 곧 널리 논의될 것이라고 나는 예상한다.

내가 처음으로 참석한 경제학 토론은 1969년 케임브리지에서 토 니가 논문을 발표할 때였다. 이 논문은 부의 불평등을 측정하고 해석하 는 데 있어서 하나의 길잡이가 되었다. 이 토론을 계기로 경제학이 멋진 분야라고 생각하게 되었다. 나는 모든 경제학 세미나가 이런 식이라고 생각했고, 평생 그런 높은 수준의 발표를 할 수 없어 괴로워했다. 그가 26세의 나이에 에식스대학교의 교수가 되었을 때 우리 젊은 연구원들 은 토니만큼 학식이 있거나 창의적일 수 있다는 게 아니라, 학문적 인정 을 받기 위해 은퇴 직전까지 기다릴 필요가 없다는 것에 용기를 얻었다. 이미 토니의 학식과 창의성을 따라가는 것은 불가능하다는 것을 알았 다. 몇 년 후 나는 조 스티글리츠와 함께 쓴 토니의 공공경제에 관한 책

초고를 읽고, 지금 생각해보면 어리석은 코멘트를 한 적이 있다. 토니는 이에 대해 무시하지 않고 예의와 고마움을 표하였다. 나중에 토니는 내가 쓴 두 권의 책 초고를 읽고 광범위한 코멘트를 해주었고 최종 원고를 크게 수정할 수 있었다. 그는 코멘트를 통해 내가 당시 옹호하던 방법, 즉 경제학자들이 도구 변수(instrumental variables)라고 부르는 것이 기대하는 것처럼 작용하지 않을 것이라고 반론을 제기했다. 그것은 당시 내가 보기에도 그랬고, 오늘날 대부분의 경제학자도 받아들이기 어려운 것이었다. 하지만 그가 옳았다. 내가 그것을 이해하고 체득하는 데 10년 이상이 걸렸다. 토니는 내가 겨우 그가 서 있던 곳을 따라잡게 되면, 그 다음 언덕 너머로 바로 사라지는 그런 사람처럼 보였다.

나는 종종 왜 미국에는 앳킨슨 혹은 그와 비슷한 경제학자가 없는지, 그리고 만약 그런 사람이 있었다면 미국의 전문가 집단이 어떻게 달라졌을지 궁금하다. 영국의 경제학자들과 영국 사회가 전반적으로 소득 불평등에 대해 오랜 기간 고민한 것과 달리, 미국의 경우 최소한 최근까지만 하더라도 그러한 고민이 없었다. 그러나 만약 토니가 지난 반세기 동안 미국에서 일했더라면, 불평등은 벌써 사회적 문제가 되었을 것이다. 소득 불평등이 지금처럼 빨리 심화하지는 않았을 것이라고 생각해본다.

좋은 경제학 나쁜 경제학

9장

노벨상과
노벨상 수상자

ECONOMICS IN AMERICA

1969년 이래 매년 경제학상을 포함한 노벨상이 수여되어왔다. 이 장은 이러한 노벨상의 역사, 출범 배경, 그리고 일부 수상자에 대해 다룬다. 첫 번째 글은 일반적인 개요를 다루고, 두 번째 글은 리처드 스톤(Richard Stone)과 제임스 미드(James Meade) 두 수상자의 우정을 탐구하며, 세 번째 글은 2015년 경제학상을 수상한 나 자신에 대한 내용이다. 앞의 두 글은 처음 소개하는 내용이고, 세 번째 글은 2016년에 작성한 내용을 수정하고 업데이트한 것이다.

노벨상과 노벨경제학상

알프레드 노벨(Alfred Nobel)이 재산을 노벨상을 설립하기 위해 남겼을 때, 그는 경제학에 대해 언급하지 않았다. 노벨은 다이너마이트로 재산을 모았으나 죽음의 상인이 아니라 인류의 후원자로 기억되길 원했다. 그래서 물리학, 화학, 의학 또는 생리학, 문학, 그리고 평화 분야의 상을 만들었다. 1901년에 처음으로 수여된 노벨상은 인류에 가장 큰 혜택을 준 사람들에게 매년 시상하도록 했다.

1968년은 스웨덴 중앙은행인 스베리예스 릭스방크(Sveriges Riksbank) 설립 100주년이었다. 당시 총재인 페르 오스브링크(Per Åsbrink)는 경제학자 아사르 린드백(Assar Lindbeck)의 조언을 받아 알프레드 노벨을 기리는 스베리예스 릭스방크 경제학상을 제정했다. 이 상은 스웨덴 정부에 의해 승인되었으며 평화상을 제외한 다른 상들과 마찬가지로 노벨재단에 의해 운영된다. 경제학상은 원래의 노벨상 중 하나는 아니지만, 다른 상들과 마찬가지로 동일한 방식으로 수여된다. 스웨덴 왕이 스톡홀름(Stockholm)에서 개최되는 화려한 시상식에서 수상자들에게 상을 수여한다.

1969년에 노르웨이의 라그나르 프리슈(Ragnar Frisch)와 네덜란드의 얀 틴베르헌(Jan Tinbergen)에게 첫 노벨 경제학상이 수여되었다. 그 다음 해 노벨 경제학상은 미국의 폴 새뮤얼슨(Paul Samuelson)이 받았다. 프리슈와 틴베르헌은 통계적 방법과 데이터를 사용하여 경제 변화를 이해할 수 있도록 하는 데 기여한 학자들이다. 한편 프리슈와 틴베르헌보다 한 세대 아래인 새뮤얼슨은 20세기 후반의 경제학에서 '독보적인' 인물로 꼽힌다. 그의 1947년 저서 《경제분석의 기초(Foundatons of Economic Analysis)》는 현대 경제학의 수학적 기초를 확립하였으며 장기간에 걸쳐 새뮤얼슨은 이 분야의 거의 모든 영역에서 중요한 기여를 하였다.

1901년 노벨상이 수여된 이후 선정위원회의 수상 후보자 리스트는 19세기 과학의 거장들로 채워져 있었다.[1] 그들의 명성과 명예는 노

1　Harriet Zuckerman, 1995, *Scientific elite: Nobel laureates in the United States*, reprint edition, Routledge.

벨상의 명성과 명예를 확립하는 데 큰 도움이 되었다. 당시는 물론, 이후에도 상금이 충분히 많기 때문에 이 상은 세계적인 관심을 끌었다. 노벨은 원래 수상자의 업적에 대한 포상과 함께 외부 도움 없이도 그들이 후속 연구를 할 수 있도록 지원하고 싶어 했다. 경제학의 경우에도 거장들이 수상 후보 명단에 있었다. 초기 수상자들의 명성과 그 후 사이먼 쿠즈네츠(Simon Kuznets), 존 힉스(John Hicks), 케네스 애로(Kenneth Arrow)의 수상으로 노벨 경제학상의 명성은 의문의 여지가 없었다. 수상자 선정위원회 위원들은 상당한 그들의 시간을 후보자와 그에 대한 평가를 수집하고, 자료를 읽고 토론하며, 최종적으로는 발표 시점에 공개될 수상자 업적에 대해 길고도 상세한 평가서를 작성하는 데 투입한다. 이 신중한 작업은 스칸디나비아(Scandinavia) 경제학자들에게는 큰 부담이 되지만 노벨상의 명성을 유지하기 위해서는 필수적인 과정이다. 수상자 선정이 경제학계의 큰 흐름 혹은 유행에 영향을 받는 것도 사실이다. 결국 선정위원회는 학계 전문가로 구성되며 우리와 마찬가지로 설득력 있는 핵심 주제 혹은 방법론에 주목할 수밖에 없다. 따라서 현존하는 어떤 위원회라도 역사적 의미에서 판단을 내릴 것으로 기대하는 것은 어리석은 일이다. 설령 그러한 판단이 언젠가 이루어진다고 가정하더라도 말이다.

경제학은 물리학, 화학, 의학보다 훨씬 정치나 공공 문제와 더 연결되어 있기 때문에 (어떤) 경제학상 수상자들에게는 다른 분야 수상자에게는 흔치 않은 공개연설의 기회가 주어진다. 가장 유명한 사례는 1974년의 프리드리히 폰 하이에크(Friedrich von Hayek)이다. 그는 1930년대에 케인스(Keynes)와의 대결에서 명확하게 패배했다. 적어도 우리가 영국 케임브리지에서 배운 대로라면, 그는 시야에서 사라졌다. 누군가 만약 1970년쯤 나에게 물었다면, 이미 그는 사망했다고 아마도 대답했을 것이다. 그의 1974년 노벨 경제학상 수상은 그를 학문적으로 부활시켰으며 다시 유명하게 만들었다. 그의 저서는 많은 사람에게 큰 영향을 주게 되었다. 특히 그러한 영향의 유명한 사례가 마거릿 대처(Margaret Thatcher)이다. 케인스는 1946년에 사망하여 하이에크의 주장에 대응할 수 없었다. 또한 케인스는 그의 유명한 저서《평화의 경제적 귀결(Economic Consequences of the Peace)》로 1922년, 1923년, 1924년 노벨 '평화'상에 추천되었을 뿐 경제학상과는 인연이 없었다.[2]

노벨 경제학상의 정치적 의미는 오랫동안 논란의 대상이었다. 경제학상 제정의 한 가지 설명은 오스브링크와 린드백이 스웨덴이 보다 시장친화적인 입장을 취하도록 압박하려는 시도였다는 것이다.[3] 그때는 많은 국가에서 케인스 이론에 기반을 둔 정부 정책이 도전에 직면하면서 시장의 순기능이 재평가되는 그러한 시대였다. 뒤돌아보면, 오늘날의 용어로 그때는 케인스주의(Keynesian)나 뉴딜(New Deal)에 기반한 경제질서의 종말이자 신자유주의 질서의 시작이었다.[4] 경제학자들은 실제로 다른 사람들보다 시장의 순기능을 강조하는 경향이 있다. 스웨덴에서 노벨상의 권위는 충분히 컸다는 점에서도 그러한 설명이 가

---

2 Lars Jonung, 2021, "Why was Keynes not awarded the Nobel Peace Prize after writing *The economic consequences of the peace*," *Scandinavian Journal of Economics*, doi: 10.1111/sjoe.12467.

3 Avner Offer and Gabriel Soderberg, 2016, *The Nobel factor: The prize in economics, social democracy, and the market turn*, Princeton University Press.

4 Gary Gerstle, 2022, *The rise and fall of the neoliberal order: America and the world in the free market era*, Oxford University Press.

좋은 경제학 나쁜 경제학

능하다. 따라서 하이에크는 이 전략의 성공으로 수상했다고도 할 수 있다. 하지만 그는 군나르 뮈르달(Gunnar Myrdal)과 공동 수상했고, 그 둘의 정치적 성향은 반대쪽 끝으로 나뉘었다. 그 후 한동안 노벨 경제학상은 좌우 양쪽에 주어졌지만 체계적인 패턴을 찾기는 어렵다.

뮈르달과 하이에크처럼 1979년에 노벨상을 공동 수상한 아서 루이스(Arthur Lewis)경과 시오도어 슐츠(Theodore Schultz)도 경제발전에 대해 매우 다른 견해를 가졌다. 반대파와 노벨상을 공유하는 것에는 분명히 약간의 불편함이 있다. 더 최근에는 2013년에 유진 파마(Eugene Fama), 라스 피터 한센(Lars Peter Hansen) 그리고 로버트 실러(Robert Shiller) 등 세 사람이 금융과 관련한 연구업적으로 공동 수상했다. 이 중에서 특히 파마와 실러 간의 견해 차이는 노벨상 수상의 조건인 스톡홀름에서의 공개 강연에서 확연히 드러났다. 파마는 시장을 신뢰하고 시장이 정보를 처리하는 데 뛰어나다고 생각하지만, 실러는 투자자와 시장의 행동에 대해 훨씬 더 회의적이다.

이러한 상들은 특정한 분야에 대한 학문적 기여도를 고려해 수여되며, 실제로 (부분적으로는) 서로 다른 견해로부터 많은 것을 배울 수도 있다. 그러한 각기 다른 견해는 고된 노력 끝에 찾은 진정한 발견인 통찰력을 제공한다. 경제학자는 종종 같은 현상에 대해 여러 다른 방식으로 생각한다. 최고의 경제학자는 어느 맥락에서 어떤 방식을 적용해야 하는지를 판단하는 능력을 갖추고 있다.[5] 물론 '자연' 과학자를 포함한 상당수는 이에 찬성하지 않으며, 상은 진리 발견(discovery of truth)을 인

---

5   Dani Rodrik, 2015, *Economics rules: The rights and wrongs of the dismal science*, Norton.

정하는 것이어야만 한다고 생각한다. 세계은행의 전 총재인 로버트 죌릭(Robert Zoellick)은 종종 경제학자들과 토론하면서 익명의 '뛰어난 물리학자'가 했다는 말을 반복 인용했다. "노벨상은 물리학에서는 옳다는 것(being correct)을 인정해서 수여하는 반면, 경제학에서는 종종 재기 넘치는 것(being brilliant)을 인정해서 수여된다"라는 게 그것이다.[6] 같은 맥락에서 로버트 솔로(Robert Solow)는 경제학에서 성공하는 방법은 터무니없는 결론을 옹호하는 기발한 주장을 내놓는 것이라고 말한 것으로 유명하다. 마지막 장에서 이야기하겠지만, 스톡홀름에서 인정받은 모든 연구업적이 인류 복지나 경제 정책의 효과를 제고하는 데 크게 기여한 것은 아니다.

여성 수상자가 없다는 것은 비단 경제학뿐만 아니라 다른 분야에서도 오랫동안 문제가 되었다. 가장 악명 높은 사례 중 하나가 케임브리지대학교 대학원생이었을 때 펄서(pulsar, 매우 빠르게 회전하며 에너지를 방출하는 중성자별-옮긴이)를 발견한 천문학자 조셀린 벨 버넬(Jocelyn Bell Burnell) 여사의 경우이다. 그녀의 발견은 지도 교수에 의해 경시당하고 은폐되었다. 그 후 그 지도교수는 그녀를 배제하고 혼자 상까지 받았다.[7] 경제학상을 수상한 첫 번째 여성은 주로 정치학에서 활동한 엘리

6　Robert B. Zoellick, 2010, "Democratizing development economics," Speech at Georgetown University, Sept. 29, p. 2, https://documents1.worldbank.org/curated/en/919061521627731460/pdf/Democratizing-development-economics-by-Robert-B-Zoellick-President-World-Bank-Group.pdf.

7　Sarah Kaplan and Antonia Noori Fazan, 2018, "She made the discovery, but a man got the Nobel: A half-century later, she's won a $3 million prize," *Washington Post*, Sept. 8. Ben Proudfoot, 2021, "She changed astronomy forever: He won the Nobel prize for it," *New York Times*, July 27.

너 오스트롬(Eleanor Ostrom)이었다. 두 번째이자 현재까지 마지막인 다른 한 명의 여성은 2019년 공동 수상한 경제학상의 최연소 수상자 에스테르 뒤플로(Esther Duflo)이다. 조앤 로빈슨(Joan Robinson)은 불완전한 경쟁에 관한 학술적 연구로 상을 받았어야 했다. 그녀가 창안한 수요독점(Monopsony) 용어와 개념은 오늘날 그 영향력이 점점 더 커지고 있다. 하지만 아마도 문화대혁명을 포함한 마오쩌둥의 중국에 대한 그녀의 오랜 지지와 주장이 노벨상위원회의 반감을 샀을 수도 있을 것이다.

케인스는 이미 세상을 떠났기 때문에 노벨상에서 제외된 많은 훌륭한 경제학자 중 한 사람이다. 오랫동안 노벨상위원회의 위원장이었던 아사르 린드벡(Assar Lindbeck)은 1970년, 1970년, 1972년 그리고 1978년에 각기 세상을 떠난 제이컵 바이너(Jacob Viner), 미카엘 칼레츠키(Michael Kalecki), 프랭크 나이트(Frank Knight), 그리고 로이 해러드(Roy Harrod)가 더 오래 살았더라면 노벨상 수상자가 되었을 것이라고 하였다.[8] 또 다른 한 명은 심리학자 에이머스 트버스키(Amos Tversky)이다. 그가 만약 살아 있었더라면, 대니얼 카너먼(Daniel Kahneman)과 함께 2002년 경제학상을 공동 수상했을 것이다. 이미 나의 전 동료 앨런 크루거(Alan Krueger)에 대해서 이야기한 적이 있지만, 그와 데이비드 카드(David Card)의 공동 연구 실적은 2021년 카드가 다른 경제학자와 노벨상을 받음으로써 인정받은 셈이다.

노벨상 수상은 수상자들의 삶에 큰 영향을 미치기에 충분히 큰 사건이다. 진정한 시카고 스타일인 조지 스티글러(George Stigler)는 노벨상

---

8 Assar Lindbeck, 1985, "The prize in economic science in memory of Alfred Nobel," *Journal of Economic Literature* 23(1), 37—56.

이 경제학자의 연구 주제 선택을 바람직하지 않은 방향으로 이끌고 왜곡할 수도 있다고 주장했다. 수상 후에 발생하는 소란스러운 일들이 수년간 수상자의 연구 생산성을 감소시킨다는 증거도 있다. 그렇지만 이 상은 수상자뿐만 아니라 주변 사람들에게도 행복을 가져다주는 것으로 보인다. 나의 프린스턴대학교 동료 대니 카너먼(Danny Khanneman)은 2002년 노벨상을 받았을 때 계속된 축하 행사에서 자신을 둘러싼 진정한 행복의 물결이 오랫동안 기억에 남은 인상이었다고 말했다. 나의 경험도 비슷했다. 택시 기사에게 당신이 노벨상을 수상했다고 말해보라. 원래 수상자 발표가 있는 10월에 이 실험을 하는 것이 좋을 것이다. 질투도 있다. 두 사람의 경제학자가 대학원에서부터 경쟁 관계였는데, 한 명이 인정받으면 다른 한 명은 '자신의' 상을 빼앗겼다고 불평할 것이다. 로버트 루카스(Robert Lucas)가 1995년에 노벨상을 받았을 때 그의 전 부인도 상금의 일부를 챙겼다. 이혼 합의서에 그런 조항이 있었기 때문이다. 루카스는 1919년 노벨상 상금을 전 부인과 나눈 앨버트 아인슈타인(Albert Einstein)의 훌륭한 모범사례를 따른 셈이다.

상금 이야기도 해보자. 2021년 상금은 1000만 스웨덴 크로나(Swedish kroner)로 100만 달러가 좀 안 되는 금액이었다. 이 상금은 단일 수상자에게 수여되거나, 둘 혹은 세 사람의 공동 수여자에게 나눠 수여된다. 2인 공동 수상의 경우 2분의 1씩, 3인 공동 수상의 경우 3분의 1씩 나누거나 한사람에게 2분의 1, 나머지 두 사람에게 4분의 1씩 나누어 수여한다. 경제학 분야에서 3인 수상은 2021년밖에 없다. 노벨상은 직접적으로는 물론이고 수상 후 연설, 기고, 진로 기회 등 간접적으로도 이런저런 불평등에 기여한다. 물론 이러한 기회를 활용할 수 있을 만큼 젊거나 건강해야 한다. 대학들은 소속 수상자들을 홍보하여 수상자가 있는 대학과 없는 대학 간의 불평등을 조장한다. 아마도 이러한 불평등은 연구성과에 대한 공정한 보상으로서 받아들일 수도 있을 것이다. 그러나 많은 사람은 기본적으로 불평등을 싫어하거나, 적어도 그 상황이 왜 공정한지를 알고 싶어 한다.

두 수상자 이야기: 리처드 스톤과 제임스 미드

리처드 스톤(Richard Stone)은 1913년에 태어나 1991년에 세상을 떠난 영국 경제학자이다. 소비자 행동 및 국민소득 계정에 관한 연구로 유명하다. 그는 1984년 국민소득계정에 대한 연구업적으로 노벨상을 받았다. 1971년에 노벨상을 받은 사이먼 쿠즈네츠(Simon Kuznets)도 국민소득 추정 방법론 개발의 선구자다. 이 분야 연구 공적의 대부분이 쿠즈네츠의 것으로 평가되기도 하였으나, 오늘날 국민소득계정의 기반이 되는 국민계정 '시스템'을 개발한 학자는 스톤이다. 그의 친구 제임스 미드(James Meade)는 스톤보다 4세 연장자로 1995년에 별세하였다. 그들은 영국 케임브리지 근처에서 함께 생활하고 일했다. 동료로서 시간을 보내면서 종종 같이 식사를 하기도 하였다. 미드는 국제무역에 관한 연구로 1977년에 노벨상을 받았다.

스톤은 나의 멘토였으며, 내가 가장 본받고 싶은 학자였다. 비록 그는 나에게 가르쳐 준 적이 없었고, 사실 그는 거의 아무도 가르치지 않았다. 하지만 그는 글과 삶의 방식을 통해 모범을 보여주었다. 나는 미드에 대해서도 그의 글과 함께, 스톤의 부인 지오바나(Giovanna, 결혼 전 성은 Saffi)의 간헐적인 초대로 스톤의 집에서 함께 저녁 모임을 하기도 했다. 지오바나는 한때 피아노 연주자로 활동하였으며, 1944년 6월 카를로 마리아 줄리니(Carlo Maria Giulini)가 지휘한 로마 해방 축하공연에서 연주하기도 하였다. (이 공연에는 이 책에 여러 번 등장하는 당시 병장이었던 로버트 솔로도 참석했다.) 내가 스톤 가족과 교류했던 당시 그들의 거실에는 글로만 접했던 뵈젠도르퍼(Bösendorfer) 그랜드 피아노가 있었다. 케임브리지 킹스칼리지가 주최한, 지하 와인 저장고에서의 만찬은 훌륭한 와인을 곁들인 성찬이었다. 그런 멋진 모임은 그 후로 본 적이 없다.

제2차 세계대전 초기에 존 메이너드 케인스(John Maynard Keynes)는 전쟁 비용을 어떻게 조달하고 지불할 것인지에 대해 관심을 가졌다. 그의 동료이자 친구인 오스틴 로빈슨(Austin Robinson, 앞서 언급한 조앤의 남편)은 부적절한 국민계정 추정치를 개선하기 위해 내각청에 전문가를 고용하도록 설득했다. (국민계정이란 말 그대로 국가 경제의 생산, 수입, 수출 및 소득에 대한 추정치를 말한다. 국민계정은 경제활동을 추정하고 운영하기 위한 계기판이 되며 전시 경제의 경우 이 기능이 더욱 중요하다.)

미드와 스톤은 국민계정 추정치를 개선하는 일을 맡았다. 6개월의 집중적인 작업을 통해 추정치를 수정하였으며 그 과정에서 현대 국민계정시스템의 기반이 되는 완전히 균형 잡힌 복식부기(double-entry) 체계를 만들었다. 개념적 체계는 나이가 더 많은 미드가 만들었지만, 빈 칸을 숫자로 채우는 과정에서 끝없는 개념적 문제들을 같이 해결해야 했다[스톤은 부모님이 21살 생일에 선물해준 먼로(Monroe) 계산기를 가지고 있었다]. 결국 두 사람의 개별적인 역할과 기여를 구분할 수 없게 되었다(미드는 계산기 손잡이를 돌렸다는 것을 기억하고 있었지만 말이다).

그들의 동지애는 평생의 우정으로 발전했다. 두 사람은 그들 생애에서 가장 의미 있었던 이 몇 개월을 뒤돌아보기도 했다. 그들은 더 큰 목적을 위해 중요하고 창의적인 연구를 같이했고 서로 좋아했으며 친구가 되어갔다.

1977년 미드가 노벨경제학상을 수상했을 때다. 미드는 그 소식을 새로운 강의를 하기 위해 버킹엄대학교로 가는 버스에서 내렸을 때 기자들이 몰려와서 알게 되었다. 휴대전화가 없었던 1977년에는 소감을 듣기 위해 기자들이 기다리고 있었다. 무역과 자본의 국제이동에 대한 연구업적을 인정받아 스웨덴의 베르틸 올린(Bertil Ohlin)과 공동으로 노벨상을 받게 되었는데, 그것이 스톤과 함께 한 국민계정 연구에 관한 것이 아니어서 실망했다고 그는 나중에 말했다. 미드는 노벨상 덕분에 얻게 된 대중의 주목과 환호를 즐기거나 환영하지 않았다. 절반은 농담이겠지만, 그가 "20세기 세 가지 최악은 지옥 같은 내연 엔진, 인구 폭발, 그리고 노벨 경제학상"이라고 말한 것을 나는 기억한다.

그는 나와의 대화에서 노벨상위원회가 탐구 논의를 진행하면서 국민계정에 관한 리처드 스톤의 연구를 시상하는 것에 대해 지지하는지 물었을 때 난처했다고 말했다. 그는 그것에 전적으로 찬성했지만, 만약 그가 조건 없이 찬성하고 스톤이 상을 받게 되면 그들의 공동 연구 이야기에서 자신이 배제될 것을 우려했다. 그는 노벨상이 역사를 다시 쓸 수 있다는 것을 알고 있었고, 실제로 위에 언급된 천체물리학자 조셀린 벨 버넬(Jocelyn Bell Burnell)의 사례를 포함하여 몇 가지 유명한 사례가 있다. 미드는 또한 찬성하지 않는다고 말하고 싶지 않았고, 자신과 스톤의 업적이 서로 얽혀 있다는 것을 위원회에 상기시키고 싶지도 않았다고 하였다. 만약 그가 스톤과의 연구를 밝혔다면, 그들은 그에게 '또 다른' 노벨상을 줄 수도 있었겠으나 그렇게 한다면 그가 재앙으로 생각한 노벨상의 문제를 더 악화시켰을 것이라고 말했다. 결국 그는 노벨상 위원회에 편지를 써서 만일 국민계정에 대한 연구업적으로 상을 받을 만한 사람이 있다면, 그는 바로 리처드 스톤이라고 하였다. 이것이 그때 일어난 일의 자초지종이다.

스톤은 1991년 12월에 세상을 떠났다. 나는 그의 장례식에서 간단한 조사(弔辭)를 했다. 미드는 슬픔을 가누지 못해 조사조차 할 수가 없었다고 말했다. 다음 날 프린스턴으로 돌아가기 위해 기다리는 동안, 나는 〈더타임스〉에서 스톤에 관한 부고문을 읽었다. 부고문은 그의 업적과 인간성에 대한 공정한 예를 갖춘 추모의 내용을 담고 있었다. 〈더타임스〉의 부고문은 필자가 누구인지 밝히지 않고 사전에 작성된 것이지만, 나는 그것이 미드가 쓴 것일 수밖에 없다고 믿었다. 하지만 지오바나에게 물었을 때 그녀는 아니라고 말했고, 미드가 그녀에게 그렇게 말했을 수도 있었겠다 싶었다. 그녀는 아마도 통계학계의 누군가가 쓴 것일지도 모른다고 생각했다. 통계학계 사람들이 스톤을 많이 따르고 좋아했었기 때문이다.

몇 달 후에 나는 직접 미드에게 그 부고문에 대해 어떻게 생각하는지 물어볼 기회가 있었다. "그 부고문은 정말 터무니없다"라는 게 그의 대답이었다. 나는 "하지만 그 내용이 너무 친절하고, 고인을 너무 잘 알고 있으며, 애정이 가득한 내용이었는데 당신이 쓴 줄 알았다"고 얘기했다. 그러자 "내가 썼다"라고 그가 말했다.

결과적으로 이 일은 미드가 두려워했던 바로 그 일이 되었다. 그가 쓴 부고문은 신문사 소유가 되었고 약간 편집되었다. 그는 단지 몇 마디로 1940년 겨울 함께 일한 경험을 설명했다. 그 몇 마디가 편집되어 미드의 이름은 제거되었고, 그렇게 그는 국민계정의 역사에서 지워지게 되었다.

여기에 의도적인 음모가 있지는 않았을 것이다. 아마도 신문 편집자들은 청탁 부고문에서 사적인 이해관계에 관한 언급으로 해석될 수 있는 부분을 편집했을 수 있다. 그러나 노벨위원회는 역사 기록에 대한 책임이 있으며, 이는 그들이 매우 심각하게 생각하는 책무이기도 하다. 이것이 스웨덴 경제학계가 올바른 선택을 하기 위해 많은 시간을 할애하는 이유이다. 다른 위원회들도 대부분 다 그렇게 할 것이다. 노벨상의 권위로 보아 위원회의 기록에 따라 불가피하게 역사가 달리 기록될 수도 있기 때문이다. 예를 들어 리처드 스톤에게 가르침을 준 콜린 클라크(Colin Clark)는 국민계정과 국제계정 연구의 선구자임에도 인정받지 못한 채 이제 거의 잊힌 인물이 되었다.[9] 또한 앵거스 매디슨(Angus Maddison)의 역사적 국제계정 관련 연구와 어빙 크래비스(Irving Kravis), 앨런 헤스턴(Alan Heston), 그리고 로버트 서머스(Robert Summers)도 거의 언급되지 않는다. 이들이 지금 가장 널리 활용되고 있는 국제계정인 펜월드테이블(Penn World Table, PWT)을 구축한 주요 학자들인데도 말이다.

데이비드 카드(David Card)와 조슈아 앵그리스트(Joshua Angrist)는 프린스턴대학교 대학원생 시절 스승과 제자 관계로 올리 애션펠터(Orley

---

9 다행히도 현재 Alex Millmow의 훌륭한 전기가 있다. 다음을 참조하라. Alex Millmow, 2021, *The gypsy economist: The life and times of Colin Clark*, Palgrave Macmillan.

Ashenfelter)의 지도를 받았다. 애션펠터 교수의 실험에 대한 통찰과 신뢰성 있는 실증분석에 대한 오랜 경험은 제자들의 연구에 깊이 배어 있다. 그래서 애션펠터 교수를 경제학 분야 현대 실증분석의 효시라고도 할 수 있다. 때로는 가르침 자체도 보상이 필요할 수 있다.

노벨상을 받으면 어떤 느낌일까

2015년 10월 나는 그 유명한 새벽 전화를 받았다. 기쁨 속에 2015년 노벨 경제학상 수상자로 선정되었다는 소식을 듣게 되었다. 이전 수상자들이 말한 것처럼, 말할 수 없이 기쁘고 가슴 벅찬 경험이었다. 나는 종종 버스를 쫓는 강아지 이야기를 떠올린다. 강아지는 버스를 쫓는 것을 좋아하지만 버스를 따라잡았을 때 기분이 어떨지에 대해서는 전혀 모른다. 노벨상은 단순히 버스를 잡는 것이 아니라 버스에 치이는 것이다. 그것도 여러 번 말이다.

그 버스가 내 위를 왔다 갔다 했지만, 딱 한 달 후에 아내 앤 케이스(Anne Case)와 나는 오랫동안 감소하던 미국의 중년 백인 사망률이, 특히 4년제 대학 학위가 없는 사람들 사이에서 반전되었음을 보여주는 논문을 〈미국 국립과학원회보(PNAS)〉에 발표하였다. 최근 증가하는 사망 원인은 자살, 비자발적 약물 중독(주로 약물 과다복용으로 인한 것으로 합법적, 불법적 복용을 모두 포함), 그리고 알코올성 간 질환이었다.[10] 이들의 사망을 앤이 나중에 '절망사(deaths of despair)'라고 명명하였는데, 이 용어

---

10 Anne Case and Angus Deaton, 2015, "Rising morbidity and mortality among non-Hispanic Americans in the 21st century," *Proceedings of the National Academy of Sciences of the United States of America*, 112(49), 15078—83.

는 이제 일상어가 되었다.[11] 우리는 이러한 결과를 2015년 5월에 찾아 냈고, 이를 경제학자나 의사들에게 보여줄 때마다 그들은 크게 놀랐다. 그럼에도 불구하고 주요 의학 학술지의 관심을 끌지 못했다. 한 학술지 는 우리 논문을 너무 빨리 거절해서 잘못된 이메일 주소로 보낸 것이 아닌가 생각했을 정도였다. 그러나 이 논문이 11월 초에 PNAS에 실렸 을 때, 일반의 충격파는 그때도 여전했던 나의 노벨상 수상에 대한 반 응보다 몇 배 더 컸다. 그러니 여러 대의 버스가 우리 둘 위를 왔다 갔 다 한 셈이다. 그런 인정을 받는 것은 정말 즐거웠지만, 한편으로는 숨 이 막힐 지경이었다.

물론 노벨상과 '논문'은 서로 얽히게 되었다. 논문의 저자를 (의도 적으로) 앤 케이스와 앵거스 디턴의 순서로 하였으나, 언론에서는 그 순 서를 바꾸었고 어떤 경우에는 저자를 '노벨 경제학자 앵거스 디턴과 그 의 아내이자 연구자 앤 케이스'라고 쓰기도 했다. 이를 프린스턴대학교 공공국제정책대학원 교수(Alexander Stewart 1886 professor of economics and public affairs)였던 앤 케이스가 좋아했을 리 없다. 경제학자 저스틴 볼퍼 스(Justin Wolfers)는 〈뉴욕타임스〉에 경제학계의 노골적인 성차별주의를 비판하는 기고문을 쓴 적이 있다. 그 글에는 재닛 옐런(당시 Fed 의장, 현 재무부 장관)이 금리를 결정하기 전에 노벨경제학상 수상자인 남편 조지 애커로프(George Ackerlof)와 상의해야 하는 것처럼 얘기한 랠프 네이더 (Raph Nader, 미국 소비자운동가-옮긴이)의 사례가 언급되어 있다. 그러나 이 러한 얽힘이 훨씬 긍정적일 때도 많이 있다.

---

11   Anne Case, 2015, "'Deaths of despair' are killing America's white working class," *Quartz*, December 30.

미국의 훌륭한 전통 중 하나는 앞에서 언급한 대로 노벨상 수상자들을 백악관의 대통령 집무실인 오벌 오피스(Oval Office)로 초청하는 것이었는데 이 전통은 2016년에 중단되어 그 이후로 재개되지 않았다. 나는 DNA 복구에 대한 연구로 노벨상을 수상한 두 명의 탁월한 화학자[그중 한 사람은 문맹인 부모 사이에서 태어난 튀르키예 출신의 아지즈 산자르(Aziz Sancar)다]와 아일랜드 태생으로 사상충증 치료법과 구충제 이버맥틴(ivermectin, 최근에는 COVID-19 치료제 후보로 유명해졌다)을 개발한 매우 매력적인 생의학자 빌 캠벨(Bill Campbell)과 함께 백악관에 초대되었다. 우리 네 명 중에서 세 명은 이민자였고, 폴 모드리치(Paul Modrich)는 이민자의 아들이었다. 앤과 나에게 가장 놀라운 순간은 오바마 대통령이 오벌 오피스 문을 열고 들어온 뒤 내가 앤을 소개하려던 때였다. 대통령은 "앤 교수를 소개할 필요는 없다"며 "우리는 두 분의 논문에 대해 논의할 것이 있다"고 말했다. 그 논문이 발표된 지 며칠 되지도 않았는데 분명히 그는 우리 논문을 자세히 읽은 듯했다. 그는 얼마 전에 있었던 아프리카계 미국인 행사에 대해 언급하면서 몇 가지 제안도 하였다. 그 제안 중 일부는 2020년에 출판된 우리 책에도 소개되었고 우리는 그 책에서 그의 도움에 대해 고마움을 전하였다. 학술 논문이 이렇게 큰 관심을 받는 것은 흔한 일도 아니지만, 더구나 이 모든 일은 우리가 스톡홀름에 가기도 전에 일어났다.

많은 사람이 스톡홀름 노벨상 수상식이 얼마나 장관인지를 썼지만, 노벨 웹사이트의 영상과 사진들은 컬러, 꽃, 장식, 드레스(앤의 붉은색 원피스는 멀리 우주에서도 볼 수 있을 정도였다), 보석, 왕과 왕비, 왕자와 공주들의 멋진 장면을 너무나 잘 보여준다. 일주일밖에 안 되는 기간이지만,

좋은 경제학 나쁜 경제학

국가원수처럼 대접받은 것은 잊지 못할 경험이었다. 수상자들은 비행기 문 앞에서 학술원장의 영접을 받고 조용한 공항 라운지에서 잠시 기다리는 동안 관계자들이 입국 수속을 대신해준다. 그리고 일주일 동안 전용으로 배정된 기사가 운전하는 리무진으로 그랜드 호텔로 신속하게 이동한다.

수상자들은 시상식에 손님을 초대할 수 있다. 그래서 나는 함께 일한 훌륭한 학자들을 초대하여 감사의 마음을 전할 수 있었다. 가족들도 초대하였다. 나에게 가장 큰 선물은 그 주간이 나의 두 아이, 세 손자와 함께 3대 가족의 휴가가 되었다는 것이었다. 내 손자들은 2015년 노벨상 수상자 가족 중 유일하게 어린아이들이었다. 디턴의 세 '손자'는 텔레비전에서 인기를 독차지했다. 아홉 살짜리 손자 줄리언은 정장을 하고 스웨덴 텔레비전에서 즐겁게 인터뷰하면서 재미있는 시간을 가졌다.

스웨덴 사람들에게 노벨상 시상식과 뒤이어 열리는 연회는 미국의 오스카(Oscar) 시상식과 비슷한 것 같았다. 사람들은 음식과 술을 준비하고 친구들과 함께 텔레비전으로 모든 과정을 지켜본다. 나는 연회에서 바로 옆자리에 앉아 있던 스웨덴 재무장관 마그달레나 안데르손(Magdalena Andersson, 이후 총리가 되었다)에게 이 연회는 나 같은 사람에게는 흔치 않은 일이지만, 각료인 그녀에게는 통상적인 행사 아니냐고 물었다. 그러자 그녀는 내게 절대 아니라며 스웨덴인들에게 이 연회는 오늘 밤에만 있는 너무 중요한 행사라고 했다. 그러면서 자기 어머니도 그 연회에 참석한 것을 텔레비전으로 본 뒤에야 그녀가 중요한 사람이라는 것을 믿을 것이라고 했다.

이 모든 일은 놀랍게도 영화 스타의 매력이나 스포츠 스타를 위한 것이 아니라 지적인 업적을 기리기 위한 것이다. 알프레드 노벨 자신이 지적 업적으로 기억되기를 원했고, 스웨덴 국민들은 그의 비전을 오래 전부터 존중해왔다. 스웨덴 사람들도 자살하기는 하지만 스웨덴은 중년 사망률이 올라갈 조짐이 보이지 않는, 세계에서 사망률이 제일 낮은 나라에 속한다.

좋은 경제학 나쁜 경제학

10장

경제학자가
경제를 망쳤나

ECONOMICS IN AMERICA

2008년 리먼 브러더스(Lehman Brothers) 붕괴로 시작된 글로벌 금융위기는 그 뒤 경기 침체로 피해를 본 사람들뿐만 아니라, 미국과 전 세계경제가 제대로 작동하고 있는지에 대한 논의를 촉발한 중대 사건이었다. 이 논의는 위기가 지난 지 오랜 시간이 흘렀는데도 계속되고 있다. 많은 논평자는 민주주의와 자본주의, 최소한 현재처럼 작동되고 규제되는 자본주의가 동행하기는 어려울 것이라고 심각하게 우려한다. 이사태를 초래한 부자들은 수억 달러를 챙기고도 처벌받지 않았지만 많은 일반 사람들은 직장과 집을 잃었다. IMF와 OECD와 같은 예측기관을 포함해서 대부분의 경제학자는 위기를 예측하지 못했다. 영국 여왕이 런던정경대를 방문했을 때 "왜 아무도 이 위기를 예측하지 못했습니까?"라며 이러한 공적인 실패에 대해 직접 질문했을 정도였다. 위기 이전만 하더라도 많은 경제학자가 금융시장의 부 창출과 자율규제 기능을 과신한 나머지, 시장 붕괴의 원인이 된 금융공학 상품을 홍보하기도하였다는 것은 주지의 사실이다.

경제학자들은 정작 그런 사태가 벌어지자 대처 방안에 대한 생각
이 서로 엇갈렸고 통일된 의견을 내놓지 못했다.

앨런 블라인더(Alan Blinder)는 2022년 다음과 같이 썼다. "금융위기
는 민간 기업과 개인들의 일련의 심각한 실수와 오판, 심지어 사기 행위
의 결과였다. 이들은 조지 부시와 앨런 그린스펀 같은 지도자들의 지지와
지원을 받았다. 정치와 경제의 지도자들은 자유방임주의 신봉자로서 시
장기능을 과신했다."[1] 이것은 시장만능주의(market fundamentalism)를 바탕
으로 정부가 용인한 지대추구(rent seeking)와 자기 파괴 행위의 결과라고
아무리 얘기해도 지나치지 않다. 모든 경제학자가 그 이념을 추종한 것은
아니지만, 많은 경제학자가 그랬고 지금도 마찬가지이다.

앤 케이스와 내가 '절망사(deaths of despair)'라고 정의한 자살과 약
물 과다복용 및 알코올중독으로 인한 사망은 금융위기 이전에 시작되
었고 오늘날까지도 계속되고 있다. 대학 학위가 없는 25세 미국인의 기
대 수명은 2010년 이후 계속 감소해왔다. 여기서 가장 나쁜 악당 중 하
나가 제약회사들이다. 이들은 경제와 사회 현실이 더 이상 다수의 복리
를 위해 움직이지 않는 상황에서, 사람들의 절망을 악용하여 중독과 사
망을 부추기며 돈을 벌고 있다. 제약사의 큰 이익으로 연결된 이러한
중독의 배경에는 대학 학위가 없는 인구의 3분의 2에게 좋은 삶을 제
공하지 못한 지난 수십 년간의 경제 상황도 자리 잡고 있다.

2016년 도널드 트럼프의 대통령 당선, 그리고 2020년 그가 조 바
이든에 패한 뒤 일어난 선거 불복을 가능하게 한 포퓰리즘의 확산도 이

---

1   Alan S. Blinder, 2022, *A monetary and fiscal history of the United States, 1961—*
     2021, Princeton University Press, p. 305.

러한 경제사회적 상황과 무관하지 않다. 이는 미국의 선거 민주주의에 대한 도전으로 아직도 계속되고 있다. 민주주의가 오랫동안 일반 국민을 위해 제대로 한 것이 없다는 점을 고려하면, 많은 사람이 그러한 민주주의에 대한 위협을 그다지 걱정하지 않는 것도 이해가 된다.

경제학자들이 금융위기를 초래한 것은 아니다. 더더욱 이른바 '절망사'의 원인도 아니다. 그렇지만 경제학자들이 일반적으로 가지는 시장, 특히 금융시장에 대한 과도한 신뢰와 시장이 초래하는 불평등에 대한 무관심을 이유로 많은 사람은 책임의 큰 부분이 경제학자들에게 있다고 생각한다. 보건 이슈에서는 의료체계에 대한 정부 개입이나 가격 통제를 비판하면서 과도한 의료비용이 양질의 일자리를 파괴하고 많은 빈곤층의 절망을 확산시키는 원인이라고 지적하는 경제학자가 많다.

핵심적인 질문은 현재의 미국 자본주의, 그리고 다소 차이는 있으나 다른 고소득 국가의 자본주의가 자유민주주의와 계속 병립할 수 있느냐이다. 나는 이 질문에 대한 답을 가지고 있지 못하지만, 내가 속한 전문 분야(경제학)가 우리를 이 상황으로 이끈 데 대해 어떠한 책임이 있는지에 대해서는 탐색해보고자 한다.

여기서 나는 위기의 내용과 그에 대한 경제학자들의 반응을 다룰 것이다. 위기가 계속되는 동안 경제학계는 내외부 모두로부터 비판을 받았다. 이어서 절망사에 대한 간단한 설명과 그것에 책임이 있는 미국 자본주의의 결함에 대해 논의한다. 마지막으로는 이 책의 첫 질문으로 돌아가 오늘날 우리를 구렁텅이에 빠뜨리려는 힘의 원천과 관련하여 경제학자들이 어떠한 역할을 했는지에 대해 이야기하고자 한다.

악전고투하는 경제학자

경제학에서 경기순환은 오랫동안 중요한 주제였다. 나보다 한 세대 앞서 세계대공황 시기에 성장한 많은 학자들은 대규모 실업의 고통을 더 잘 이해하고, 그것이 다시는 일어나지 않도록 하기 위해 일생을 바쳐 연구하였다. 대체로 선배 세대들도 그렇고, 우리도 완벽하지는 않을지라도 대공황이 다시 재현되지 않도록 하는 데 거의 성공했다고 생각했다. 그래서 2008년 가을에 일어난 경제 붕괴는 엄청난 충격이었다. 마치 역병이 다시 찾아온 것 같았다. 그리고 2020년 봄 비록 다른 종류의 것이지만 역병이 실제로 다시 찾아왔다.

최근의 경제위기는 대공황(Great Depression)을 떠올리게 하지만, 그것과 구분하기 위해 금융위기(Financial Crisis) 혹은 대침체(Great Recession)로 명명되었다. 이러한 경제위기에 막 부닥쳤을 때 우리는 마치 공룡과의 대면 또는 역사책이 아니라 극장에서 셰익스피어 연극 초연을 보는 것 같았다. 항상 그렇듯이, 교과서는 곁가지를 빼고 핵심만 다루기 때문에 실제 경험은 책에서 보는 것과 달리 새로운 것이다.

대학생 시절에 케임브리지대학교 교수들은 무지한 정책입안자들이 정부 재정지출이 실업 문제를 해소하고 공장을 다시 가동시킬 수 있다는 존 메이너드 케인스의 통찰력을 제대로 이해했더라면 대공황은 일어나지 않았을 것이라고 설명한 적이 있다. 이는 당뇨병 환자들이 인슐린에 대해 알았더라면 그로 인해 사망하지 않을 수 있었다는 논리와 같다. 우리가 배운 대부분의 경제학에서는 정치가 거의 배제되어 있다. 하지만 2007년과 2008년 갑자기 정치가 경제문제의 중요한 요소로 등장하였다.

공화당은 일제히 반(反) 케인스주의자가 되어 위기 대처를 위한 경제 활성화 정책을 반대했다. 오바마 행정부가 돈을 마구 찍어내 달러 가치를 훼손하고 미래 세대로부터 돈을 도둑질하며 USA를 USSA[첫 번째 S는 사회주의자(Socialist)를 의미한다]로 바꾸려 한다고 비난했다. 이들은 2009년 3월 노동당 지도자이자 성공한 정통 재무장관이었던 고든 브라운(Gordon Brown) 영국 총리의 워싱턴 방문마저 사회주의 정책과 악의적으로 연결하기도 하였다. 아마 80년 전에도 이러한 주장은 낯설지 않았을 것이다. 많은 정치인과 언론은 주식 시장이 사회적 부를 나타내는 지표이므로 행정부의 임무는 바로 주가를 높이는 것이라고 믿고 있다. 따라서 오바마 행정부 초반 주가 하락을 정부 정책의 실패를 나타내는 것으로 간주하였다.

대부분의 미국 경제학자들, 특히 공화당 정부에 조언하거나 같이 일한 많은 학자도 경기 부양을 위한 정부 재정지출 자체에 반대한 것은 아니었다. 그럼에도 불구하고 경제학계 내부에 이에 대한 합의는 없었다. 세계에서 가장 인용 빈도가 높은 10대 경제학자 중 한 명인 하버드대 로버트 배로(Robert Barro)는 자신이 '부두 승수(Voodoo multiplier, voodoo는 주술을 믿는 종교-옮긴이)'라고 부르는 것을 거론하며 "지금의 위기가 1936년 이후 우리가 거시경제학에 대해서 배운 모든 것을 무효화하지 않는다"[2]는 것이 일반적 견해라는 점을 지적하였다. 여기서 승수는 정부 재정지출이 국민소득을 얼마나 증가시킬 것인가를 나타낸다. 오바마 정부의 경제학자들은 이 숫자가 1보다 크다고 믿었다. 정부 지출

---

2 Robert J. Barro, 2009, "Voodoo multipliers," *Economists' Voice*, February, 1—4.

을 바탕으로 경제 위기로 인한 실업 노동자와 유휴자본을 다시 활용할 수 있다는 것이다. 이에 대해 배로는 시장이 하지 못하는 것을 정부가 더 잘할 수 없으며 정부는 그저 민간이 했었어야 할 지출을 대신할 뿐이기 때문에 승수는 제로(0)라고 하였다. 배로는 지출 확대를 통한 정부 재정적자는 그만큼의 소비자 저축을 촉발하게 된다는 주장으로 가장 유명하다. 그는 결국 정부는 적자로 인한 부채를 상환해야 하며, 그 상환을 위한 자금은 세금으로 조달해야 하므로 사람들은 언젠가 자신 혹은 후손이 납부할 세금에 대비하여 저축할 것이라고 주장한다.

나를 포함한 대부분의 경제학자는 이러한 비논리적 발상에 놀랄 뿐이다. 배로의 주장이 학계에서 받아들여지고 그가 변방의 블로거가 아닌 하버드대학교의 교수가 되었다는 것은, 1936년 이후 거시경제학이 발전했다기보다 오히려 퇴보했다는 확실한 증거라고 할 수 있다. 물론 '어떤' 정책을 지지하든 연구실적으로 인정받는 뛰어난 경제학자가 있다는 점은 인정한다. 그러나 배로의 이러한 생각이 진지하게 받아들여진다는 것은 경제학 신뢰에 손상이 될 수도 있다.

배로는 경기부양 정책 대신 법인 소득세 폐지가 위기를 해결하는 '멋진' 방법이 될 것이라고 권고하였다. 애리조나주립대의 고(故) 에드 프레스콧(Ed Prescott)은 모든 경제학자가 재정의 경기부양 효과에 동의한다는 것은 사실이 아니며 "삼류 대학으로 가면 그럴 수 있겠지만 그들이 경제학 발전을 주도하는 것은 아니다."[3] 라고 언급하기도 했다. 2004년 프레스콧은 경제학 발전, 특히 '경기변동의 결정 요인'에 대한

---

3 Brad DeLong의 인용문 모음은 다음을 참조하라. https://delong.typepad.com/sdj/2009/09/a-magnificent-seven.html.

연구를 인정받아 노벨 경제학상을 받았다. 그러나 그의 존재조차도 애리조나주립대를 최고의 대학으로 밀어 올리지 못한다. 〈US뉴스앤월드 리포트〉에 따르면, 애리조나주립대학교의 대학원 과정 순위는 재정지출을 통한 경기 부양을 지지하는 교수가 다수인 하버드, MIT, 스탠퍼드, 그리고 프린스턴에 한참 뒤지는 공동 38위이다.[4]

찰스 코흐(Charles Koch)가 공동 설립자인 자유주의 성향의 카토연구소는 과거 정부 재정지출이 경기 부양에 성공하지 못했고 지금도 그럴 것이라는 전면 광고를 200명의 경제학자 서명과 함께 게재하였다. 그러나 서명자 중에서는 하버드, MIT 및 프린스턴과 같은 '삼류' 대학의 경제학 교수들은 없었다. 아마도 그 대학들의 많은 교수는 워싱턴에서 정부의 경기부양책 입안을 지원하고 있었기 때문일 것이다. 200명의 서명자 가운데 몇 명이 배로나 프레스콧의 분석에 동의하는지 명확하지 않다. 그리고 많은 사람이 미국 정치 상황 탓에 대규모 정부 프로그램의 효과성에 의구심을 가질 수는 있을 것이다. 하지만 많은 경제학자는 완전고용 상태가 아닌 경기침체 상황에서는 그러한 정책이 달리 작용할 수 있다는 것을 알지 못하는 듯하다. 그것이 요즘의 많은 대학원 거시경제학 수업에서는 배우지 못하는 케인스 이론의 핵심이다.

내가 알고 평소 대화하는 경제학자의 대부분은 프레스콧이나 배로의 연구를 진지한 정책 지침으로 받아들이지 않는다. 그들은 이 두 학자의 연구가 지적으로 수준이 높고 독창적이며 이전에 탐구되지 않

---

4 *US News and World Report*, 2023 Best Economics Schools, https://www.us-news.com/best-graduate-schools/top-humanities-schools/economics-rankings?sort=rank-asc, 2023년 3월 11일 확인.

왔던 새로운 길을 열었음을 인정하지만, 오히려 그 길을 열지 않는 것이 더 나을 뻔했다고 생각한다. 이러한 평가는 거시경제학에 대한 최근의 혁신적 접근에도 적용될 수 있다. 그중 일부는 연구업적을 인정받아 노벨상을 받기도 했지만 워싱턴의 정책에는 거의 혹은 전혀 영향을 미치지 못하였다.[5]

이들 연구가 더 큰 영향을 미쳤다면 좋았을지 모르지만, 나는 아니라고 생각한다. 어쨌든 경제학자들이나 정책 입안자들이나 누구의 잘못이든 간에 80년 동안의 거시경제학 연구가, 그중 많은 부분이 최고의 찬사를 받았음에도 불구하고 현실 정책에 제대로 영향을 끼치지 못했다는 것은 경제학자로서 가슴 아픈 일이다. 또한 거시경제 정책에 대해 회의적인 지식인층을 설득할 만한 합의가 없다는 것도 실망스러운 일이다. 현실은 이보다 더하다. 경제학자들이 왜 잘못했는지에 대한 폴 크루그먼(Paul Krugman)의 비판에 나도 동의한다. 크루그먼은 거시 경제학자들이 크게 양분되어 있지만, 더 심각한 문제는 프레스콧이나 배로의 반대편에 있는 학자들조차 정책을 제대로 뒷받침할 일관된 논리를 제시하지 못하고 있는 점이라고 솔직하게 인정하였다.[6]

내가 거시경제학 분야만 문제가 있다고 주장하는 것으로 오해할 수 있겠지만 여러 다른 분야도 이에 못지않다. 나는 2008년 12월에 세계은행에서 경제개발 연구 30주년을 '축하'하는 학술회의에 참석했다.

---

5 Blinder, *A monetary and fiscal history of the United States.*

6 Paul Krugman, 2009, "How did economists get it so wrong?" *New York Times*, September 2, https://www.nytimes.com/2009/09/06/magazine/06Economic-t. html.

바로 뒤이어 샌프란시스코에서 열린 미국경제학회 학술대회를 찾았다 (공개하자면 나는 경제학회 학술회의를 기획했다). 두 곳 모두에서 위기감이 있었다. 세계은행에서는 원조나 양허성 차관을 통한 경제개발 모델이 붕괴한 데다, 그러한 차관으로부터 연구비를 받고 차관사업을 지원하는 연구 의제는 세계 각지의 경제발전을 촉진하는 것과는 거리가 멀어 보였다. 분위기는 어둡고 암울했다. 국제기구들이 세계 성장을 촉진하고 빈곤을 타파할 수 있다는 이상적인 생각이 2차 대전 후 케인스 등이 산파 역할을 하면서 형성되었으나 그 생각은 이제 죽은 것으로 보인다.

당초 미국경제학회 학술회의의 주제는 금융시장이나 경제학계의 위기와는 관련이 없었다. 프로그램이 금융위기 발생 9개월 전에 계획되었기 때문이었다. 그럼에도 마지막 순간에 많은 것을 준비했고 학회는 우울하고 의기소침한 분위기 대신에 새로운 활력과 풀어야 할 과제에 대한 고민, 그리고 문제해결 역량 등에 대한 토의로 열기가 가득했다. 참석자들은 마침내 거시경제학이 변화할 것이라고 반복해서 주장하였다. 그래서 그런지 2023년 초 이 글을 쓰는 시점에서, 많은 주류 경제학자들이 15년 전에는 도전의 대상이 아니었던 아이디어에 도전하면서 논쟁이 들끓고 있다.

절망사

오늘날 미국의 가장 중요한 분열 중 하나는 4년제 대학 학위를 가진 사람들과 가지지 않은 사람들 사이에서 발생한다. 대학 학위는 점차 좋은 직장—일할 만한 가치가 있고 지난 반세기 동안 꾸준히 연봉이 증가한 직장—뿐만 아니라 좋은 건강과 장수, 활기찬 사회생활을 누리는 데 필요한 여권이 되고 있다. 학사학위가 없으면 집에서나 직장, 그리고 다른 사람과의 관계에 있어서 2등 시민으로 전락할 위험을 안게 된다. 마이클 샌델(Michael Sandel)은 "대학 졸업장이 좋은 직장과 사회적 위치에 오르기 위한 조건이라는 생각이 민주적 삶을 녹슬게 한다. 이러한 생각은 졸업장을 가지지 않은 사람들의 기여를 과소평가하고 사회에서 교육 수준이 낮은 구성원에 대한 편견을 부추기며 노동자 대부분의 정치 참여를 배제하여 정치적 반발을 불러일으킨다"라고 하였다.[7]

우리의 책《절망의 죽음과 자본주의의 미래(Deaths of Despair and the Future of Capitalism)》에서 앤 케이스와 나는 대학 학위가 없는 미국인들의 삶이 여러 측면에서 평균적으로 학위를 가진 사람들에 비해 얼마나 뒤져 있는지에 관해 이야기하였다.[8] 그 격차는 50년 전인 1970년 무렵에 시작되었으며, 그 이후 팬데믹이 일어난 지난 몇 년간을 포함하여 계속 확대되었다. 대학 교육이 예전보다 훨씬 보편화하기는 하였지만, 오늘날에도 미국 성인 중 4년제 대학 학위 소지자가 3분의 1밖에 되지 않는다는 점을 기억해야 한다.

가장 두드러진 격차는 사망률과 평균수명에서 나타난다. 기대수명은 건강 지표일 뿐만 아니라 많은 사람이 주장하듯이 경제적, 사회적 상황을 반영하는 민감한 지표이다.[9] 이러한 기대수명이 지난 1세기 동

---

7 Michael Sandel, 2020, *The tyranny of merit: What's become of the common good?* Farrar, Straus and Giroux, p. 104.

8 Anne Case and Angus Deaton, 2020, *Deaths of despair and the future of capitalism*, Princeton University Press.

9 Amartya Sen, 1998, "Mortality as an indicator of economic success and failure," *Economic Journal*, 108(446), 1—25.

안 계속 증가하다가 2014년부터 2017년 기간 중 3년 연속으로 하락했다. 이는 1918~1919년 팬데믹(스페인독감-옮긴이) 이후 1세기 동안 볼 수 없었던 현상이다. 사망률의 증가는 자살, 약물 과다복용 및 알코올성 간질환 등으로 인한 절망사의 증가뿐만 아니라 20세기 마지막 25년간 사망률 감소의 주요 원동력이었던 심혈관 질환 사망률의 하락이 멈춘 데 따른 것이었다.

놀랍게도 이 증가한 죽음의 전염병은 거의 완전하게 4년제 대학 학위를 가진 사람들을 피해 갔다. 우리는 에밀 뒤르켐(Emile Durkheim)의 자살 분석을 가져와 대학 학위라는 자격증이 없는 사람들의 상황을 대입하고자 하였다. 뒤르켐은 경제와 사회시스템이 더 이상 자기를 위해 작동하지 않고 최소한의 삶을 유지하는 데 필요한 지원을 해줄 수 없다는 것을 알게 될 때, 사람들은 자살을 선택한다고 분석한 바 있다.

보통의 시절에도 교육 수준과 상관없이 자살, 약물 과다복용 및 알코올 중독으로 인한 사망은 늘 있었다. 사실 20세기 말까지만 하더라도 교육 수준이 높은 사람들의 자살이 더 흔한 것으로 여겨졌다. 그러나 1990년대 중반 이후 매년 약 10만 명에 이르는 절망사로 인한 사망의 증가는 대학 학위가 없는 사람들에 국한된 것이다. 마치 학위가 없으면 열등한 지위를 나타내는 주홍색 배지를 착용하는 것과 같다. 자살도 이제는 대학 학위가 없는 사람, 즉 그 배지를 착용한 사람들 사이에서 더 일반적이라는 것이다.

죽음은 절망이라는 긴 여정의 종착점이다. 시작점은 4년제 대학 학위를 가지지 않은 사람들을 좋은 일자리에서 점점 더 배제하는 노동시장이다. 4년제 대학 학위를 가지지 않은 비(非)노령 성인의 고용률은 지난 반세기 동안 남성의 경우 계속 감소해왔으며, 여성도 2000년 이후부터 감소하고 있다. 노동시장 참여율은 호황기에 증가하고 침체기에 다시 감소하지만, 다음 호황기에서의 노동시장 참여율은 이전 최고점에 도달하지 못한다. 실질임금도 마찬가지이다. 추세적으로 하락하는 큰 움직임 속에서 부분적으로 상승하고 하락하고 있다. 교육 수준이 낮은 남성의 임금이 일자리가 많았던 팬데믹 호황기에 상승하면서 크게 주목받았으나 그들의 구매력은 1980년대의 '어떤' 시기보다도 낮았다.

노동 시장의 실패는 삶의 다른 영역으로 퍼져나간다. 현재 민간 부문에는 노동조합이 거의 존재하지 않는다. 노동조합은 조합원과 비조합원의 임금 인상은 물론이고 정부가 불법 노동행위를 효과적으로 방지하지 못하는 경우 노동 조건까지도 감시하였다. 때로는 조합원 사회활동의 거점이 되기도 했다. 밥 퍼트넘(Bob Putnam)의 유명한 고독한 볼러(bowler)는 노동조합회관에서 볼링을 했지만 오늘날에는 그 볼러도 조합회관도 다 없어졌을 것이다.[10] 조합은 노동자들에게 일자리뿐만 아니라 지방 및 국가 정치에 대한 대응력도 제공했었다.[11] 오늘날 워싱턴에서 조합은 거의 힘이 없고 심지어 가장 강력한 노동조합 로비조차도 페이스북, 구글과 같은 몇몇 개별 기업들의 로비력에 압도당하고 있다.

결혼 역시 교육 수준이 낮은 사람들 사이에서는 감소했지만 대학

---

10 Robert D. Putnam, 2000, *Bowling alone: The collapse and revival of American community*, Simon and Schuster.

11 John Kenneth Galbraith, 1952, *American capitalism: The concept of countervailing power*, Houghton Mifflin.

학위를 가진 사람들 사이에서는 그렇지 않았다. 많은 미국인은 결혼 대신 동거를 택하며 종종 자녀를 낳기도 한다. 결과적으로 중년 남성들은 종종 여러 자녀의 아버지가 되기도 하지만 그 자녀가 어머니 혹은 간혹 다른 남성과 사는 경우 그들의 상황을 알지 못한다. 이러한 비전통적인 가족 및 출산 양식은 젊은이들에게 개인적, 성적 자유를 주는 것으로 보일 수도 있지만, 중년 이상의 사람들에게는 이것이 아무리 잘 되어도 전통적인 제도가 주는 생활의 편안함과 안정을 줄 수는 없다.

질병률도 사망률과 함께 상승했다. 중년 미국인들은 자연법칙이 뒤바뀐 것으로 보일 만큼 노인들보다 더 많은 아픔을 호소하는 것으로 보고되고 있다.[12] 이는 4년제 대학 학위가 없는 사람들에게만 해당하는 것으로서, 실제로 노화 과정의 역전이 아니라 오늘의 중년층이 노인들보다 사는 동안 더 많은 아픔을 겪어왔기 때문이다.

절망사가 증가한 가장 큰 부분은 마약성 진통제(오피오이드) 과다 복용으로 인한 것이다. 이에 대해서는 제약회사들의 책임이 크다. 초기 마약성 진통제 사망은 이익을 추구하는 제약회사들이 사람들을 중독시킴으로써 시작된 것이다. 제약회사는 교육 수준이 낮은 사람들을 대상으로 삼았고 이는 그들의 삶이 더 무질서하다는 것을 알았기 때문이었다. 역사적으로 마약 확산은 사회적 혼란과 붕괴가 일어난 장소와 시기에 발생했다. 제약회사와 유통업체는 마약 문제가 가장 심각했던 지역을 '대표하는' 정치인들의 지원과 비호를 받기도 하였다. 미국 정치에

---

12 Anne Case and Angus Deaton, 2020, "Decoding the mystery of American pain reveals a warning for the future," *Proceedings of the National Academy of Sciences of the United States of America*, 117(40), 24785—789.

돈은 매우 큰 영향을 미친다. 유권자의 이익과 선거 자금 중 하나를 선택해야 한다면 간혹 선거 자금을 선택할 정도이다.

지금 자살률은 과거 지구상 최악이었던 사회 수준으로 증가했다. 그런 사회의 자살률은 옛 소련과 그 위성국, 그리고 중국 여성, 특히 중국 농촌 지역의 여성 자살률을 말한다. 이들 국가에서도 이제 세계 전체와 마찬가지로 자살률은 떨어지고 있다. 그런데도 미국인, 특히 교육 수준이 낮은 미국인의 자살률은 부끄럽게도 눈에 띄게 증가하였다.

경제학자와 절망사

절망사의 원인에 대한 경제학자들의 견해 차이는 금융위기의 원인에 대한 것보다는 아마도 덜할 것이다. 그러나 좌와 우의 의견 분열은 곧바로 나타나고 있다. 사실관계 자체에 대해서는 논쟁이 없다. 국립건강통계센터(질병통제예방센터의 일부)는 앤 케이스와 나의 첫 논문 발표 후 바로 우리의 추정을 확인해주었다. 그러나 사람마다 각기 다르게 문제를 제기하고 있다.

우리의 견해는 교육 수준이 낮은 미국인을 위한 좋은 일자리 감소가 절망사의 주요 원인이라는 것이다. 좋은 일자리 감소는 세계화와 더 심하게는 로봇 등 기술발전의 결과로서, 다른 나라에 비해 의료비용이 과도한 미국에서는 그 영향이 더 심하게 나타난다. 의료비용의 대부분은 고용주가 부담하는 건강보험으로 해결되고 보험료는 고소득층과 저소득층 사이에서 큰 차이가 없기 때문에 저소득층의 소득 대비 의료비 부담이 훨씬 더 크다고 할 수 있다. 거기에다 미국의 사회안전망은 다른 부자 나라들에 비해 덜 체계적이어서 도움이 필요할 때는 제대로 도움받기 어렵다.

다른 이들은 피해자들에게 그 책임을 돌리고 있다. 찰스 머리(Charles Murray)는 절망사에 대해 명시적으로 쓰지는 않았지만, 더 교육을 받은 사람과 그렇지 않은 사람 사이의 차이가 확대되고 있다는 점을 인정한다. 그러면서 그러한 차이의 원인으로 교육 수준이 낮은 계층에서 나타나고 있는 사회적 덕성(virtue)의 추락, 특히 근면성의 저하 현상을 지적한다.[13] 게으르기 때문에 일하지 않는다는 것이다. 머리(Murray)는 이전에 1960년대와 1970년대의 아프리카계 미국인 사회에 대해 같은 주장을 한 적이 있다.[14]

반면 윌리엄 줄리어스 윌슨(William Julius Wilson)은 앤 케이스와 내가 오늘날 주장하는 것처럼 일자리 상실을 핵심으로 보는 더 강력한 논리를 제시했다.[15] 사람이 게을러져 일자리를 거절하면 일자리에 비해 사람이 귀해지고 임금은 하락하는 게 아니라 오를 것으로 예상할 수 있다. 하지만 니컬러스 에버스탯(Nicholas Eberstadt)도 찰스 머리와 유사한 주장을 하고 있다. 교육 수준이 낮은 사람들은 일하기보다 정부 지원, 특히 장애 보조금 등에 기대려고 한다는 것이다.[16]

얼마 지나지 않아 이러한 주장들이 마약성 진통제 문제의 해결 방

---

13 Charles Murray, 2012, *Coming apart: The state of white America, 1960—2010*, Crown Forum.

14 Charles Murray, 1984, *Losing ground: American social policy, 1950—1980*, Basic Books.

15 William Julius Wilson, 1987, *The truly disadvantaged: The inner city, the under-class, and public policy*, University of Chicago Press.

16 Nicholas Eberstadt, 2016, *Men without work: America's invisible crisis*, Templeton Press.

안으로 활용되었다. 다시 한번 우파 진영의 일부에서는 정부 지원이 상황을 악화시키고 있다고 주장하기도 하였다. 이 이야기는 장기 고용 감소에 관한 앨런 크루거(Alan Krueger)의 연구로부터 시작된다. 크루거는 실업자의 절반은 진통제를 복용하고 있으며, 그중 3분의 2는 처방전 진통제를 복용하고 있다는 설문 조사 결과를 내놓았다.[17] 니컬러스 에버스탯은 〈코멘터리(Commentary)〉 기고에서 이 연구를 인용하면서 어떻게 실업자가 '마약 중독'에 빠질 수 있는지 궁금해하며 옥시콘틴(OxyContin)과 같은 마약성 진통제가 값싼 약이 아니라고 지적했다.[18] 에버스탯에 따르면 그 답은 메디케이드(Medicaid, 재정적 여유가 없는 65세 미만 노인과 저소득층을 위한 의료보조제도-옮긴이)로, 메디케이드를 통해 정부가 마약성 진통제 사용을 지원한다는 것이다. 그는 "21세기 미국에서는 '정부 의존'이 완전히 새로운 의미를 갖게 되었다"고 비꼬았다.

트럼프 대통령의 경제자문위원회(Council of Economic Advisors, CEA)는 제약회사들이 처방전을 쓰도록 의사들을 압박하고 있다는 사실을 알면서도 문제해결 방안으로 마약성 진통제(오피오이드) 가격에 초점을 맞추었다. 그들의 논리는 정부 의료 프로그램, 특히 처방약을 다루는 메디케어 파트D의 확대가 오피오이드를 더 저렴하게 만들고 소비를 조장한다는 것이었다.[19] 위스콘신 출신 론 존슨(Ron Johnson) 의원이

---

17 Alan Krueger, 2017, "Where have all the workers gone? An enquiry into the decline of the US labor force participation rate," *Brookings Papers on Economic Activity*, Fall, 1—87.

18 Nicholas Eberstadt, 2017, "Our miserable 21st century," *Commentary*, March.

19 CEA, 2019, *The role of opioid prices in the evolving opioid crisis*, https://trump-whitehouse.archives.gov/wp-content/uploads/2019/04/The-Role-of-Opioid-Prices-in-the-Evolving-Opioid-Crisis.pdf.

위원장인 상원 국가보안 및 정부업무위원회는 〈돈벌이로서의 마약: 어떻게 메디케이드가 마약 확산을 부추겼나(Drugs for Dollars: How Medicaid Helps Fuel the Opioid Epidemic)〉라는 164페이지 보고서를 발표했다.[20] 보고서 제목이 내용을 그대로 암시한다. 그러나 유력 의료정보 회사에 따르면, 2006년부터 2015년까지의 마약성 진통제 처방전 중 메디케이드에 의해 비용이 지불된 비율은 8%에 불과했다.[21]

여기서 우리는 마약성 진통제 처방을 지원하거나 심지어 무료로 제공하는 유럽의 부국들은 어떻게 마약성 진통제 확산을 피해 갔는지 궁금하지 않을 수 없다. 아마도 그 나라들의 정부는 마약성 진통제를 병원 외부에서는 사용하지 못하도록 하기 때문일지도 모른다. 그뿐만 아니라 제약사가 마약성 진통제 판촉을 위해 직원을 의사 사무실에 보내거나 잘못된 정보를 제공해서 처방을 유도하는 행위를 금지하고 있다. 미국 정부는 실제로 마약성 진통제 확산에 큰 책임이 있다. 제약회사와 그 유통업체가 자신들에게 유리한 법을 만들고 남용방지 목적의 조사를 방해하기 위해 벌인 끈질긴 로비에 굴복한 것은 범죄다. 더 나은 규제 환경 속에서 소비자에게 더 값싼 약물을 제공하는 것은 좋은 일이지, 결코 나쁜 일이 아닐 것이다.

COVID-19 대유행이 시작되자 절망사는 봉쇄 조치를 지속해서는

---

20 United States Senate, Committee on Homeland Security and Government Affairs, 2018, *Drugs for dollars: How Medicaid helps fuel the opioid epidemic*, https://www.hsgacsenate.gov/imo/media/doc/2018-01-17%20Drugs%20for%20Dollars%20How%20Medicaid%20Helps%20Fuel%20the%20Opioid%20Epidemic.pdf.

21 Anne Case and Angus Deaton, 2017, "The media gets the opioid crisis wrong; Here is the truth," *Washington Post*, September 12.

안 되는 이유로 활용되었다. 트럼프 대통령은 외출 금지령이 바이러스보다 사람들의 건강에 더 나쁠 것이라며 "수천 명이 자살할 수 있다"라고 주장하였다. 보건부 장관 알렉스 에이자(Alex Azar)와 일부는 외출을 금지할 경우 알코올 중독과 마약성 진통제 과다복용으로 인한 대규모 피해 가능성을 지적하고 의료 검진과 치료가 지연됨으로써 사망이 증가할 것이라고 경고하기도 했다.[22] 그러나 사실 COVID-19 대유행 초기에는 미국뿐 아니라 전 세계적으로 자살이 줄어들었다. 예측이 어려웠을 수는 있다. 하지만 자살과 실업을 연계한 연구는 팬데믹 이전, 예를 들면 금융위기 동안에 이미 설 땅을 잃었다.[23] 팬데믹 기간에는 약물 과다복용이 급속히 늘었고 알코올성 간질환으로 인한 사망이 빠르게 증가했다. 이러한 현상과 관련하여 트럼프 대통령의 경제자문위원회 위원장을 역임한 케이시 멀리건(Casey Mulligan)은 팬데믹과 이에 대한 정부 대응에 큰 책임이 있다고 계속 주장했다. 그러나 마약성 진통제 과다복용 사망은 2020년 1월과 2월에 급속히 증가하고 있었지만, 막상 팬데믹 비상 상황에서는 사망률 증가 추세가 나타나지 않았다. 나중에는 일부 정부 보조금이 길거리 약물 구매에 사용되었을 수도 있었겠지만 말이다.

---

22 Alex Azar, 2020, "We have to reopen-for our health," *Washington Post*, May 21, https://www.washingtonpost.com/opinions/reopening-isnt-a-question-of-health-vs-economy-when-a-bad-economy-kills-too/2020/05/21/c126deb6-9b7d-11ea-ad09-8da7ec214672story.html.

23 Anne Case and Angus Deaton, 2020, "Trump's pet theory about the fatal dangers of quarantine is very wrong," *Washington Post*, June 1, https://www.washingtonpost.com/outlook/suicide-coronavirus-opioids-deaths-shutdown/2020/05/31/bf6ddd94-a060-11ea-81bb-c2f70f01034bstory.html.

그러나 알코올로 인한 사망과 실업, 실업수당을 연결하는 멀리건의 주장은 경제학자만이 좋아할 거의 만화 같은 이야기이다.[24] 그 이야기는 이렇다. 팬데믹 이전에 사람들은 바에서 술을 마시고 친구들이나 다른 술꾼들과 어울리기를 즐겼다. 그런데 바가 폐쇄되면서 그것이 불가능해졌고 사람들은 집에서 술을 마셔야 했다. 집에서의 술은 바에서보다 싸다. 거기에다 추가 비용도 없고 밖에 나가는 시간 비용도 없다. 가격이 내려가면 사람들은 더 많이 마시게 되고, 이는 트럼프 행정부가 예측한 대로 외출 봉쇄에 따른 피해로 이어진다. 그럴 수 있다. 하지만 대부분의 사람이 실제로 중요하게 생각하는 것은 술을 마시고 어울리는 즐거움이다. 그렇지 않다면 사람들은 싸구려 술을 인사불성이 되도록 마시고 '마약중독자'처럼 길거리에서 잠을 잘 것이다. 그래서 멀리건의 가격 이론을 따르면 무엇을 예상할 수 있을까? 술 한 잔의 '가격'은 낮아지더라도 술과 사교를 즐기는 '가격'은 이제 이전보다 더 비싸졌다. 그러니 소비량은 감소해야 한다. 이것을 믿어야 할까? 잘 모르겠지만 이러한 이론화의 문제는 실제 상점이나 바에서 적용되는 시장가격이 아니고, 우리가 관련 있다고 생각하는 어떤 '가격'이든 마음대로 이야기를 만들어낼 수 있다는 것이다.

이처럼 절망사(deaths of despair) 분석을 통해 나오는 비난의 화살이 큰 책임이 있는 제약사와 그들을 비호하는 의회가 아니라 피해자에게로 향하고 있다는 점에 분노하게 된다. 정책은 무력하고 정부는 항상 해

---

24   Casey B. Mulligan, 2022, "Lethal unemployment bonuses? Substitution and income effects on substance abuse, 2020—21," NBER Working Paper No. 29719, February.

결하기보다 문제를 만들고 있다. 우리가 할 수 있는 최선이라고는 사람들에게 도덕률을 지키라고 말하는 것뿐이다. 경제학은 이런 게 아니다.

좋은 경제학 나쁜 경제학

11장

에필로그:
경제 실패는
경제학의 실패인가

ECONOMICS IN AMERICA

이 책에서 묘사한 경제학자는 그들에게 호의적이지만은 않다. 독자들은 경제학자가 금전적 이익에만 관심 있는 악당이라고 생각할 수 있다. 부자들로부터 많은 보상을 받고 일하는, 부자를 위한 로비스트이자 변론자로 여길 수도 있다. 경제학계가 초기의 우생학과 토착주의, 그리고 인종주의에서 벗어났지만 여성을 주류로 받아들이는 데 인색하고 받아들이더라도 차별적으로 대하는 일종의 여성혐오 그룹으로 전락했다고 생각할 수도 있다. 경제학자들은 기후 변화에 별 관심이 없다고 느낄 수도 있다. 정치적 지지 성향에 따라 어떤 발언을 할지 완벽하게 예측할 수 있는 '매춘부' 집단으로 보일 수도 있다. 수백 명의 경제학자가 특정 정책을 지지하는 청원서에 서명하면, 며칠 내 수백 명의 다른 경제학자들이 그것을 비난하고 나서기도 한다. 우리는 때로는 결과가 뻔히 예상되는데도 자격 없는 정책 전문가의 역할을 맡기도 한다. 그런데도 우리는 높은 급여를 받으며, 세상을 개선하는 데 거의 도움이 되지 않고 오히려 진지하게 정책으로 받아들여지면 해를 끼칠 수 있는 연구에 대해 서로 상을 주기도 한다. 최악의 경우 경제학은 과학적 내용은 없고 단순히 이익에 따라 정치적 이념만을 쫓는다.

우리는 분명히 과학적 방법으로 탐구해야 할 중요한 정책 질문들에 대한 제대로 된 연구성과를 내놓지 못했다. 세율을 올리면 경제 성장이 둔화하는가? 그렇다고 하면 어떻게 그런 현상이 초래되는가? 미국에 거주하는 외국 태생 인구가 사상 최고치에 이른 것이 미국인들, 특히 교육 수준이 낮은 미국인들의 삶과 근로 조건을 해치는가? 많은 경제학자가 이러한 질문들을 해결했다고 믿지만, 그들은 자신들이 제시한 해결안에 대해 사회적 합의는 물론 심지어는 경제학계 내부의 합의도 끌어내지 못하고 있다. 나는 사람들이 자신의 이익에 반하는 대안에 대해서는 듣지 않으려고 하는 것도 문제이지만, 전문가들이 현실적 적용 가능성과 사회적 수용성을 축소하는 방법론적 순수성을 고집하는 데도 책임이 있다고 생각한다.

그럼에도 불구하고 이 책에서 몇 사람을 소개했듯이 세상에는 제대로 된 과학자가 해야 하는 일이라면 뭐든지 하는 경제학자도 있다. 많은 경제학자는 잘 구축된 윤리 체계와 정의감을 갖고 있다. 그들은 불평등을 우려한다. 그들은 세계를 더 잘 이해하기 위해 연구하며, 증거를 객관적으로 해석하고, 올바른 분석을 하기 위해 정직하게 노력한다. 그들은 연구 결과에 따라 자신들의 생각을 바꾼다. 그들은 그러한 자신의 연구 결과에 스스로 놀라기도 한다. 그들의 실증분석 결과는 자신들의 정치적 신념이 지향하는 바와 다르게 나타나기도 한다. 그들은 각기 다양한 생각들을 가진 모든 사람을 설득할 수 있고 국가적 관심사를 바꿀 수 있는, 이전에는 몰랐던 새로운 사실과 연구 결과를 내놓기도 한다. 경제학자 중에는 새로운 아이디어를 제시하고, 충분한 분석을 바탕으로 일관성 없는 것으로 드러난 기존 논리를 타파하거나, 오랫동안 당연한 것으로 여겼던 이론이 누구도 미처 생각하지 못한 놀라운 의미를 내포하고 있다는 것을 보여주는 유능한 이들도 있다.

좋은 경제학자와 나쁜 경제학자가 있다는 사실은 놀라울 게 없으며, 그것으로 어느 쪽에 경제 상황에 대한 책임을 묻는 것도 아니다. 하지만 교량이 강으로 무너지거나 로켓이 우주에서 폭발할 때 엔지니어들에게 책임을 묻듯이, 현재의 경제적 난국과 관련하여 경제학자들에게 어떤 책임이 있는지 묻는 것은 당연하다. 분명히 경제학자가 책임질 부분이 많이 있다. 현재 미국의 민주주의적 자본주의(democratic capitalism)는 소수의 국민에게 유리하며, 다수는 민주주의나 자본주의에 많은 불만이 있다. 금융자본가들이 부유해지면 경제가 성장하고 모두에게 이득이 될 것이라는 우화는 금융위기 때 민낯이 드러났다. 그런 가운데 대학을 다니지 못한 많은 저소득 미국인들은 그들에게 전혀 도움이 안 되는 정치체제를 포기하고 포퓰리즘에 빠진 가운데 지속적으로 절망사에 이르고 있다. 사람들은 경제학자들을 시장에 대한 전문가이자 변론자로 보지만, 위기를 예측하지 못했을 뿐 아니라 오히려 위기를 부추겼다는 합리적인 주장도 있다. 경제학자가 엘리트를 부유하게 하고 소득과 부를 노동에서 자본으로 재분배하며 수많은 일자리 파괴 및 지역사회 황폐화의 책임이 있는 세계화와 기술변화의 주창자 역할을 한다는 비판도 있다. 그런 경제학자라면 절망사에 직면한 누군가와 만났을 때 피해자와 그를 도우려는 이들을 오히려 비난할 수도 있을 것이다.

많은 경제학자가 워싱턴에서 일하고 정책에 대한 조언을 해왔다. 워싱턴에서 정책자문 역할을 한 적이 있는 내 친구이자 동료인 앨런 블라인더(Alan Blinder)는 그의 책 《충고와 이견(Advice and Dissent)》에 워싱턴에서의 가로등 기둥(lamppost) 역할에 관해 썼다.[1] 그는 정치인들은 때로는 좋은 이유로, 때로는 나쁜 이유로 경제학자들이 제안하는 대로 좀처럼 행동하지 않는다고 설명하였다. 마치 술주정뱅이가 길을 찾기 위해 가로등 불빛을 따르는 게 아니라 넘어지지 않으려고 가로등 기둥에 의지하듯이, 정치인들은 경제 분석을 그냥 가로등 기둥으로 활용한다는 것이다. 정치인들은 자신이 하려고 하는 일에 대한 이론적인 혹은 기술적인 뒷받침은 기꺼이 받아들이지만, 경제학자들의 주장에는 별 관심을 두지 않는다. 경제학자들이 그들 고용주의 입장을 편들어 이득을 얻는 부도덕한 사람이라는 뜻은 아니다(물론 그런 경제학자가 많이 있기는 하다). 오히려 경제학자들의 좋은 연구 결과조차 선택적으로 오용될 수 있다는 의미이다. 오바마 대통령의 경제자문위원회(CEA) 위원장이었던 제이슨 퍼먼(Jason Furman)은 경제학자들이 너무 큰 영향력을 가지고 흔든다는 사회학자 엘리자베스 팝 버먼(Elizabeth Popp Berman)의 주장[2]을 반박하면서, 경제학자가 가졌다는 '그 권력을 꿈에라도 가져봤으면' 좋겠다고 했다.[3]

1 Alan S. Blinder, 2018, *Advice and dissent: Why America suffers when economics and politics coincide*, Basic Books.

2 Elizabeth Popp Berman, 2022, *Thinking like an economist: How efficiency replaced equality in U.S. public policy*, Princeton University Press.

3 Jason Furman, 2022, "The quants in the room: How much power do economists really have?," *Foreign Affairs*, July/August 1—14, p. 184.

퍼먼은 뛰어난 전문성조차도 무시될 수 있다고 말했다. 그는 보건경제 분야의 탁월한 경제학자이자 최고의 사상가인 케네스 애로(Kenneth Arrow)와의 다음과 같은 2015년 대화 내용을 전했다. 애로는 1960년대 초에 메디케어와 메디케이드가 입안될 당시 대통령 경제자문위원회(CEA) 위원이었지만, 그 과정에서 아무런 역할을 하지 않았다고 했다. 정부의 다른 경제학자들도 기껏해야 나쁜 일이 일어나지 않도록 하는 정도의 소극적 역할을 했을 뿐이라고 전했다. 내가 확신하건대 이것은 분명 맞는 말이다. 정치인들도 예산 제약에 직면하지만, 자신들이 추진하는 정책사업의 경제성은 충분하다는 환상을 가지고 있다. 그래서 대통령 경제자문위원회나 의회예산국(CBO) 경제학자들은 현실 제약과 효과성 등을 거론하며 정책 환상을 현실로 가져오는 중요한 역할을 해야 한다. 2022년 9월 영국의 새 정부가 대규모 세금감면 정책을 도입할 때, 주요 비판 중 하나가 바로 그 정책의 경제적 파급효과에 대한 종합적 분석이 결여되어 있다는 것이었다.[4]

워싱턴 경제학자들의 권력에 한계가 있다는 블라인더와 퍼먼의 지적이 옳다고 믿지만, 권력의 한계가 항상 똑같지는 않다. 래리 서머스(Larry Summers)는 1999년부터 2001년까지 재무부 장관으로 있을 때 그의 지적 역량과 설득력을 바탕으로 투기성 자금의 국제 이동과 월가의 파생상품 및 기타 다양한 금융상품에 대한 규제를 완화하였다. 그러한 결정에 대해 블라인더와 조 스티글리츠(Joe Stiglitz)를 포함한 많은

---

4   Martin Wolf, 2022, "Kwarteng is risking serious economic instability," *Financial Times*, September 23, https://www.ft.com/content/52abf1de-10c2-4c15-a0d7-6f3f8f297fbd.

훌륭한 경제학자들이 맹렬하게 반대하였다.[5] 이러한 조치는 아시아 금융위기와 (글로벌) 금융위기의 원인이 되기도 하였다는 것이 많은 평가에서 드러났다. 이전에 로버트 루빈(Robert Rubin)이 재무부 장관이었을 때 서머스는 차관이었으며, 자유주의 비즈니스 경제학자 앨런 그린스펀(Alan Greenspan)은 미국 연방준비제도(Fed) 의장이었다. 그들은 '세상을 구한 위원회(committee to save the world)'라는 제목으로 〈타임〉 표지를 장식했다. 어떻게 "세 명의 시장주의자는 지금까지 글로벌 경제 붕괴를 막고 있나"라는 부제도 달려 있었다.[6] 아마도 1999년 2월 〈타임〉 매거진이 프로필을 만들 때만 하더라도 경제학계의 전문가 대부분은 이들에게 두려움보다는 찬사를 보내는 분위기였을 것으로 생각한다. 크든 작든, 우리는 현대 경제학이 과거 성장을 제한했던 규제, 그중 많은 것이 과학이 아닌 편견과 신화에 기반을 두었기에 이를 타파할 방안을 제시했다고 믿었다. 하지만 나의 불찰이었다.

서머스를 40년 이상 알고 지냈으며 내가 아는 어떤 경제학자도 지식의 양이나 창의성에서 그를 따라가지 못한다. 몇 차례 그는 내 전문 분야와 관련하여 내가 생각지도 못했던 아이디어를 내놓았고, 그 아이디어는 내가 생각하는 방식도 변화시켰다. 서머스와 한 번의 점심 식사는 홀로 한 달을 고민하는 것보다 더 많이 당신의 연구를 진전시킬 수도 있다. 아마도 우리가 서머스에 대해 열광하고 매료된 것은 용서받을

---

5 Michael Hirsh and National Journal, 2013, "The case against Larry Summers," *Atlantic*, Sep 13. https://www.theatlantic.com/business/archive/2013/09/the-comprehensive-case-against-larry-summers/279651/.

6 다음 기사를 참조하라. http://content.time.com/time/covers/0,16641,19990215,00.html.

수 있겠지만, 최고의 지성으로 국가 운영에 필요한 자질을 보완할 수 있다고 믿었던 학계의 일반 오류는 비판받아 마땅하다. 바로 최고의 명석한 집단이 오히려 잘못된 결정을 내리는 현상, 이른바 '최고 엘리트 (the best and the brightest)' 증후군[7]에 대한 비판이다.

그러나 루빈/서머스/그린스펀 시대는 예외적이었다. 탁월한 경제학자인 재닛 옐런(Janet Yellen)은 내가 이 글을 쓰고 있는 시점에 재무부 장관으로 있지만, 그들과 같은 영향력이나 권력을 가지고 있지 않다. 에즈라 클라인(Ezra Klein)은 옐런은 "내부 논의에서 실질적인 영향력을 가지고 있지만 몇몇 다른 사람들도 그러하며, 경제학자들은 테이블 위의 여러 목소리 중 하나"라고 썼다.[8] 조 바이든은 오바마나 클린턴과 달리 경제학자들의 의견을 그렇게 중시하지 않는다. 아마도 그래서 더 나은 대통령이 될 수 있다고 할 수도 있지만, 그렇지 않을 수도 있다. 오바마의 대표적인 성과인 오바마케어는 장기간 지속적인 혜택이 기대됐기 때문에 정치적 반대파에 맞서 대통령 경제자문역들이 강력하게 밀어붙였다. 또한 옐런과 서머스 모두 예외적인 인물들이라는 점에 주목해야 한다. 학계의 경제학자들은 보통 재무부 장관이 되지 못한다.

정책 자문에 많은 시간을 썼던 케인스는 경제학자의 영향력에 대해 다른 견해를 가지고 있었다. 그는 "경제학자나 정치철학자의 아이디어는 그것이 옳든 그르든 보통 생각하는 것보다 더 큰 영향력이 있으

---

7   David Halberstam, 1992, *The best and the brightest*, Random House.

8   Ezra Klein, 2021, "Four ways of looking at the radicalism of Joe Biden," *New York Times*, April 8, https://www.nytimes.com/2021/04/08/opinion/biden-jobs-infrastructure-economy.html.

며, 거의 이들이 세상을 다스린다"⁹고 보았다. 여기서 '그르다(wrong)'란 말에 주목해야 한다. 좋은 아이디어만이 살아남고 확산되는 것이 아니라는 것을 의미한다. 나는 이 책에서 나쁜 경제학(bad economics)의 노예가 된, 더 흔하게는 좋은 경제학(good economics)의 절반만 이해하고 있으며 완전히 이해하면 결론이 뒤바뀌는 설익은 경제학에 사로잡힌 정치인들의 이야기를 반복해서 언급하였다. 그 좋은 예가 2013년부터 2019년까지 하원 금융서비스위원회 위원장이었던 텍사스주 출신의 공화당 젭 헨살링(Jeb Hensarling) 의원이다. 그는 "자유시장 경제학이 최대 다수에게 최대의 선을 제공하기 때문"¹⁰에 "자유시장 대의를 더 발전시키기 위해" 정치인이 되었다고 말했다. 헨살링의 견해가 바로 제임스 곽(James Kwak)이 말하는 '이코노미즘(economism)', 즉 세상은 정확히 경제학 입문 교과서에서 설명하고 있는 대로 움직인다는 생각이다.¹¹ 헨살링이 당시 교수이자 뒤에 상원의원이 된 필 그램(Phil Gramm)에게서 경제학을 배웠다는 것은 우연이 아니다.

물론 좌파 진영에도 잘못이 있다. 만약 우측이 시장의 결함을 보지 못한다면, 좌측은 정부 결함을 보지 못함으로써 시장 결함을 교정할 수 있는 신뢰를 잃고 말았다. 정부, 적어도 미국 정부는 시민에 의해 선출된 대의 기관으로서 시장 결함을 바로잡는 역할을 하고 있다고 여

---

9 John Maynard Keynes, 1936, *The general theory of employment, interest and money*, Palgrave Macmillan, ch. 24, 383.

10 James Kwak, 2016, "Jeb Hensarling and the allure of economism," *Economist's View*, December 20, https://economistsview.typepad.com/economistsview/2016/12/jeb-hensarling-and-the-allure-of-economism.html.

11 James Kwak, 2017, *Economism: Bad economics and the rise of inequality*, Pantheon.

겨지지 않는다. 독점 심화와 노동력 착취, 초과 소득배분 등의 문제와 관련해서 그렇다. 오히려 정부는 종종 상황을 악화시키며, 부분적으로 는 시스템 수혜자와 통제 곤란한 집단에 포획되어 효과적으로 작동하 지 못한다. 물론 그들은 간섭하지 않는 것을 정당화하기 위해 블라인더 (Blinder)가 말한 경제학 교과서의 가로등 기둥(lamppost)을 기꺼이 활용 한다. 결국 자유 시장이 최대의 선을 제공한다는 것이다. 향후 램프포 스트를 감시하는 것이 불가능하다면, 우리는 기초 경제학 교과서에 대 해 더욱 신중할 필요가 있다. 대학생 중 40%가 경제학 과목을 적어도 하나 이상 수강하므로 교육은 중요하다. 특히 많은 미래의 변호사, 정 치인과 CEO를 양성하는 엘리트 대학에서는 더욱 그렇다.[12]

실제 경제학 강의의 주제와 범위를 넓히려는 강한 움직임이 기존 강의에 불만을 가졌던 학생들에 의해 주도되고 있다. 그 학생들은 무 료인 데다 통상의 교과서가 다루지 않는 많은 주제를 포함하는 고품질 의 온라인 교과서를 강의에 반영해야 한다고 주장한다.[13] 그리고 현재 의 문제보다 미래에 대한 이해와 통찰력을 제시할 수 있는 경제학 연구 도 논의할 필요가 있다. 밀턴 프리드먼(Milton Friedman)은 실질적인 변화 는 위기의 순간에만 일어난다고 주장하면서 동료 경제학자들에게 다음 과 같이 말했다. "우리의 기본 역할은 현재 정책의 대안을 개발하고, 정 치가 새로운 정책 적용이 불가능한 상황에서 불가피한 상황으로 바뀔

12 John J. Siegfried, 2000, "How many college students are exposed to econom-ics?," *Journal of Economic Education*, 31(2), 202—4.

13 CoreEcon: Economics for a changing world, https://www.core-econ.org/.

때까지 그 대안을 살리고 지키는 것이다."[14] 프리드먼이 케인스 경제학이 몰락할 때까지 신자유주의(neoliberalism) 경제학을 지켜야 한다는 취지에서 한 말이지만, 이 발언의 요점은 어디든 적용 가능하다.

　내 개인적인 견해로 현대 주류 경제학의 핵심 문제 중 하나는 그 범위와 주제의 한계성이다. 경제학은 인류 복지 연구라는 기반에서 떨어져 나갔다. 아마르티아 센(Amartya Sen)[15]은 라이어널 로빈스(Lionel Robbins)의 그 유명한 경제학에 대한 정의—경쟁적 목적에서의 희소 자원 배분—는 잘못된 방향이며, 힐러리 퍼트넘(Hillary Putnam)이 말하는 "경제학자의 기본 임무로 애덤 스미스(Adam Smith)가 강조한 사회적 행복(social wellbeing)에 대한 이성적이고 인도주의적인 평가"[16]와 비교할 때 과도한 범위 축소라고 지적했다. 이것은 애덤 스미스의 견해일 뿐만 아니라 경제학자이자 철학자들이기도 했던 그의 후계자들의 견해이기도 했다. 센은 로빈스의 정의를 아서 세실 피구(Arthur Cecil Pigou)의 정의와 비교해서도 설명한다. 피구는 "경제학의 시작은 궁금증이 아니라 비참한 거리와 시들어가는 삶의 고통에서 벗어나려는 사회적 열망"[17]이라고 썼다. 경제학은 빈곤과 박탈로 인해 발생하는 비참함과 고통을 이해하고 제거하는 일에 관한 것이어야 한다는 주장이다. 케인스는 다음과 같이 요약했다. "인간의 정치적 문제는 경제적 효율성과 사회적 정의

14　Milton Friedman, 2002, *Capitalism and freedom*: *Preface*, fortieth anniversary edition, 1982 preface, University of Chicago Press, xiv.

15　Amartya K. Sen, 2020, "Economics with a moral compass? Welfare economics: Past, present, and future," *Annual Review of Economics*, 12, 1—21.

16　Hilary Putnam, 2002, *The collapse of the fact/value dichotomy and other essays*, Harvard University Press, 60.

17　Arthur Cecil Pigou, 1932, *The economics of welfare*, 4th edition, ch.1, 10.

그리고 개인의 자유, 이 세 가지 요소를 어떻게 조합할 것인가이다."[18]

우리가 효율성 때문에 자유와 정의의 중요성을 간과했다는 것을 엘리자베스 팝 버먼은 논리적, 체계적으로 이야기한 바 있다. 그는 공공 정책연구에서 철학적 접근이 배제되고 있다는 것을 개탄한다.[19] 팝 버먼의 책은 설득력이 있다. 그가 주류 경제학자들을 두 가지 큰 그룹으로 나누는 것은 유용한 방식이라고 생각한다. 첫 번째 그룹은 '보수적 경제학자(conservative economists)'이다. 그들은 효율을 강조하고 효율성을 촉진하는 시장의 힘을 믿으며 시장개입 시도는 현재나 미래의 번영을 저해할 것이라고 우려한다. 이러한 보수주의자들도 빈곤 문제와 관련하여 무엇인가를 해야 한다는 주장의 합법성은 인정한다. 두 번째 그룹은 '진보적 경제학자(progressive economists)'이다. 그들도 효율을 중시하고 마찬가지로 효율성을 촉진하는 시장의 힘을 믿으며 시장개입 시도가 현재나 미래의 번영을 저해할 것이라고 우려한다. 그들 또한 빈곤에 관해 관심이 있다. 지금 주류 경제학을 얘기하고 있다는 점을 기억해야 한다. 둘 간의 차이는 진보 측은 불평등에 대해 걱정하며 불평등 문제해결을 위해서는 효율에 다소 손실이 있더라도 시장실패를 교정하기 위해 재분배 정책을 펴야 한다고 생각한다는 것이다. 그들은 또한 보수와 비교하면 시장의 자기규제 능력을 신뢰하지 않기 때문에 시장개입에서 조금 더 자유롭다.

진보 진영은 효율과 평등은 상충관계(trade-off)라고 본다. 아서 오

---

18 John Maynard Keynes, 1933, *Essays in persuasion* (popular edition), Macmillan, 344.

19 Popp Berman, *Thinking like an economist*.

쿤(Arthur Okun)이 말하는 이른바 '대(大) 상충관계(big trade-off)'이다.[20] 그러나 두 경제학자 그룹은 많은 부분에서 인식을 같이하며 특히 효율 촉진, 정보 통합, 부의 창출에 있어서 시장이 가지는 효율성과 효과성을 함께 인정한다. 두 그룹 모두 자신들을 국가 이익의 수호자로 자처한다. 진보 진영의 국익은 평등하지 않은 1인당 국민소득 개념과 다르다. 그들은 더 평등한 사회를 위한 어떤 합산 지표를 생각한다. 물론 그들은 가장 많은 사람을 위해 가장 작은 것을 포기하는 가장 효율적인 방법을 찾기를 원하며, 그것을 어떻게 이룰지에 대한 아이디어를 발전시켜 왔다.

경제학자들이 경제성장을 선호하는 이유는 모든 사람이 물질적으로 더 나은 삶을 살 수 있게 되기 때문이다. 무엇이 성장이냐에 대한 포괄적인 의견 일치는 없지만, 일반적으로 더 새롭고 효율적인 생산방식이 대개 성장의 열쇠라고 여긴다. 이러한 변화는 기존 일자리의 대대적인 소멸을 수반한다. 예를 들어 노동자를 기계로 대체하거나 새로운 산업의 출현으로 기존 산업을 폐쇄하거나 생산 거점을 미국에서 세계 각지의 생산비가 더 낮은 곳으로 이전하면서 일자리 감소가 일어난다. 여기서 이제 문제에 접근해보자. 진보주의 경제학자들은 보통 이러한 변화의 과정에서 나타나는 피해자들에게 보상하는 것이 옳다고 생각한다. 무엇보다도 무역으로 일자리를 잃은 사람들에게 직접 보상하거나 피해자들을 위해 상대적으로 약한 사회안전망을 강화하는 방법 등이다. 그러나 그 같은 보상은 시장개입에 반대하는 보수적 경제학자들과

---

20   Arthur Okun, 1975, *Equality and efficiency: The big tradeoff*, Brookings.

그러한 변화, 예를 들면 글로벌화와 생산 자동화로 이익을 보고 있고 그 이익 중 어느 것도 포기하고 싶지 않은 사람들에 가로막혀 있다.

그렇다면 무엇을 해야 하는가? 과거에는, 아마도 반세기 전까지는 비록 보상이 부족하더라도 적어도 결국에는 무언가가 해결되는 것으로 보였다. 이것이 경제학자들이 전통적으로 전하고 있는 이야기이고 지금도 그렇게 계속 이야기하고 있다. 이 논쟁의 한 부분에서는 적어도 효율성 향상이 가져오는 일정한 혜택이 모든 사람에게로 확산한다는 것이다. 예를 들어 월마트(Walmart)나 타겟(Target)에서 중국 제품을 싸게 살 수 있는 것도 여기에 해당한다. 더 중요한 논쟁은 NAFTA(북미자유무역협정), 중국의 세계무역기구(WTO) 가입 또는 기술적 발전 등이 일자리를 파괴할 때 사람들이 분노하고 낙심하지만, 결국 다른 곳에서 더 나은 일자리를 얻거나 학교로 돌아가거나 직무를 업그레이드한다는 것과 관련된 것이다. 실제로 사우스캐롤라이나의 가구공장 노동자들은 시애틀 항공기 회사에서 새로운 일자리를 찾게 되었다. 이는 영국의 가내 직공 노동자가 산업혁명 이후 직물공장으로 일자리를 옮긴 것과 비슷한 사례이다(혹은 더 현실적으로는 그들의 자녀나 손자가 그런 혜택을 받게 된다). 그러나 이런 과정이 작동하더라도 효과를 보기까지 시간이 걸리기 때문에 단기적으로는 불평등이 현저하게 심화한다. 결국 전반적인 혜택은 확산하지만 반드시 모든 사람에게 돌아가는 것은 아니다. 다만 전체를 볼 때 경제적, 그리고 사회적으로 수긍할 수 있고 정치적으로 어느 정도 안정을 확보할 수 있는 수준까지 혜택이 확산하는 것으로 여겨졌다.

문제는 이러한 흐름이 현재 망가져 있으며, 몇십 년 동안 그대로 방치되어 있다는 점이다. 그런데도 계속해서 이를 옹호하는 경제학자들은 시대에 뒤떨어진 데다 생각도 편협하다. 경제가 성장하고 있지만 이전보다 성장 속도가 느리고 피해를 본 사람들이 계속 피해를 보고 있다. 우리는 그 이유를 다 알지 못하지만 하나의 이유는 새로운 곳으로 이사하는 것이 전보다 어려워졌기 때문이다. 활력이 넘치는 도시는 물가, 특히 주택 가격이 너무 비싸 저숙련 노동자들이 이주하기 힘들다. 또 다른 이유는 교육 격차이다. 대부분의 새 일자리는 일자리를 잃은 사람들이 가지지 못한 것을 요구하는데, 바로 4년 대학 학위이다. 학사 학위가 없는 노동자의 임금은 떨어지고 고용 인구 중 그들의 비중도 감소하고 있다. 이것이 바로 절망사의 원인이자 현실적으로 작동하지 않는 시스템을 거부하는 이유이다.

보수적이든 진보적이든 어느 경제학자도 이에 대한 해결책을 가지고 있지 않다. 보수와 진보를 막론하고 모든 주류 경제학자들이 돈을 기준으로 사회 복지와 행복을 생각하기 때문에 문제를 더 어렵게 만든다. 여기서 피구(또는 애덤 스미스)와 로빈스의 차이가 드러난다. 절망사와 관련된 재앙이 우리에게 말하는 바는 사람들은 자기 일과 그것에서 얻는 의미, 그리고 자기 가족과 자녀, 지역사회를 소중히 여긴다는 것이다. 민주사회의 제대로 된 공동체에서 품위 있는 삶을 살기를 바라는데, 이 모든 것이 대학 학위를 가지지 못한 사람들은 영위하기 어렵게 되어 가고 있다는 게 문제이다. 우리는 재분배(redistribution)보다 '선분배(predistribution)'에 대해 더 생각해야 할지도 모른다. 선(先)분배는 세금과 소득이전 등이 일어나기 전에 시장이 소득을 균등하게 배분하는 메커니즘으로, 어떤 경우에는 사람들이 원하지도 않고 소득격차 해소 효과도 없는 재분배보다 더 유효할 수 있기 때문이다. 우리는 우선 고통을 방지하는 규칙과 정책이 필요하다. 이것은 경제학자들을 그들이 불편해하는 영역으로 끌어들이는 것일 수 있다. 노동조합 장려, 지역 기반의 정책, 이민 통제, 관세, 일자리 보존, 산업 정책 등이 여기에 속한다. 우리는 정부와 시장이 어떻게 작동하는지를 더욱 현실적으로 이해할 필요가 있다. 돈이 인간 복지의 기준이라는 고정 관념에서 벗어나야 한다. 우리는 이러한 문제에 대해 사회학자들이 어떻게 생각하는지도 더 많이 알아야 한다. 그리고 무엇보다 철학자들과 더 많은 교류가 필요하다. 그래서 한때 경제학의 중심에 있었던 철학적 영역을 다시 회복해야 한다.

감사의 글

이 책의 몇몇 장들은 1997년부터 2022년까지 〈영국 왕립경제학회(RES) 뉴스레터〉에 기고한 글을 수정한 것이며, 일부는 〈프로젝트 신디케이트(Project Syndicate)〉에 실렸던 에세이를 손본 것이다. 처음 나에게 뉴스레터 기고를 제안했던 고(故) 셀마 스튜어트 리스너(Thelma Steward Liesner)에게 큰 빚을 졌고 고마움을 전한다. 그녀는 내가 해보지 못한 새로운 방식의 글을 쓰도록 격려하였고, 나의 글을 좋아하는 독자와 연결하여 주었다. 그녀의 후임 피터 하웰스(Peter Howells)는 오랫동안 모범적인 편집자였으며, 최근 존 템플(John Temple)이 그의 후임으로 왔다. 나의 초고에 대해 의견을 준 많은 동료와 친구들에게도 감사의 마음을 전한다. 더 최근에는 헬렌 엡스타인(Helen Epstein), 행크 파버(Hank Farber), 그리고 레이프 웨나(Leif Wenar)가 이 책의 초고를 읽고 현재의 형태와 구조를 갖추는 데 도움을 주었다. 고마울 따름이다. 보건에 관한 나의 연구는 미국 국립노화연구소(National Institute of Aging)가 미국경제연구소(NBER) 연구 프로젝트를 지원하며 이루어졌다. 가장 최근에 수행한 연구과제 번호는 R01AG05339605와 P01AG00505842이다. 프린스턴대학교 출판부의 모든 분, 특히 편집자 조 잭슨(Joe Jackson)과 그의 보조원 엠마 와그(Emma Wagh)에게 감사드린다. 무엇보다도 앤 케이스에게 고마움을 전하고 싶다. 그녀는 뉴스레터에 기고한 25년 동안을 나와 같이했다. 가끔 거기에 등장하기도 했으며, 이 모든 글을 읽고 평을 해주었다. 몇몇 장은 우리가 함께 수행한 연구에 관한 것이기도 하다. 그녀는 가끔 서로 다른 내용의 자료를 일관된 책으로 만드는, 생각보다 어려운 일을 할 수 있도록 도와주었다.

좋은 경제학 나쁜 경제학

옮긴이

안현실 ㅣ 서울대학교 객원교수로 공학전문대학원 기술경영 트랙의 강의 및 연구지도를 하고 있다. 서울대학교 경제학과를 졸업하고 카이스트에서 경영과학 박사학위를 받았다. 통상산업부 장관자문관, 한국생산기술연구원 미국사무소장, 한국산업기술기획평가원 전략기획실장을 역임한 후 한국경제신문 논설·전문위원 및 AI경제연구소장을 지냈다. 연세대학교 기술정책협동과정 객원교수로 재직 중이며 한국공학한림원 기술경영정책분과위원장, 바른 과학기술사회 실현을 위한 국민연합(과실연) 상임대표로도 활동 중이다. 옮긴 책으로는 《부의 기원》(공역)이 있다.

정성철 ㅣ 사단법인 원정연구원 원장으로 활동하고 있다. 연세대학교 경제학과를 졸업하고 미국 하와이주립대학교에서 경제학 박사학위를 받았다. STEPI(과학기술정책연구원) 원장, 과학기술연합대학원대학교 교수를 역임했다. 국가과학기술자문회의 위원, 대통령자문 정책기획위원회 위원, 전국경제인연회 과학기술위원회 위원 등 정부 및 민간부문의 과학기술 정책·전략에 대한 자문 활동을 하였다. 국제적으로는 OECD 과학기술정책위원회 부의장, 세계은행 컨설턴트, 사우디아라비아, 베트남 등 과학기술혁신정책 자문역을 거쳤다. 옮긴 책으로는 《부의 기원》(공역)이 있다.

노벨상 경제학자가 바라본 미국, 그리고 기회와 불평등
좋은 경제학 나쁜 경제학

제1판 1쇄 발행 ㅣ 2024년 9월 9일
제1판 3쇄 인쇄 ㅣ 2024년 10월 18일

지은이 ㅣ 앵거스 디턴
옮긴이 ㅣ 안현실 · 정성철
펴낸이 ㅣ 김수언
펴낸곳 ㅣ 한국경제신문 한경BP

주　소 ㅣ 서울특별시 중구 청파로 463
기획출판팀 ㅣ 02-3604-590, 584
영업마케팅팀 ㅣ 02-3604-595, 562　FAX ㅣ 02-3604-599
H ㅣ http://bp.hankyung.com　E ㅣ bp@hankyung.com
F ㅣ www.facebook.com/hankyungbp
등　록 ㅣ 제 2-315(1967. 5. 15)

ISBN 978-89-475-4966-0　03320

책값은 뒤표지에 있습니다.
잘못 만들어진 책은 구입처에서 바꿔드립니다.